W0077424

MEHR
SEX

EIN EROTISCHES STELLENBUCH
AUSGEWÄHLT VON BETTINA HESSE

WUNDERLICH TASCHENBUCH

Neuausgabe November 2002

Veröffentlicht im Rowohlt Taschenbuch
Verlag GmbH, Reinbek bei Hamburg, Mai 2000
Copyright © 2000 by Rowohlt Taschenbuch
Verlag GmbH, Reinbek bei Hamburg
Alle Rechte vorbehalten
Umschlaggestaltung any.way, Barbara Hanke / Cordula Schmidt
(Foto: ZEFA)
Satz Minion PostScript (PageOne)
Gesamtherstellung Clausen & Bosse, Leck
Printed in Germany
ISBN 3 499 26413 7

MEHR
SEX

Inhalt

Vorspiel

_____ Jetzt mal ehrlich, haben Sie in einem Buch noch nie nach Stellen gesucht! Ich schon. Verstohlen in der Buchhandlung oder etwas entspannter zu Hause. Doch wie oft war das mühselig und unbequem. So etwas wird Ihnen bei MEHR SEX nicht passieren. Es ist nämlich ein erotisches Stellenbuch. Das bedeutet, hier erwartet Sie keine langwierige Suche nach den anregend gewagten, den wirklich knackigen Stellen – Sie finden ES sofort in jedem einzelnen der literarischen Texte: Zwölf Romane bieten ihre aufreizendsten Stellen zum lustvollen Verzehr an, und in den sechs Erzählungen müssen Sie auch nicht lange warten, um auf den Genuß zu kommen.

Dabei stammen die ausgewählten Stellen nicht alle aus Romanen, die sich unbedingt als erotische verkaufen – aber vielleicht gewinnen die Texte gerade dadurch ein ganz anderes, knisterndes Fluidum. Und bei den Originalgeschichten ist MEHR SEX Programm, zu lesen wie eine kompakte Stelle. Alle Stories haben erotisch etwas Besonderes, sind direkt oder phantastisch oder obszön oder hinreißend komisch, sie sprechen ausgefallene Wünsche an und eigenwillige Phantasien aus. In Kühlhäusern spielen sie, in Tulpenbeeten und Schrankkoffern, manchmal auch im Bett, und ihre Heldinnen und Helden baden, stillen, wichsen, essen, beißen und schlürfen mit Wollust. Und Sie haben das Glück und dürfen dabeisein. Die wilde Gier wird Ihnen gefallen. Probieren Sie doch mal. Oder wollen Sie sich um neue pikante Erfahrungen bringen lassen?

Sie können sich bei der ersten Geschichte z. B. fragen, warum ist das junge Mädchen, das *Jengs Schwanz* anbetet, eigentlich eingesperrt?

Oder möchten Sie vielleicht auch mal versuchen, eine Skulptur wie *Die Knieende* zu beschlafen?

Hier die erste saftige Stelle aus einem Roman: Wenn es die französische Studentin mit ihrem *Schlachter* treibt, kommt dabei ein erotisch-literarischer Hochgenuß raus.

Auch wenn der Mann zu den *Nihilisten* zählt, die Frau aus Kuba lädt ihn für *die Nächte* ein, nur um des lieben Fickens willen.

Welcher Mann hat nicht schon mal davon geträumt, Lolita leibhaftig zu begegnen, soll sie ruhig *Anna* heißen und zuschauen.

Oder wer kann dieser Phantasie widerstehen: gleich *Drei Mädchen* auf einmal, nach der Schule aus dem Café gelockt.

Und was würden Sie tun, wenn sich *Die Frau am Fenster* wie Venus im Pelz aufführt, aber in einer Wanne voller Wackelpeter auf Sie wartet?

Liebe Leserinnen, leiden Sie zufällig an einer Spinnenphobie? Der *Held im Tulpenbeet* zeigt, wie Sie gut geleckt darüber hinwegkommen.

Gerade hat er sich im Sexshop *die Puppe* «three holes – one price» gekauft, da lernt er nun die Traumfrau kennen.

Ist Liebe für die Frau wirklich «selbstsüchtig», ein «Geben und Nehmen ... wie das Rein und Raus beim Vögeln für einen Mann.» In *Sao Paulo* schon.

Wie würden Sie reagieren, wenn durch den Milchstrahl einer imposanten Wöchnerin Ihr dünnes ergrautes Haar zu wilden schwarzen Locken erblühte? Lesen Sie: *Als ihrem urplötzlich sich auftuenden Schoß ein untergewichtiges Zwillingspaar entfuhr.*

Stellen Sie sich eine gediegene Dame namens *Madame Thé-rèse* vor, die dermaßen rangenommen wird, daß wenig heil bleibt. Sie werden Ihr blaues Wunder erleben!

Oder bevorzugen Sie den Thrill? Dann verführen Sie doch auch den Detective, der erst mal «leck mich am Arsch» sagt, bevor er Ihnen erzählt, wie ihm die *Hähnchen-Lady* seine fabelhafte Zungenfertigkeit beigebracht hat.

Ein letztes Mal ist es tatsächlich, daß Sie Ihre kranke Freundin liebt und fühlen läßt, doch die Trauer schmälert den Genuß nicht.

Wer hat noch nie den Wunsch verspürt, ein kopulierendes Paar zu beobachten oder vielleicht mit von der Partie zu sein? *Mein Onkel* oder der, den das erzählende Ich in dieser Romanpassage als solchen bezeichnet, geht damit sehr großzügig um.

Probleme mit der Venuszahl gibt es auch, wie bei dieser Frau mit ihrem Nicht-Macho, doch als der versucht seinen Mann zu stehen, übertreibt er.

Es gibt eine weitere Geschichte, in der verwandtschaftliche Verhältnisse eine Rolle spielen, nämlich *Die Frau meines Bruders*. Und was da passiert, grenzt schon ans Unerhörte und stellt eine Herausforderung an jeden Ästheten unter den Eroten dar.

Und zum Schluß ein Schmankerl, das erotisch beste Kabinettstück der Weltliteratur: ein äußerst gewagtes Wunschmanöver vollführt in diesem Roman die gartenpflegende *Nachbarin*.

Na, Lust bekommen?

Bettina Hesse

ПELE GRÜП
Jengs Schwanz

_____Wie der Jeng aussieht, wenn er gerade aufwacht, das muß man gesehen haben. Leider kriege ich es ja selber nicht so oft mit. Er blinzelt und schließt schnell wieder die Augen, als könnte er dadurch verhindern, daß schon wieder ein neuer Tag ansteht. Weil er immer auf der Seite schläft, ist seine Backe ganz zusammengeschoben. Dahin küsse ich ihn, und dann lege ich mein Gesicht in seine Brusthaare. Die ganze Breite von einer Schulter bis zur anderen steht mir zur Verfügung. Ich wühle ein bißchen darauf herum und wandere langsam mit meinem Mund abwärts, umkreise seinen Nabel, atme den Duft von warmer Haut ein. Wenn ich sein wohliges Brummen höre, will ich noch ein Stückchen tiefer gehen, und das tue ich jetzt auch. Sein Schwanz liegt schon groß auf dem Bauch. Ich muß nur meine Lippen darüberstülpen und an der Kuppe saugen, da fängt er an, seine Hüften zu wiegen. Das macht mich verrückt, diese weichen, pulsierenden Bewegungen.

Ich mag seinen Schwanz aber auch klein und dunkel gekrümmt, wenn er sich mit der Spitze sanft, wie um sich in Erinnerung zu rufen, an Jengs Schenkel schmiegt. Dann lasse ich die Vorhaut durch meine Zähne gleiten und streiche sie mit den Händen zurück, bis er in meinem Mund wächst und mir tief in den Gaumen stößt. Ich liebe es, mich seitlich neben Jeng zu hocken und mit meiner Zunge seinen Schaft zu massieren. Es ist ja nicht einfach irgendein Schwanz, sondern eben, wie soll ich das beschreiben, es ist eben Jengs Schwanz, und wenn ich den so betrachte und anfasse und schmecke, dann zieht es mir durch die Möse, als hätte er schon sonst was mit mir angestellt, und dabei spiegelt sich bloß alles das, was ich mit ihm tue, in meinem Körper wider.

Jetzt hat er den Kopf zurückgelegt. Mit einer Hand hält er mich an den Haaren fest und drückt mein Gesicht in seinen Schoß. Glänzende Fäden spinnen sich von der Kuppe zum Bauch, und ich lecke sie auf, seine ganze salzige Nässe lecke ich auf, Haare und Sperma unter meiner Zunge. Vielleicht fährt gleich schläfrig seine andere Hand herunter und legt sich wie zufällig um die samtig angespannte Haut, reibt in atemberaubender Langsamkeit hinauf und hinunter, rauf und runter.

Jengs Hände – sie sind alt. Jeng ist ja auch schon ziemlich alt, doppelt so viele Jahre wie ich zählt er, und dann noch mal die Hälfte dazu. Aber mich stört das nicht. Im Gegenteil: er sieht verlebt aus, ein bißchen nach dirty old man, und das ist es ja gerade.

Hier im Atelier schläft er nur selten, weshalb ich die Nächte auch ziemlich beschissen finde. Meistens muß er nach Hause, damit seine Frau nicht zu viel von meiner Existenz mitkriegt. Ich weiß nicht, wie er das alles unter einen Hut bringt – aber die Frau tut mir manchmal leid. Sie ist nämlich sehr nett und ungeheuer attraktiv, und ich finde, er sollte eigentlich froh sein, es zu so einer Frau überhaupt gebracht zu haben. Zwei Söhne hat er auch noch, etwas älter als ich, so Möchtegerns mit immer viel Klimpergeld in den Hosentaschen. Das brauchen sie wegen der teuren Bars, in die sie abends gehen. Der Jeng bevorzugt andere Etablissements; weniger bourgeois, was immer er damit auch meint. Er liest übrigens nie, sagt er. Er komme auf alle Gedanken selber, weil er beim Malen viel Zeit zum Nachdenken habe.

Ich glaube ihm das. Über seinen Schwanz hat er aber noch

nicht so viel nachgedacht. Da konnte ich ihm jetzt schon einiges von dem, was ich beobachtet habe, mitteilen, und es hat ihn auch interessiert, denn er hat zugehört und manchmal sogar gelacht.

Neulich habe ich mir gewünscht, daß er sich beim Malen auszieht. Das hat er mir zuliebe getan, und dieses eine Mal war ich mit meiner Nacktheit nicht alleine. Ich konnte ihn betrachten und ungestört meinen Gedanken nachhängen, weil Jeng ja beim Malen nicht redet – kein Wort. Dafür klebt ihm immer eine Zigarette auf der Unterlippe, und der Rauch beißt ihm in die Augen. Jedenfalls, wie er da hinter der Leinwand stand und sein rechtes Bein angewinkelt vorstellte, der Bauch überm Schoß gewölbt, und wie er mit zusammengekniffenen Augen das Blatt fixierte, da fand ich ihn wunderschön, und ich freute mich, weil ich wußte, daß er mich bald wieder anfassen würde.

Als ich nach drei Stunden endlich aufstehen durfte, habe ich meine Gelenke kaum noch gespürt, und die Beine waren mir eingeschlafen. Ich bin gehumpelt wie eine Alte. Kein Wunder bei dieser Stellung: mit dem Rücken auf dem Boden, einen Fuß unter den Hintern geschoben und die Arme überm Kopf verschränkt – als würde sich jemals eine Frau freiwillig so hinlegen. Aber Jeng war ganz wild auf meinen hervorstehenden Beckenknochen, den habe er festhalten wollen, wie er mir erklärte.

Na, anschließend hat er ein paar schöne Sachen zum Essen heraufgeholt, und dabei vergaß er, den Schlüssel umzudrehen. Ich dachte wieder mal, jetzt könnte ich eigentlich abhauen – aber wozu sollte ich das tun?

Ich hab hier alles, was mein Herz begehrt, einen tollen Mann, ein großes Bett, Fernseher, Illustrierte und jede Menge zu essen und zu trinken. Lauter französisches Zeug, weil der Jeng ja Franzose ist. Wir essen Käse, eingelegte Oliven, Weißbrot, kleine Patisserien und trinken viel, viel Rotwein dazu.

Die Franzosen gehen ja spielerischer mit dem Essen um als die Deutschen, sagt Jeng. Er muß es wissen, denn er ist mit einer Deutschen verheiratet. Er hat schon mit Weintrauben zwischen meinen Beinen gespielt und mir einen teuren Likör von den Schenkeln geleckt, und einmal brachte er petits fours mit, die er mir von den Lippen knabberte, bis sie herunterfielen, und dann hat er die Brösel aus meinem Schoß gegessen. O Mann, war das geil. Da fällt mir gerade auf: während der ganzen drei Wochen, die ich jetzt hier bin, habe ich kaum mal was Richtiges angezogen. Immer nur seinen dunkelgrünen Morgenmantel oder manchmal ein altes Flanellhemd von ihm.

In dieser Zeit hat er mich nur ein einziges Mal rausgelassen. Da mußte er dringend zu seinem Ausstellungsmacher, um die Aufhängung seiner Bilder zu überwachen. So habe ich immerhin mal die Galerie kennengelernt. Die Galerie und das Atelier – mehr kenne ich von Straßburg nicht; dabei sieht das, was ich hier aus dem Fenster sehen kann – die vielen alten Dächer und die große Kirche dahinten –, ganz okay aus. Ab und zu ein Freigang wäre natürlich nicht schlecht.

Aber – richtig vermissen tue ich das nicht; das Leben so ist eigentlich lustig. Ich muß mich ja praktisch um nichts kümmern, weil der Jeng jemand ist, der alles für mich macht. Er fragt immer, ob ich was brauche, und dann bringt er es mir das nächste Mal mit. Manchmal guckt er mich an, als hätte er ein schlechtes Gewissen. Aber das ist gar nicht nötig. Das mit dem Abschließen geht schon in Ordnung. Ich verstehe es so, daß er Angst hat, mich zu verlieren. Das finde ich rührend, denn schließlich zeigt es mir ja, daß er mich für sich haben will.

Vielleicht wächst dem Jeng die Sache ein bißchen über den Kopf. Neulich bei seinem Galeristen ist er total sauer geworden, als der mich fragte, ob ich das sei, und dabei mit seinem Finger direkt auf die Möse von einem riesigen Pastellakt zeigte. Auf dem Bild konnte man das Gesicht der Frau nicht erkennen, und ich lachte und sagte, klar bin ich das, sieht man doch, und er sagte, na ja, stimmt, wenn man genau hinguckt, dann sieht man's, und er bekam ganz schwimmende Augen.

Da hat sich der Jeng schnell verabschiedet und mich am Arm gepackt und ist mit mir wieder zurück in sein Atelier, obwohl wir doch endlich mal zusammen essen gehen wollten. Er sagte, ich solle mich sofort ausziehen. Das habe ich natürlich gerne gemacht, auch wenn ich ein bißchen Angst vor ihm hatte, denn wenn Jeng irgend etwas nicht paßt, dann redet er kein Wort mehr mit mir, und ich weiß doch sowieso oft nicht, was gerade in ihm vorgeht.

Er hat dann seinen Reißverschluß aufgemacht, und ich habe mich vor ihn hingekniet und seinen Schwanz in den Mund genommen. Und dann war die Sache ziemlich schnell gegessen, weil ich ihn mit meiner Zunge so satt bearbeitet habe, daß er laut aufstöhnte. Sein warmer Strahl spritzte mir über den Gaumen, während er meinen Kopf gegen seinen Schoß schlug. Immer wieder; er konnte gar nicht mehr aufhören.

Anschließend hat er eine Kohlezeichnung von mir gemacht, bloß mit ein paar schnellen Strichen und wenigen verwischten Schatten. Das ist bis jetzt mein Lieblingsbild geblieben, weil ich immer, wenn ich es sehe, den Geschmack von seinem Sperma im Mund habe, und Jengs Sperma ist mir, wenn ich das mal so sagen darf, irgendwie heilig.

Jedenfalls bin ich seither nicht mehr draußen gewesen und habe auch mit keinem anderen Menschen geredet. Vielleicht könnte Jeng wenigstens das Telefon wieder reparieren – wirklich, als ich rauskriegte, daß er die Leitung durchgeschnitten hat, bin ich ausgeflippt. Aber er hat mir erklärt, daß ich besser nicht bei meinen Eltern oder einer Freundin anrufen soll, weil die unsere Geschichte sicher nicht verstehen würden. Da hat er natürlich recht, und ich hatte sowieso nicht vor, jemandem zu erzählen, daß ich bei einem alten Maler eingesperrt bin, denn die hätten mich doch sofort gefragt, wo ich sei und wie man mich da wieder herausholen könnte, aber ich will ja überhaupt nicht befreit werden.

Jeng ist mein Leben, und heute will er mich in Ton formen, und ich stelle mir gerade vor, daß ich mich über das alte Sofa legen werde, mit dem Bauch nach unten, die Beine weit auseinander, und wie er auf mich zukommen und mir seinen Schwanz reinschieben wird, ganz tief, während seine Hände, noch vom Ton verschmiert, auf meinem Hintern liegen.

Aber eben wacht er endgültig auf, denn heute hat er ja mal wieder bei mir im Atelier geschlafen, und nun habe ich seinen Schwanz schon so lange im Mund, daß er wahnsinnig werden wird, wenn er mich nicht bald vögelt. Deshalb wird er jetzt tun, was ich kaum erwarten kann. Jetzt gleich.

JÖRG BERGER
Die Knieende

_____Diese Geschichte könnte ohne weiteres eine von denen sein, die sowieso kein Mensch glaubt. Sie klingt wie eine dieser netten Episoden, die in jedem amerikanischen Film irgendwann vom Hauptdarsteller erzählt wird. Ich werde sie dennoch niederschreiben, auch auf die Gefahr hin, für jemanden gehalten zu werden, der lediglich davon träumt, ausschweifende erotische Erlebnisse zu haben.

Es war in London. Die Jahreshauptversammlung des Lions Clubs war, wie in jedem Jahr, gesalbt von den vielfältigsten Wohltätigkeitsaktivitäten der letzten zwölf Monate. Dem Bedürfnis der repräsentierenden Mitglieder nach Selbstgefälligkeit wurde, wie in jedem Jahr, das goldene Heldenkrönchen aufgesetzt, das diese stolz in ihre dunklen Limousinen balancierten, um zum gemeinsamen Abschluß-Dinner chauffiert zu werden.

Glücklicherweise gehöre ich zu den wenigen Persönlichkeiten, die es sich herausnehmen können, diesem gesellschaftlichen Ereignis fernzubleiben. Ebenso mein alter Schulfreund Rainer, der vor zwanzig Jahren nach Montreal ausgewandert ist.

Die Gewohnheit, uns nach dem jährlichen Lions-Gedöns in Ruhe zu begegnen und uns gegenseitig mit kleinen Aufmerksamkeiten zu überraschen, eskalierte zu einem Ritual, dessen gigantomanische Züge unübersehbar wurden. Aber genau darin lag der besondere Reiz unserer Freundschaft. Die Geschenke, die wir einander überreichten, sollten das tiefe Einfühlungsvermögen für den anderen zum Ausdruck bringen und die sichere Kenntnis außergewöhnlicher Wünsche.

Vor zwölf Jahren, als ich noch fixiert auf technische Objekte war, brachte er den Propeller einer JU 52 – 52 als Anspielung auf meinen Jahrgang – zum verabredeten Ort, meist einer kleinen einfachen Bar in den Suburbs der ausgewählten Tagungsstadt. Das war damals in Paris. Im vergangenen Jahr verblüffte er mich mit keiner geringeren, als einer Skulptur von Giaccometti, «Schreitender Mann». Für mich ein Bild des unaufhaltsamen Fortschrittwillens des Menschen, großartig, und ein genialer Treffer für Rainer bei unserem Spiel. Das war in Lissabon.

Ich hatte es, meines Erachtens, einfacher mit ihm. Ich brauchte nur seinen jungenhaften Spieltrieb und Technikknall zu bedienen. So bekam er von mir mal einen alten Deutz-Schlepper, irgendeine seltene Dampflokomotive, kürzlich einen ausgedienten Leopard-Panzer – selbstverständlich alles voll funktionstüchtige Teile.

In London hatte ich in einer Seitenstraße der schon vor Monaten verabredeten Kneipe auf einem Sportgelände ein Stück Schwebebahntrasse mit einem von Grund auf restaurierten «Kaiserwagen» aus Wuppertal, unserer Heimatstadt, installieren lassen und freute mich schon auf den kindlichen Glanz in seinen Augen.

Vielleicht, dachte ich, als wir unseren Pub betraten, hat er mir das Tanzensemble der Pina Bausch in die Hinterräume gezaubert. Das wäre ein gutes Pendant zu meinem Präsent gewesen.

Wir standen an der Bar bei Lager und Jameson und gingen

die Events des vergangenen Jahres durch, sprachen über unsere inzwischen halbwüchsigen Kinder und deren Mütter, und über die Schwierigkeiten meiner Töchter mit ihrem neuen «Vater». Ich wollte ihm gerade ein Foto meiner endlich gefundenen, potentiellen neuen Freundin zeigen, als unsere Aufmerksamkeit auf zwei, für diese Gegend überdurchschnittlich gut gekleidete Männer in schwarzen Anzügen gelenkt wurde, die einen Gabelstapler mit einem etwa zwei Meter hohen, silbernen Metallkoffer in den engen Raum manövrierten.

Ich wußte sofort, daß es sich um das opulente Geschenk meines Freundes handelte. Neugierig wie ich bin, wollte ich sofort wissen, um was es sich diesmal handeln könnte. Rainer war an der Bar stehengeblieben und pendelte einen Schlüssel mit seiner linken Hand. Ich dürfe den Koffer erst zu Hause in Köln öffnen, sagte er, dann übergab er ihn mir. Wir tranken aus und gingen in die Butcherstreet zu meiner kleinen Überraschung für ihn.

Der Kaiserwagen: ein Volltreffer. Rainer, begeistert, begann sofort, als wir im Schwebewaggon saßen, mit der Organisation des Transportes von diesem Monster nach Montreal und war für mich fortan nicht mehr erreichbar.

Ich begab mich zurück in den Pub, zahlte die Rechnung und erwischte gerade noch den letzten Flug nach Köln. Die Maschine war zum Glück nahezu leer, so daß mein sperriges Gepäckstück, das nur aufrecht transportiert werden durfte, im Gepäckraum Platz fand.

Um drei Uhr kam ich endlich samt Metallquader in meinem Haus an und überlegte, ob ich meine übererregte Neugierde nicht doch besser nach einem erholsamen Schlaf befriedigen sollte, als ein Telefonanruf entschied, was zu tun war. Eine mir nicht bekannte, weibliche Stimme begrüßte mich und sagte mir, sie freue sich, daß die lange, beschwerliche Reise nun beendet sei, und ich möge doch bitte meiner Gastfreundschaft nachkommen und das silberne Gepäckstück in meiner Wohnung öffnen. Sie habe viel von Rainer über mich erfahren und sei selber gespannt genug, mich endlich kennenzulernen. Ich legte irritiert auf.

Im gleichen Moment eröffnete draußen im Garten der erste Vogel das Frühkonzert seiner Artgenossen. Zwar nicht die Nachtigall, auch nicht die Lerche – dachte ich laut.

Was dann geschah, unfaßbar. Es versetzte mir einen lähmenden Schock. Voller Andacht sank ich vor dem Koffer in die weichen Knie.

Ich hatte die beiden Kofferhälften seitlich auseinandergeschoben und war getroffen von dem Anblick meiner geheimen Geliebten, einer Skulptur von Lehmbruck, «Die Kniende». Mit ihr hatte der Künstler den Durchbruch in die Moderne geschafft, sie hatte ihn weltberühmt gemacht. Eine Revolution damals, 1911, Paris, wo sonst. Im Museum of Modern Art, New York, ist sie — neben anderen Abgüssen – am adäquatesten ausgestellt.

Nun stand sie als fleischlebendiges Abbild vor mir. In einer fixierten Pose, gehalten durch eine plastilinweiche Masse, die zäh aus den Kofferhälften zu Boden quoll und die Figur zusehends freistellte. Schön, dieser Gestus ihres leicht geneigten Kopfes mit den nach unten blickenden Augen; ein Ausdruck von Innigkeit, den zu beschreiben sich viele Kritiker vergeblich bemüht haben. Wunderbar, ihre drallen Brüste mit den aufrecht stehenden, knospigen Brustwarzen.

Eine junge, überlange, schlanke Frau, die alle weiblichen Ideale in ihrer Körperlichkeit verband, kniete in nahezu religiöser Andacht vor mir. Ich erinnerte mich an meine häufigen Besuche im Lehmbruck-Museum in Duisburg und die vielen Fotoreihen, die ich von jedem Detail ihres Körpers gemacht habe. Großaufnahmen ihrer Schenkel, Brüste, ihres Gesichtes, ihrer Hände, Lippen und ihres Hinterns schmückten damals die Wände meines ganzen Hauses. Wie oft habe ich diesen Hintern, diese Brüste, ihren ganzen Leib – zum Glück war das Museum schlecht besucht und die Wächter verschlafen genug – unauffällig mit den Händen abgegriffen und den Bronze-Abguß vor dem Museum nachts besucht und gänzlich ungestört versucht, mit meinen Fingern diese genialen Formen zu begreifen.

Ihr Arsch brachte mich wieder zur Besinnung, wenn man den Zustand, in dem ich mich gerade befand, überhaupt Besinnung nennen konnte. Er riß mich aus meiner Versenkung, ich stolperte zur Rückseite des Koffers, entfernte die senkrecht stehenden Stifte aus den Scharnieren, um die Figur frei zu stellen und endlich ihren geneigten Nacken, ihre anmutig gehaltenen Schultern, den lang gestreckten Rücken zu sehen und ihren prachtvollen Hintern zu überprüfen.

Die Kofferteile schob ich weit aus dem Sichtfeld. Sogar die Plinthe, also der Sockel, auf dem sie stand, war exakt nachgebildet. Ich befreite ihre Schenkel von diesem lästigen Tuch, das mich schon immer gestört hatte und sah, wie ihre Blässe, sicher eine Folge des außergewöhnlichen Transportes, einer sanften Rötung wich, die sich über ihre Haut ausbreitete. Sie atmete jetzt sichtbar und verharrte weiter in dieser Pose. Ich wollte sie ansprechen, brachte aber nicht ein Wort zustande. Ich stand hinter ihr, konnte meine Hände nicht länger bei mir halten. Mit der rechten glitt ich die Taille entlang, führte die Hand zwischen beide Schenkel und hob ihre festen Backen hoch, daß sie sich leicht öffneten, und tastete ihren Anus mit dem Zeigefinger. Die übrigen Finger spürten den Flaum ihrer Schamlippen. Meine Finger wollten sämtlichst und rabiat in sie eindringen, doch wortlos zog mich ihre Hand am Hosenbund und lenkte mich um sie herum und öffnete meine Gürtelschnalle. Ich stand ihr jetzt gegenüber und entkleidete mich. Erneut verfiel sie in ihre klassische Pose. Die niedergeschlagenen Augen ließen mich fühlen, wie mein Versuch, sie hinterrücks zu entwerten – ja, ich wollte sie tatsächlich entidealisieren –, durchschaut war. Ihre Hand auf meiner Schulter bedeutete mir mit leichtem Druck, ebenfalls niederzuknien. So geriet ich in die gleiche Position wie sie und spiegelte, zwar seitenverkehrt, den Gestus, den sie als «Die Knieende» innehatte. Ihr aufgestelltes linkes Bein berührte mit dem spitz hervorragenden Knie mein rechtes Bein in der Leistengegend, mein linkes Knie flirtete mit der Nähe ihres Schoßes.

Ein Gefühl sinnierender Hingabe und inniger Andacht überkam mich in dieser Haltung. Verzaubert wagte ich es nicht, mich ihr weiter zu nähern, geschweige denn, überhaupt eine Bewegung auszuführen. Ich blickte sie an und konnte nichts anderes, als die Augen wieder verschließen. Ihrem Blick hielt ich nicht stand und mußte ihr Bild in der Phantasie erzeugen. Ich nahm sie ganz in mich hinein und wurde in irgendeiner Art eins mit ihr – eine merkwürdige Erfahrung, die ich bislang in der Begegnung mit Frauen noch nicht erlebt hatte. In meiner Vorstellung gelang es mir dann, mich wieder von ihr zu trennen, beziehungsweise sie wieder aus mir herauszunehmen und freizustellen. Ein komischer Vorgang, an dessen Ende das Erleben stand, als wäre sie meine Schöpfung.

Ich mußte an Lehmbruck denken und das Verhältnis zu seinem Modell. Meines Wissens hatte ihm seine Gattin meistens Akt gestanden. Was passiert zwischen dem Künstler und seinem Modell, wenn er es abbildet und künstlerisch oder sonstwie durchdringt, bearbeitet und neu erschafft? Warum braucht er es überhaupt? Für Matisse war das Modell ein «Sprungbrett», eine «Tür», durch die er hindurchgehen mußte, «um in den Garten zu gelangen», in welchem er zur freien Improvisation finden konnte. Er brauchte den Flirt, der schließlich in einer Vergewaltigung endete. Nur so konnte er sich der individuellen Gefühlswallung entledigen, das Modell als solches überwinden und zu einer freien, gänzlich neuen Kreation kommen.

Klar, die meisten Künstler haben mit ihren Modellen geschlafen.

Scheiße, dachte ich, den Garten voller Früchte, aber den Kopf voller Gedanken, hocke ich in meinem Glashaus und habe vergessen, wie man Steine schmeißt. Mein Gleichgewichtssinn kam mir zur Hilfe. Ich mußte Balance halten, um den sanften Taumel meines Körpers zu führen. Ich näherte mich ihrem Gesicht. Ihr Atem fiel auf meine untere Gesichtshälfte, meine Nase berührte die ihrige zart, nein, noch zarter. Unsere Lippen befühlten sich, ich ahnte ihre feinen Oberlippenhaare – ein Tasten von Haut in den obersten Hautschichten war unser Spiel. Ich atmete ihre, sie meine Ausatmung. Ihr Duft – ein Hauch von Pfirsichblüte. Mein Rumpf folgte der Neugierde meines Gesichtes. Ich ersehnte die Berührung ihrer stehenden Brustwarzen, die meinem Vorwärtsneigen unabdingbar entgegenkommen würden. Ich spürte bereits deren kleine, heiße Aura.

Mensch, daß mir jetzt einer stand, paßte mir ganz und gar nicht. War mir total peinlich. Ich beugte mein Becken rund. Ihr spitzes Knie folgte und schob sich sanft, doch unaufhaltsam drängend zwischen meine Schenkel. Als langsame Schnecke – sicherlich eine schmale, silbrige Spur hinterlassend – schlich mein hartes Glied ihren Schenkel empor. Jetzt war ich ganz und nur im Schwanz. Ich erklomm sie in ihm. Jede Pore ihrer Haut, jeden Partikel der Erhebungen von leichter Gänsehaut auf der gespannten Fläche ihres Schenkels sog ich, verwandelt in einen kleinen Wels, als delikate Nahrung in mich hinein. Meine Kirsche glühte – und als mich endlich, ich hatte sie schon längst vergessen, die Punkte ihrer drallen Nippel unterhalb meiner eigenen berührten, hörte ich mich leise stöhnen.

Ich folgte der Steigung ihres vorgestellten Beines und hatte ihr Knie unter meinem Hintern. So geriet ich allmählich in die Aufrechte und zog ihren Leib in enger Umarmung mit. Mein Kopf war jetzt über ihrem, das Kinn war langsam über ihre Stirn geglitten und ruhte auf ihrem Scheitel. Ihre jugendlichen Brüste drückten sich in meinen Bauch. Ich spürte das erste Mal, wie alt ich war und wollte erschrocken die Augen öffnen, ließ es aber bleiben. Ihre Hand führte meine Finger an ihre Scham. Ihr Honigmund, weit offen, begrenzt von pulsenden Lilienlippen, rutschte ungeduldig fordernd über meine ruhige Hand. Wann hatte ich das letzte Mal ein Pferd gefüttert, schoß es mir durch den Kopf – eine blöde Assoziation.

Erst war mir nicht klar, ob es real war: ich hörte eine klassisch ausgebildete Sopranstimme singen, «Corcovado», bekannt als «Quiet Nights», eine meiner Lieblingskompositionen von Jobim. Erst als ihr Leib im gleichen Rhythmus des Liedes wiegte, wußte ich, daß sie es war, die sang – bezaubernd schön. Sie stand jetzt aufgerichtet, noch größer als ich vermutet hatte, vor mir. Mit einem Bein umklammerte sie mein Becken und schob ihren hitzigen Schoß auf meinen gierenden Stengel. Wir tanzten symbiotisch umschlungen einen virtuosen Tanz auf drei Beinen zu der immer atemloser werdenden Melodie ihres Liedes und fielen aus der Balance, wie aus allen Wolken, auf das glatte Parkett. Unsere erste, sehr schmerzhafte Trennung.

ALINA REYES
Der Schlachter

_____ Keiner von uns beiden sagte einen Ton. Ich sah die
Scheibenwischer hin und her schwenken, dösend nahm ich den
Geruch meiner nassen Haare auf den Wangen wahr.

Er öffnete die Tür, nahm mich bei der Hand. Meine Sandalen waren völlig vom Wasser durchtränkt, meine Füße klatsch-
ten auf der Plastiksohle. Er führte mich ins Wohnzimmer, ließ
mich Platz nehmen und brachte mir einen Kaffee. Dann schaltete er das Radio ein und bat mich, ihn für fünf Minuten zu
entschuldigen. Er müßte duschen gehen.

Ich ging ans Fenster, zog den Vorhang ein wenig beiseite und
schaute zu, wie der Regen fiel. Der Regen rief in mir Lust aufs
Pinkeln wach. Als ich von der Toilette kam, stieß ich die Tür
zum Badezimmer auf. Der Raum war heiß, voller Dunst. Ich
entdeckte seine massige Silhouette hinter dem Duschvorhang.
Ich zog ihn einen Spaltbreit auf und betrachtete ihn. Er streckte
die Hand nach mir aus, aber ich entzog mich und bot ihm an,
seinen Rücken einzuseifen. Ich stieg auf die Kante, hielt die
Hände unter das heiße Wasser, nahm die Seife, rieb sie mit meinen Handflächen, bis diese mit einer dicken Schicht eingeseift
waren.

Ich begann ihm den Rücken zu reiben, erst den Nacken, die
Schultern, in kreisenden Bewegungen. Er war breit und blaß,
muskulös und straff. Eine Hand auf jeder Seite strich ich die
Wirbelsäule hinunter. Ich rieb seine Seitenpartien, wobei ich
ein wenig zum Bauch hinglitt. Die Seife bildete einen zarten,

duftenden Schaum, ein hauchdünnes Netz aus kleinen weißen Bläschen, die auf der nassen Haut herumtrieben, eine sanfte Decke, die sich zwischen meinem Handinnern und seinen Hüften hin und her schob.

Mehrere Male strich ich die Wirbelsäule hoch und runter, tief unten vom Rücken bis zum Nackenansatz, da, wo die ersten feinen Haare wachsen, die der Friseur für Kurzhaarschnitte ausrasiert, mit seinem so köstlich vibrierenden Rasierer.

Ich fing von neuem bei den Schultern an und seifte einen Arm nach dem andern ein. Obwohl seine Muskeln entspannt waren, spürte ich die harten Muskelwölbungen. Der Unterarm war mit schwarzen Haaren bedeckt, ich mußte die Seife gut verteilen, damit der Schaum haftenblieb. Ich massierte zu den Achseln hoch, behaarte Höhlen.

Erneut schäumte ich mir die Hände ein, legte beide auf seine Pobacken und rieb sie mit kreisenden Bewegungen ein. Trotz ihrer beträchtlichen Größe war die Form seiner Pobacken harmonisch, eine anmutige Wölbung schwang sich aus den Hüften, verband sich, überhaupt nicht schlaff, mit den unteren Gliedmaßen. Immer wieder strich ich über diese Rundungen, um mir die Gestalt mit den Handflächen wie mit den Augen vertraut zu machen.

Dann fuhr ich die festen, stämmigen Beine entlang. Die Haut war behaart und bedeckte Muskelstränge. Ich hatte den Eindruck, tiefer in eine andere Körpergegend vorzudringen, von größerer Wildheit, bis hin zum fremd anmutenden Schatz seiner Fesseln.

Nun wandte er sich mir zu. Ich hob meinen Kopf und erblickte seine angeschwollenen Säcke, seinen steifen Schwanz, senkrecht über meinen Augen.

Ich stand auf. Er rührte sich nicht. Noch einmal nahm ich die Seife in meine Hände, fing an, die Brust zu waschen, breit und kräftig, nur mäßig behaart.

Dann fuhr ich langsam seinen Bauch entlang, aufgebläht und von kräftigen Bauchmuskeln umschlungen. Ich brauchte lange, um den Schaum auf der ganzen Haut zu verteilen. Der Bauchnabel ragte heraus, eine kleine weiße Kugel, um die herum sich die rundliche Masse legte. Ein Gestirn, um das meine Finger kreisten, wobei sie sich Mühe gaben, den Augenblick hinauszuzögern, in dem sie der verlockenden Tiefe nachgeben würden, dem Kometen, der sich gegen die wohlgestaltete ringförmige Magengegend aufrichtete.

Ich kniete mich hin, um den unteren Teil des Bauchs zu massieren. Langsam strich ich um den Genitalbereich herum, ganz sanft, bis hin zu den Innenseiten seiner Schenkel.

Sein Geschlechtsteil war furchtbar geschwollen und steif.

Ich widerstand der Versuchung, es zu berühren, indem ich die Liebkosungen des Schambergs und die zwischen den Beinen länger dauern ließ. Jetzt stand er dicht an die Wand gedrückt, die Arme ausgestreckt, beide Hände gegen die Duschwand gestützt, den Bauch nach vorn geschoben. Er stöhnte. Ich spürte, daß er gleich zum Orgasmus kommen würde, noch bevor ich es berührt hätte.

Ich schritt zurück, setzte mich mitten unter den Wasserstrahl und wartete darauf, die Augen unablässig auf sein unheimlich angeschwollenes Glied gerichtet, daß er sich ein wenig beruhigen würde. Das warme Wasser rann über mein Haar, drang unter mein Kleid; dampfend umschäumte uns die Luft, verwischte alle Formen und Laute.

Er war auf dem Höhepunkt der Erregung angekommen, und trotzdem hatte er nichts unternommen, um die Erlösung schneller herbeizuführen. Er wartete auf mich, er würde so lange auf mich warten, wie ich die Lust, den Schmerz, andauern lassen wollte.

Erneut kniete ich vor ihm nieder. Sein immer noch praller Schwanz schnellte hoch.

Ich strich mit meiner Hand über seine Säcke, von der Wurzel, dicht am Anus, aufwärts. Sein Schwanz richtete sich noch heftiger auf. Ich nahm ihn in die andere Hand, drückte ihn, begann eine langsame Hinundherbewegung. Der Seifenschaum, mit dem ich eingeschmiert war, erleichterte das Gleiten herrlich. Meine beiden Hände waren mit einer warmen, lebendigen, zauberhaften Substanz gefüllt. Ich fühlte sie wie das Herz eines Vogels pochen, half ihr, ihrer Befreiung entgegenzueilen. Auf und ab, immer dieselbe Handbewegung, immer derselbe Rhythmus, und über meinem Kopf das Stöhnen; und ich, ich stöhnte auch, durch das Wasser klebte mein Kleid an mir wie ein enger seidiger Handschuh, auf meiner Augenhöhe stand die Welt still, auf der Höhe seines Bauchs, bei den Geräuschen des Wassers, das an uns hinabströmte, und seines Schwanzes, der zwischen meinen Fingern flutschte, all diese warmen, zarten und festen Dinge in meinen Händen, der Geruch der Seife, der pitschnassen Haut und des Spermas, das sich in meinem Handinnern ausbreitete …

Die Flüssigkeit schoß in Schüben empor und bespritzte mein Gesicht und mein Kleid.

Er kniete sich auch nieder, leckte die Spermatränen auf meinem Gesicht ab. Er wusch mich nach Katzenart, emsig und zärtlich.

Sein weißer, runder Kopf, seine rosa Zunge auf meiner Wange, seine blaßblauen Augen, die Augenlider noch schwerer, als stünde er unter Drogen. Sein sehnsüchtiger, schwerer Körper, sein fülliger Körper …

Ein regennasses zartgrünes Feld, umspielt vom Wind, den

die Äste herübertragen … Es ist Herbst, es regnet, ich bin ein kleines Mädchen, ich gehe durch den Park, und mir dreht sich der Kopf wegen der Gerüche, des Wassers auf meiner Haut und meinen Kleidern, dort auf der Bank sehe ich einen behäbigen Herrn, der mich ansieht, mich so durchdringend anschaut, daß ich pinkeln muß, im Stehen, ich laufe und pinkle, ich bin es, die warm auf den Park regnet, auf die Erde, in meine Hose, ich regne, ich gefalle …

Er zog mir das Kleid aus, ganz langsam.

Dann legte er mich auf den warmen Kachelboden, ließ die Dusche weiter rieseln und bedeckte meinen ganzen Körper mit Küssen. Seine starken Hände hoben mich hoch und drehten mich mit äußerstem Feingefühl herum. Weder der harte Boden noch die Kraft seiner Hände taten mir weh.

Ich ließ mich völlig gehen. Das Fleisch seiner Lippen preßte mich, und die Feuchtigkeit seiner Zunge benetzte meinen Körper, in den Armhöhlen, unter den Brüsten, am Hals, in den Kniekehlen, zwischen den Pobacken, sein Mund wanderte überallhin, den ganzen Rücken, die Innenseite der Beine entlang bis zum Haaransatz hoch.

Er legte mich auf den Rücken, auf die kleinen, warmen, rutschigen Kacheln, hob mich mit beiden Händen am Becken hoch, seine fest in meine Rückenmulde gepreßten Finger umfaßten mich bis hin zur Wirbelsäule, die Daumen packte er auf meinen Bauch; er legte meine Beine auf seine Schultern und steckte seine Zunge in meine Scham. Ich krümmte mich jäh. Der Wasserstrahl traf mich ganz seidig millionenfach auf Bauch und Brust. Er leckte mich gleichmäßig von der Vagina bis zur Klitoris, während sein Mund auf meinen großen Schamlippen klebte. Mein Geschlecht wurde eine ausgewaschene Fläche, aus der Lust strömte, die Welt versank, ich war nichts als dieses lebendige Fleisch, aus dem sich bald riesige

Wasserfälle, einer nach dem andern, ergossen, unablässig, Schlag auf Schlag, ohne Ende.

Die Spannung ließ schließlich nach, meine Pobacken sanken auf seine Arme, nach und nach kam ich zu mir, spürte das Wasser auf meinem Bauch, erkannte aufs neue die Dusche, und ihn, und mich.

Er hatte mich abgetrocknet, ins warme Bett gepackt, und ich war eingeschlafen.

Als der Regen an die Fensterscheiben tropfte, wurde ich langsam wach. Die Laken waren weich und mollig, das Kopfkissen flaumweich. Ich öffnete die Augen. Er lag neben mir, sah mich an. Ich streckte meine Hand nach seinem Geschlecht aus. Er bekam wieder Lust auf mich.

Ich wollte nichts anderes. Sich lieben, ohne Unterlaß, ohne Raserei, geduldig, mit Beharrlichkeit und Methode. Bis zum Äußersten gehen. Er war wie ein Berg, den es zu besteigen galt, bis auf den Gipfel mußte ich gelangen, wie in meinen Träumen, meinen Alpträumen. Das beste wäre gewesen, ihn sofort zu entmannen, dieses immer harte, immer aufgerichtete, immer fordernde Fleischstück aufzufressen, hinunterzuschlucken und in meinem Bauch zu behalten, endgültig.

Ich rückte näher, richtete mich ein wenig auf, schlang meine Arme um ihn. Er nahm meinen Kopf in seine Hände, zog meinen Mund an seinen heran und stieß plötzlich seine Zunge hinein, wühlte damit in meinem Rachen, rollte sie zusammen und schlängelte sich um meine Zunge. Ich biß in seine Lippen, bis ich Blut schmeckte.

Dann stieg ich vollends auf ihn, preßte meine Vulva gegen sein Geschlecht, rieb sie an seinen Säcken und seinem Schwanz; mit meinen Händen führte ich ihn in mich ein, und es durchzuckte mich wie ein gewaltiger Blitz, der strahlende

Einzug des Erlösers, die augenblickliche Wiederkehr der Gnade.

Ich zog die Knie hoch, umklammerte ihn mit meinen Beinen und ritt ihn energisch. Jedesmal wenn ich ganz oben auf der Welle seinen Schwanz, rot und glänzend, kommen sah, packte ich den, um ihn noch tiefer in mich hineinzustoßen.

Ich war zu schnell. Er beruhigte mich sanft, ich lockerte die Beine und legte mich auf ihn. Einen Augenblick lang rührte ich mich nicht und zog die Muskeln meiner Vagina um sein Glied zusammen.

Ich biß ihn in die ganze Brust; Stromstöße durchzuckten meine Zunge, mein Zahnfleisch. Ich rieb meine Nase am Fettpolster seines weißen Fleisches, sog seinen Geruch zitternd ein. Ich verdrehte die Augen vor Lust, die Welt war nichts als ein schwerverständliches, mitreißendes Bild, ein Aufeinanderprallen fleischfarbener Tupfen, ein Brunnen federweichen Stoffs, in den ich mich mit dem freudigen Überschwang des Sich-Vergessens eingrub. Eine vom Trommelfell ausgehende Schwingung durchdrang meinen Kopf, meine Augen schlossen sich; ein außergewöhnlich scharfer Bewußtseinsstand wuchs mit den Wellen, die meinen Schädel durchzogen, es war, als ob eine Flamme hochschnellte, und mein Gehirn kam zum Orgasmus, allein und still, wunderbar allein.

Er rollte auf mich, und nun ritt er mich, indem er seine Hände aufstützte, um mich nicht zu erdrücken. Seine Säcke rieben meine Pobacken, den Scheideneingang, sein harter Schwanz füllte mich aus, glitt immer wieder an meinen Scheidenwänden entlang, meine Fingernägel gruben sich in seinen Hintern, er atmete heftiger ... Zusammen kamen wir zu einem langen Orgasmus. Unsere Säfte vermischten sich wie unser Röcheln, das nicht aus dem Rachen kam, sondern von weiter her, aus der Tiefe unserer Brust, Laute, die der menschlichen Stimme fremd waren.

Es regnete. Umhüllt von einem weiten T-Shirt, das er mir gegeben hatte, kniete ich auf einem dicht an der Wand stehenden Stuhl und lehnte mich ans Fenster.

Wenn ich die Sprache des Regens beherrschte, würde ich selbstverständlich in ihr schreiben, aber jeder kennt sie nun mal und kann sie sich ins Gedächtnis rufen. Sich in einem geschützten, verschlossenen Raum befinden, wenn draußen unaufhörlich Wasser rinnt, Nieselregen, Sturzbäche ... In der reizlosen Enge eines Autos Liebe machen, wenn an die Scheiben und aufs Dach eintönige Tropfen trommeln. Der Regen entspannt den Körper, macht ihn völlig weich und naß ... Geifern und sich wie Schnecken ablecken ...

Auch er trug ein T-Shirt, lag auf dem Kanapee, nackt sein fester Hintern, sein geschwollenes Geschlechtsteil und seine strammen Beine.

Er kam auf mich zu, drückte seinen harten Schwanz an meinen Hintern. Ich wollte mich umdrehen, aber er packte mich an den Haaren, zog meinen Kopf nach hinten und drang dann gewaltsam in meinen Anus ein. Es tat mir weh, ich war auf meinen Stuhl gezwängt, dazu verdammt, den Kopf gen Himmel zu drehen.

Schließlich war er ganz in mir, und der Schmerz nahm ab. Er fing an zu stoßen, ich war voll von ihm, tief in mir fühlte ich nur sein riesiges, reißendes Glied, während draußen der Regen in Schauern niederschoß, reines, flüssiges Licht.

Während er fortfuhr, in mir zu rütteln, mich wie ein Straßenarbeiter zu bearbeiten, meinen Kopf weiter nach hinten zu biegen, steckte er zwei Finger in meine Vagina und zog sie wieder heraus. Daraufhin steckte ich meine Finger in sie, spürte sein hartes Glied hinter der Muskelwand hämmern und begann, mich im gleichen Rhythmus zu reiben. Er fing an, schneller zu stoßen, meine Erregung nahm zu, Schmerz vermischt mit Lust. Mit jedem Beckenstoß klatschte sein Bauch gegen meinen Rücken, und er durchbohrte mich noch mehr, brach weiter in mich hinein. Ich hätte meinen Kopf aus seinem Griff befreien wollen, aber er zog immer stärker an meinen Haaren, mein Hals war schrecklich gespannt, die Augen beharrlich gen Himmel gewandt, der leer wurde, und dabei versetzte er mir seine Stöße, hämmerte ganz tief in mich hinein, er rüttelte meinen Körper durch und erfüllte ihn mit seinem heißen Saft, der stoßweise hinausschoß und mich weich verletzte, köstlich.

Dicke Regentropfen klopften irgendwo gleichmäßig gegen, gaben ein Geräusch wie hohles Metall von sich. Er ließ meine Haare los, ich senkte meinen Kopf auf den Fenstersims und begann unmerklich zu schwanken. Ich ließ ihn sich ausziehen, mit dem Rücken auf den Boden legen. Mit den Gummiseilen seines Expanders band ich seine Arme an den Sesselbeinen fest, seine Beine an die des Tischs.

Wir waren beide müde. Ich setzte mich in den Sessel, sah ihn regungslos, alle viere von sich gestreckt, eine Weile an.

So gefiel mir sein Körper, offen dargebotene Fleischfülle, gefangen, in seiner herrlichen Unvollkommenheit strahlend. Entwurzelter Mensch, abermals an den Boden genagelt, sein Glied wie ein empfindlicher Bolzen, aus der Dunkelheit vertrieben und dem Licht meiner Augen ausgesetzt.

Alles hätte geschlechtlich sein sollen, die Vorhänge, der Teppichboden, die Gummiseile und die Möbel, an Stelle meines Kopfes hätte ich ein Geschlecht haben wollen, und eines an Stelle seines Kopfes.

Wir hätten beide an einem Fleischerhaken, einer dem anderen gegenüber, in einem roten Kühlraum hängen sollen, am Kopfende und an den Fersen aufgespießt, den Kopf nach unten, Beine gespreizt, unser Fleisch, von Angesicht zu Angesicht, war machtlos dem Messer ausgeliefert, unsere wie rotes Eisen glühenden, offenen, gezückten Geschlechtsteile. Wir hätten uns unter der Tyrannei unserer Geschlechter zu Tode brüllen sollen, was sind denn unsere Geschlechter? Letzten Sommer, der erste LSD-Trip, erst habe ich meine Hände verloren, dann folgte mein Name, dann der Name meiner Gattung, die Menschheit ist meinem Gedächtnis entfallen, dem Wissen meines Kopfes und Körpers, verloren jede Vorstellung vom Mann, von der Frau, und selbst vom Tier; ich suchte herum, wer bin ich? Mein Geschlecht. Der Welt blieb mein Geschlecht, ohne Namen, und die Lust, zu pinkeln. Der einzige Ort, wohin sich meine Seele geflüchtet hatte, zusammengeschrumpft, der einzige Ort, an dem ich existierte, wie ein Atom, zwischen Himmel und Erde umherirrend, zwischen Grün und Blau, nur mit dem Gefühl eines reinen Sex-Atoms, genau so, gerade mal so, gepeinigt vom Drang zu pinkeln, verirrt, selig, im Licht, Halbinsel Saint-Laurent, an einem Sommertag, oder nein, es war Herbst, ich brauchte noch eine Nacht und einen Morgen, um wieder herunterzukommen, aber danach verlor ich mich noch monatelang, immer wenn ich pinkelte, ein Anflug von Schwindelgefühl, und schon ist es wieder da, ich ziehe mich völlig zurück wie in meinen Bauchnabel, mein ganzes Wesen liegt in diesem Gefühl in der Körpermitte, der Rest des Körpers ausgelöscht, ich kenne mich nicht wieder, form- und gattungslos, jedesmal der totale Trip, und manchmal noch immer, nur einen Augenblick lang, wie mit dem Kopf nach unten aufgehängt sein in der großen Spirale des Universums, aber ich finde doch selbst heraus, was diese Augenblicke wert sind, danach sage ich mir «Ist es wirklich, das, wer bin ich?» und «Schau, wie schön die Welt ist, mit all ihren dunklen Weintrauben, wie schön es ist, im Süden den Wein zu ernten, die Sonne fängt sich in den

Trauben und den Augen der erntenden Leute, die Rebstöcke sind gekrümmt, wie gern würde ich am Ende einer Reihe pinkeln gehen!», und der Körper ist voller Albernheiten, nur so, man fühlt sich so wohl nach diesem eigenartigen Schwindelgefühl, das einem trotzdem bereits ein wenig fehlt.

Ich erhob mich, kniete mich mit geöffneten Beinen über seinen Kopf. Ohne mich in Reichweite seines Kopfes zu halten, zog ich mit beiden Händen meine großen Schamlippen auseinander, zeigte ihm meine Vulva, ganz lange.

Dann streichelte ich sie langsam, mit kreisender Bewegung, vom Anus zur Klitoris.

Ich hätte mir graue Himmel gewünscht, wo Hoffnung sich ballt, wo Bäume zitternd ihre Feenarme ausstrecken, launische Träume, vom Wind geküßt, ins Gras geweht, zwischen meinen Schenkeln hätte ich den ungeheuren Atem von Millionen Erdbewohnern spüren wollen, ich hätte gewollt, schau, schau dir gut an, was ich will ...

Ich führte meine linken Finger tief in meine Vagina ein und rieb mich weiter. Meine Finger sind nicht meine Finger, sondern ein schwerer Barren, ein massiver, eckiger, in mich gesteckter Barren, blendendes Gold in der tiefsten Finsternis meiner Träume. Mit beiden Händen rieb ich mich immer schneller; zuckend ritt ich in der Luft, warf den Kopf nach hinten, kam schluchzend über seinen Augen zum Orgasmus.

Ich ging zum Sessel zurück. Sein Gesicht war gerötet, er war wieder erregt, nur leicht. Er war schutzlos.

Als ich klein war, wußte ich nicht, was Liebe war. Liebe machen, das magischste aller Wörter, die Verheißung der unglaublichen, wunderbaren Sache, die sich jeden Augenblick ereignen könnte, sobald wir groß wären. Von dem Akt des Eindringens hatte ich keine Vorstellung, nicht mal von dem, was die Männer zwischen den Beinen haben, trotz gemeinsamen Duschens mit meinen Brüdern. Man kann noch sooft hinschauen, was weiß man schon, wenn man eine Vorliebe für das Geheimnisvolle hat? Als ich noch kleiner war, gerade mal vier Jahre alt, redet man in meiner Anwesenheit und glaubt, daß ich nichts verstehe, Papa erzählt, daß ein Verrückter nachts brüllend durch den Wald läuft. Ich öffne die Gartenpforte meiner Großmutter, und ganz allein ziehe ich mit meiner Wolfshündin in den Wald; in der ersten Schneise zwischen den Bäumen lege ich mich mit meiner Hündin auf einen Erdhügel, ganz eng an ihre warme Flanke, einen Arm um ihren Hals; sie läßt die Zunge hängen und wartet, wie ich. Niemand kommt. Die Kiefern drängen sich aneinander und neigen sich mit einer zärtlichen und beunruhigenden Bewegung zu uns hinab. In der Mitte des Waldes gibt es eine lange, von Brombeersträuchern völlig überwachsene Betonmauer, wo man Brombeeren pflükken kann, und wo eines Tages ein Gocartfahrer, als er jäh vom Weg abgekommen ist, vor mir sein Augenlicht verloren hat. Es gibt einen unterirdischen Bunker mit einer schwarzen Öffnung als Tür, und ganz am Ende einen Waschraum, von Moos und Gräsern überwuchert. Die Rennstrecke hat den festen Abdruck eines riesigen Fußes zurückbehalten.

Ich streckte mich nah bei ihm auf dem Boden aus, legte den Kopf auf seinen Bauch, meinen Mund an sein Glied, eine Hand auf seine Säcke, und schlief ein. Ein großer, blonder, starker und vielleicht schöner Soldat hatte sicherlich seinen Schuhabdruck im nassen Zement hinterlassen.

Als ich an seinem Glied aufwachte, nahm ich es in den Mund, saugte mit der Zunge an ihm, spürte es anschwellen, an meinen Rachen stoßen. Ich strich über seine Säcke, leckte sie, und wandte mich wieder seinem Schwanz zu. Ich drückte ihn an meine Augenhöhlen, meine Stirn, meine Wangen, meine Nase, den Mund, das Kinn, den Hals, legte meinen Hals darauf, klemmte ihn zwischen mein Schulterblatt und meinen zur Seite geneigten Kopf, unter eine Achsel, dann die andere, streifte ihn mit meinen Brüsten, bis sie fast zum Orgasmus gekommen wären, rieb meinen Bauch daran, meinen Rücken, meine Pobacken, meine Schenkel, preßte ihn an die Innenseite meiner Arme und Beine, setzte meine Fußsohlen darauf, bis sein Abdruck an meinem ganzen Körper haftete.

Dann nahm ich ihn wieder in den Mund und lutschte sehr lange, so wie man am Daumen lutscht, an der Mutterbrust, am Leben, während er, immerzu, stöhnte und keuchte, bis er dann, mit einem spitzen Klagelaut, kommt und ich sein Sperma, seinen Saft, seine Gabe trinke.

Deutsch von Sigrid Brinkmann
und Marlis Micha

ZOÉ VALDÉS
Die Nächte des Nihilisten

_____Zehn Minuten später klingelte es, er schwitzte in
Strömen, weil er wie verrückt geradelt war. Er kam herein,
seine grünen Augen ruhten auf meinen grünen Augen. Seine
sind heller, meine sind wie Oliven. Es sah ganz so aus, als würde
ich mich verlieben, nicht nur, weil ich mich mein ganzes Leben
immer wieder verliebe, es ist fast schon eine Manie, sondern
weil ich mich wegen all der sinnlosen Flirterei an einem Punkt
absoluter Einsamkeit befand und einen intelligenten, geheim-
nisvollen Mann brauchte. Ich brauchte «the big love», ich
wollte vor Liebe sterben, vor Liebe leben, mich zerfetzen. Ein
Kerl, der mich fertigmachte und ich ihn. Der uns beide fertigmachte. Und der verstehen mußte, daß ich nicht einfach bin,
ich bin halb oder absolut geistesgestört. Heute liebe ich einen,
morgen halte ich es nicht mehr aus mit ihm, und es gibt nicht
viele, die das mitmachen. Ich hatte auch nicht viel übrig für solide Ehemänner, was ich suchte, war der ewige Geliebte. Und
ich glaube, wenn ich mich nicht irre, habe ich ihn erwischt.

An dem Abend damals, wie an vielen anderen, die danach
kamen, aßen wir Reis mit Spiegelei, die Eier gab es noch im
freien Verkauf. Wir wuschen das Geschirr, ich seifte ein und er
spülte ab: zwei Teller, zwei Gläser, eine Gabel und einen Löffel
(er kann nicht mit der Gabel essen), die Bratpfanne und den
Reistopf. Wir legten uns ins Bett, brav nebeneinander, doch
unsere Körper verströmten weiter ihre unbändige Energie. In
der Mitte des Films ungefähr stieß, ohne es zu wollen, mein

39[

Fuß gegen seinen. Der Nihilist faßte das als eine schüchterne Liebkosung auf und tauchte seine perverse Hand in mein Haar, wie die Hand Orlandos bei Virginia Woolf. Ich konnte nicht mehr, ich drehte mich zu ihm um und küßte ihn auf die Lippen. Ich wußte, das ist mein Mann, er küßte mich nämlich, wie ich der lockigen Skulptur meinen ersten Kuß gegeben hatte, mit flatternder Zunge, wie man sich als Kind vorstellt, daß so die Erwachsenen küssen. Der Kuß dauerte, bis der Film zu Ende war. Wir haben es nie geschafft, den Film ganz zu sehen. Immer, wenn wir einen neuen Anlauf nehmen, kommen wir bis zur Hälfte, womöglich sind wir beeinflußt von dem Experiment, das Pawlow mit seinem Hund gemacht hat.

Der Kuß dauerte, bis der Film zu Ende war, allerdings nicht nur auf dem Mund. Seine Zungenspitze strich langsam meinen Hals hinab, wanderte vom Kinn bis zu den Brustwarzen, wo sie mir Minuten wahnsinniger Lust verschaffte, schweifte nach einer Weile noch langsamer von meinen Brüsten zu den Hüften und von ihnen zum Nabel und brachte meinen Bauch so außer Rand und Band, daß er zu tanzen anfing. Dann schoben seine langen Finger meine Haare beiseite, rot aufgerichtet glänzte mein Kitzler, und auf ihn drückte er den Kuß, mit dem er sich für alle Ewigkeit den Nobelpreis in Cunnilingus verdiente. Sein Name sollte ins Guinness-Buch der Rekorde aufgenommen werden als der professionellste Schlecker, den die Geschichte der Zivilisation hervorgebracht hat. Ich hatte sieben Orgasmen. Als er sich auszog, verschlug es mir beim Anblick seines griechischen Körpers die Sprache: der leicht deltaförmige Oberkörper sonnengebräunt, makellos schimmernde Bronze. Schmale Hüften, ein strammer, perfekter Arsch, das Schamhaar erst eine schmale Landzunge, bevor es voll Ungestüm über die Schenkel quillt. Ebenmäßige, muskulöse Schenkel, gespannte Beine, kräftige Knie, anmutige und wohlproportionierte Füße – was ein gutes Vorzeichen ist –, sogar mit dem Detail, daß der zweite Zeh länger ist als der große Zeh, ohne Frage also ein attischer Fuß. Der Hals in seinen Maßen ideal, nicht zu dick und nicht zu lang. Das Haar gekräuselt, spitzbübische Locken schmücken seine Stirn. Gerade, vorspringende Nase. Lippen wie Mohrenhirse, schwarzbraun. Starke Arme, aber nicht übertrieben, kräftige Handgelenke, sanfte, lange Hände (ich habe schon von ihnen gesprochen). Seltsam! Dieser Mann kam mir innen und außen wie ein erlesenes Kunstwerk vor. Weil er außerdem auch zärtlich, geduldig und friedfertig ist. Seine Stimme hob sich nie mehr als notwendig, als wollte er mich auch nicht für den Bruchteil einer Sekunde erschrecken.

Sein Schwanz, ach gebenedeiter heiliger Lazarus, mein Babalú Ayé!, sein Schwanz ist das achte Weltwunder. Und er hat gute Aussichten, auf Platz 1 der Rangliste der größten Privatvermögen dieses Jahrhunderts zu gelangen! Weil einen solchen Schwengel zu besitzen dasselbe ist, als hätte man auf einer Schweizer Bank Billionen von Dollar. (Bevor ich es vergesse: Neben dem Bauchnabel hat er ein rundes schwarzes Muttermal.) Aus den Poren quillt ein seidiger Pelz, den zu streicheln traumhaft ist, und wenn du mit der Hand auf die Schwanzwurzel stößt, kannst du nichts dagegen tun, das Wasser läuft dir im Mund zusammen, und du fängst an zu schlucken.

Er ist glatt, mißt vierzehn Zentimeter ohne Erektion, doppelt soviel, wenn er steht, und ich weiß nicht, ob es davon kommt, daß ich so weit und tief offen bin oder sich der Nihilist so geschickt bewegt, aber er hat mir nie weh getan, geschweige denn mich verletzt, auch nicht beim Steppnahtfick, von der Scheide in den Po und zurück, immer hin und her. Die Schwanzhaut ist rosig wie die Haut eines Neugeborenen, und unter ihr schimmern tausende rote Äderchen, einem winzigen Garten von Schwarzen Prinzen gleich, was im Kubanischen rote Rosen sind. Die Vorhaut ist schmieg- und fügsam, sie bedeckt und entblößt, wenn es nötig ist, wie ein Belle-Epoque-Schultertuch. Bei Berührung hat er die Hitze von Gelée Royal, diesem Wundermittel, das sogar bei der hartnäckigsten Mandelentzündung hilft. Der Schaft ist solide, gegen jedes Einknicken gefeit, er steht seit Menschengedenken, Jahrhunderte v. u. Z., ähnlich einer Säule des Parthenons. Die Eichel, Kopf des Schwanzes, ist der Computer, programmiert mit Word Perfect, oder besser noch: Windows, was die entwickeltere Software ist. Wahnsinnig intelligent geht er immer genau bis zum Gefrierpunkt, dem des Triumphs, ruht nicht, bis er die perfekte Lösung gefunden hat, die bequeme Stellung, die adäquate Vorgehensweise, ein kluges Köpfchen eben, das fiebrig seine Arbeit macht. Dieser Johannes, wie Picasso, «sucht nicht, er findet». Vibrierend, spielerisch. Duft einer Haut, die mit Monsavon gewaschen ist, einer französischen Seife auf der Basis von Extrakten, Parfüms nach uralten Rezepturen, Patschuli, Jasmin, Rosenöl und Ziegenmilch. Milch, oh, diese Milch! Wenn doch die Diätzuteilung wie seine Sahne wäre! Aber abgesehen davon, daß die Diät, auf die Hernia die Überflutete Anspruch hat, nur jeden zweiten Tag da ist und obwohl sie «der konzentrierte Liter» genannt wird, ist sie das reine Wasser, fade, aller Vitamine beraubt, sie hinterläßt auf dem Glas nicht mal einen Fleck. Wenigstens konnte ich Hernia mit einem mir verbundenen Arzt helfen, der ihr ein Geschwür bescheinigt hat, und manchmal kriege ich dafür von ihr ein Gläschen Milch. Milch, Sahne meines Herzens! Die Sahne dieses Mannes ist, als ob man eine blutjunge Holsteinkuh melkt, deren Milchstrahl in das Näpfchen herabfällt wie himmlisches Manna, und ebenso schmeckt das Sperma dieses Außerirdischen, ein leuchtender, interplanetarischer Schluck per Satellit. Ein Punsch aus einer Unmasse leckerer Spermatozoiden, gut für die Gesundheit.

Ich bibbere, bestimmt habe ich mir eine Grippe geholt, und ich habe keine Aspirin im Haus, und auch in der Apotheke gibt es keins, wenn mal welches geliefert wird, ist es im Handumdrehen alle, zwar steht es jetzt auch im Zuteilungsheft, aber die Apothekerinnen verkaufen es weiter auf eigene Rechnung. Ich gefriere zu Eis, aber ich schalte die Klimaanlage nicht aus, weil es draußen heiß ist, und der Nihilist lebt gern im Kalten, er stellt sich dabei vor, wir seien in einem europäischen Winter. Ich habe mir schon an die viermal die Zähne geputzt, weil bei geschlossenem Mund, ohne zu reden, unfrischer Atem entstehen kann. Ich atme in die hohle Hand aus, rieche dran, aber nichts; das mit dem schlechten Mundgeruch ist eine Macke von mir, Symptom von Schizophrenie oder Anzeichen für ein verfrühtes Eintreten in die Wechseljahre.

Ich habe den Schlüssel im Schloß gehört. Er kommt, mein zorniges junges Männchen, er blinzelt, weil ihm der Schweiß in die Augen gelaufen ist. Mit Kette und Vorhängeschloß schließt er sein Fahrrad an das Gitter am Eingang zur Treppe an. Er muß ziemlich von der Rolle sein, er hat nicht mal gemerkt, daß ich nackt bin. Er legt vorsichtig den Rucksack ab, bevor er die Tür zumacht, damit nicht die warme Luft reinkommt. Nachdem er sich aufs Sofa gesetzt hat, wischt er sich mit einem Cowboytuch den Schweiß ab und versucht, sich die Locken glattzustreichen, die seine Backenknochen schmücken. Schließlich hebt er den Blick und sieht mich an: die nackte Frau, die wartet.

«Entschuldige, Liebste, aber ich bin fix und alle … Das Fahrrad hatte einen Platten. Es hat geregnet, du hast es bestimmt gar nicht mitbekommen, weil du die Fenster zu hast. Die Sachen sind wieder ein bißchen getrocknet, als ich bei La Piragua Schlange gestanden habe, die Pizzas sind ewig nicht gekommen, es waren massenhaft Leute da … Weißt du, wieviel ich bei einem Schlangesteher für zwei Pizzas gezahlt habe? Hundertzwanzig Pesos, sechzig für jede. Dreißig Pesos mehr als mein Monatslohn ...

Ich sehe sprachlos zu, wie er zwei mehr oder weniger runde, unterschiedlich große Teigfladen auspackt, die nach ranzigem Käse riechen und mit irgend etwas, das garantiert keine Tomatensauce ist, rot gefärbt sind. Wir legen sie sofort in die Backröhre, bevor wieder das Gas weg ist. Eine Minute später müssen wir die Pizzas dann doch auf zwei Bratpfannen legen und sie mit den elektrischen Herdplatten warm machen.

Zu guter Letzt sieht er mich anders an, seine schelmischen Augen verweilen bei jedem Teil meines Körpers. Er nimmt meine Hände und küßt sie mit beflügelten Lippen. Zärtlich spöttelt er über meine Nacktheit, derweil ruht seine rechte Wange zwischen meinen Brüsten, seine Arme umschlingen meine Taille, seine Hände kommen in den Grübchen meiner Hüften zu liegen. Das Brot fängt an, verbrannt zu riechen, und wir tragen die halbverkohlten Pizzas auf. Wir sind richtig privilegiert, wir haben es geschafft, mal was anderes als Speckgrieben auf dem Teller zu haben: Pizza essen ist in Havanna in diesen Zeiten dasselbe, wie im berühmten Pariser Restaurant La Tour d'argent zu dinieren. Um in eine schäbige Pizzeria reinzukommen, muß man lange vorher Plätze bestellen und Bestarbeiter in der Gewerkschaft sein, auch die Zack!-Läden haben sie dichtgemacht: Cafeterias, wo früher die Soyaburger verkauft wurden, grün wie Giftpilze oder Gänsescheiße. Jetzt gibt es sie, wenn es sie gibt, für Bons, die an die Mitglieder des CDR ausgeteilt werden.

Der Tisch ist mit einer weißen Baumwolldecke bedeckt, auf der zwei Servietten liegen. Obwohl Strom da ist, habe ich mich für Kerzen entschieden. Ich lege eine Kassette mit Musik aus dem Mittelalter ein. Er holt aus dem Rucksack die große Überraschung des Abends hervor: edler französischer Wein! Eine Flasche Beaujolais primeur, er hat sie bei einem Salsasänger, der viel im Ausland ist, gegen einen Schrank aus den vierziger Jahren eingetauscht, kreolisches Art deco. Er macht die Flasche auf, und wir stoßen auf unsere Liebe an, mit klitzekleinen Schlückchen, wie sie einem ausgezeichneten gallischen Wein angemessen sind, seine hellgrünen Augen blicken dabei tief in meine olivgrünen Augen. Wir schlingen die Pizzas runter, unsere Eingeweide geben dabei unanständige Laute von sich, sie protestieren, weil sie alles andere als befriedigt sind. Wir machen die Flasche leer, und unsere Köpfe machen kaum eine halbe Drehung. Da wir merken, daß der Wein nicht reicht, um unsere Sinne zu entfesseln, fangen wir an, das köstliche Besäufnis, das uns vorschwebte, zu schauspielern. Wir lachen uns halbtot, ohne zu wissen, worüber wir lachen. Er zieht sich seine Sachen aus und rennt hinter mir her, er schummelt, indem er sich absichtlich Möbel in den Weg stellt, damit das Rennen spannender wird. Als er beschließt, mich einzufangen, küßt er mich und beißt dabei meinen Mund, mindestens zehn Minuten oder länger, bis mir die Zunge weh tut, das Zahnfleisch wird taub, die Kinnbacken verkrampfen, die Lippen schwellen an, und dicke Striemen zeigen sich. Sein Kuß wandert zum Hals hinab, und wieder beißt er mich, doch ich kneife ihn, damit er mir keinen Knutschfleck macht. Das Kneifen wirkt wie ein Peitschenhieb auf seinen Schwanz, und der Hodensack zieht sich fest und hart zusammen. Meine Brüste pressen sich gegen Schwanz und Sack, und meine Zunge heißt das Monarchenhaupt der wilden Bestie willkommen: König des Urwalds, den das Schamhaar bildet. Ich sauge bis zur Erschöpfung, seine Lenden fliegen mir entgegen, und er stößt seinen harten Knochen bis hinter das Zäpfchen, ich schlucke bestimmt mehr als die Hälfte des Glieds, manchmal muß ich es mit aller Kraft zurückhalten, weil ich Angst habe, mich zu übergeben. Brechreiz und Lust, Kotzenmüssen und köstliches Schwindelgefühl. Mein Kitzler spannt sich, meine feuchte Scheide reißt sich auf, er aber attackiert weiter meine Kehle.

Mit einer riesigen Anstrengung zieht er kurz vorm Abspritzen raus. Er geht zum Waschbecken und hält seinen Schwanz unter eiskaltes Wasser. Er breitet die Bettdecke auf dem Fußboden aus, und wir legen uns drauf, um uns lustvoll aneinander zu reiben, wobei wir uns bewußt zurückhalten. Nach wenigen Minuten fängt sein Finger an, verrückt zu spielen, und massiert meinen Kitzler, als würde er den Schwanz eines Mannes wichsen, mein Kopf hämmert gegen die Fußbodenfliesen. Er nimmt ihn zwischen die Hände und küßt zärtlich mein Gesicht ab, Stirn, Brauen, Lider, Nase, Wangen, Ohren, Mund, Kinn, sein Speichel fließt wie Tränen über das Oval meines Gesichts.

«Warum setzen wir uns nicht gegenüber, und du dich auf mich rauf?» schlägt er mehr vor, als daß er fragt. Ich verstand sehr gut, was ich tun sollte: sein Geschlecht in meines eingraben, mich hin und her bewegen, von links nach rechts, von rechts nach links, meine Hüften kreisen lassen, ihn mit offenen Augen küssen oder einfach nur meinen Rücken aufrichten, damit die Brustnippel genau in Höhe seines Mundes kamen und er sie lutschen konnte, bis es genug war. Dabei habe ich meinen ersten Orgasmus. Langsam, ihn Zentimeter für Zentimeter genießend, meine flackernden Augen in seine versenkt, seine Brusthaare kratzen dabei meine harten Brüste.

Mit einem hemmungslosen Stöhnen werfe ich mich nach hinten und mache eine Brücke, Gelegenheit für ihn, sich von mir zu lösen. Mit einer Raserei, die mich erstaunt, dreht er mich auf den Bauch, legt meine Beine zurecht und spreizt sie ein bißchen, mein Gesicht versinkt in einem Kopfkissen. Sein Schwanz kommt zwischen meinen Backen zu liegen, er preßt sie zusammen, und beim Auf und Ab, Hin und Her wird daraus ein sensationelles Masturbieren, so als würde es zwischen den Brüsten geschehen. Unerwartet bietet sich mein Poloch dar, und ich bitte ihn, es aufzustemmen, doch er ist kaum mit der Spitze der Eichel eingedrungen, da werde ich vor Schmerz halb ohnmächtig. Aber auch das vermag nichts gegen meine grenzenlose Lust auszurichten, von hinten penetriert zu werden, meine Hände helfen dabei, die Backen auseinanderzuziehen, Stück für Stück dringt er ein und stößt dabei auf immer weniger Widerstand.

«Vorsichtig, vorsichtig ...» flehe ich ihn an.

Doch der unschuldige Ton meiner Stimme feuert ihn nur noch mehr an, und je zärtlicher ich flehe, desto gewaltiger ist das Anrennen, das ich in meinem Innern spüre. Jetzt legt er den letzten Rest Zurückhaltung ab und stößt zu, und völlig unvermittelt, ich weiß nicht, wieso, fängt meine Scheide wie rasend an zu zucken. Er führt seinen Mittelfinger in sie ein und streichelt so durch das Gewebe hindurch seinen Schwanz. Er hätte abspritzen können, aber er hält sich zurück.

Er läßt sich mit seinem ganzen Gewicht auf mich niederfallen und wartet ohne die geringste Bewegung, daß mein Orgasmus abklingt und sich neue Lust in mir regt. Mein Saft läuft mir die Schenkel runter wie noch nie, bis zu den Knien, ein stoßweise sprudelnder Wasserfall. Das von Vorfahren aus Urzeiten ererbte Brennen bringt meine kleinen Schamlippen in Wallung, dort drinnen brauche ich die Mannesfüllung! Er fährt mit einem Stück Eis über meine glühende Haut, über die Achseln, die Innenseiten der Schenkel, die Fersen. In meiner Gebärmutter lodert ein Feuer, und er schiebt zwei kleine Eiswürfel hinein, die augenblicklich zerschmelzen. Er geht zum Nachttisch, wühlt in der Schublade, leckt sich dabei die Lippen.

«Was suchst du denn?» frage ich irritiert.

«Vaposan und Tigerbalsam, das chinesische», antwortet er schalkhaft.

«Und wozu? Glaubst du, meine Muschi hat Schnupfen?» bemerke ich halb im Spaß, halb verwundert.

«Mir hat wer gesagt, es soll Wahnsinn sein, es als Gleitmittel zu nehmen.»

«Jetzt hast du völlig den Verstand verloren. Aber wenn dir das wer gesagt hat, dann müssen wir es wohl ausprobieren ...»

Er drückt mir eine halbe Tube Vaposan ins Mauseloch, steckt seine Prachtlatte in die Büchse mit Chinabalsam, schmiert sie damit ein, und ich muß lachen bei dem Gedanken, er wolle vielleicht ihren «Kopfschmerzen» Linderung verschaffen. Meine Muschel ist inzwischen zu einem Heißluftballon geworden, einem lenkbaren Luftschiff, und die Wände der Scheide pressen sich aneinander. Er küßt mich, und unten kitzelt sein schlaues Köpfchen meinen Dattelkern. Ich kann nicht anders, ich komme zum drittenmal. Zuckend und mentholhaltig, wie ich bin, dringt er bis unter den Bauchnabel in mich ein, meine Scheide schnappt nach Luft, und sein Geschlecht wird zum immer neu auflodernden Feuer; erlischt es, kehrt es als Stichflamme zurück, Folge der Vermischung des Tigerbalsams mit dem Vaposan. Es ist, als würde jemand in meinem Innern ein ganzes Haushaltspaket Streichhölzer anreißen, jedes einzeln, und jedes aufflammende Streichholz ist ein Orgasmus, und diese Fülle läßt mir langsam die Sinne schwinden und liefert mich immer fügsamer der Lust aus. Ich höre auf zu zählen. Ich weiß nicht, wie viele Orgasmen es sind, unzählige. Ich verliere schon fast das Bewußtsein, da drückt er seine Lippen auf meine und küßt mich bis in die tiefste Tiefe, im Gravitationszentrum durchfließt uns beide ein Schauder, Sekunden später überflutet sein Sperma meine Scheide, und ich habe Traumbilder vor Augen, virtuelle Wirklichkeiten. So gehen unsere *neuneinhalb*

Wochen zu Ende, nur daß wir die Erdbeeren, die Kirschen, den Champagner und die Schlagsahne durch Salbe und schmerzlindernden Balsam ersetzt haben.

«Ich liebe dich, meine Liebste, ich liebe dich, ich liebe dich, ich liebe dich», wiederholt er unermüdlich.

«Ich liebe dich auch», antworte ich halb tot und halb lebendig.

Ich denke, es ist idiotisch, sich zu sagen, was schon so oft gesagt worden ist, was so gewöhnlich und so überhaupt nicht neu ist. Und trotzdem müssen wir es uns sagen, wir brauchen es beide sehr. Die aufrichtigsten Liebesworte sind nun einmal die am wenigsten originellen.

«Ich würde gern eine Tochter von dir haben», murmelt er wie im Schlaf.

«Es sind nicht die Zeiten für derartige Verrücktheiten. Ich würde sonstwas dafür geben, unfruchtbar zu sein, ich muß aber aufpassen, ich brauche Samen nur zu riechen und bin schon schwanger», sage ich mit einem Gähnen das Gegenteil von dem, was ich fühle, aber wozu sollen wir uns falsche Hoffnungen machen?

«Es wird keine Verrücktheit sein, es wird etwas Wundervolles sein ...» sagt er und kauert sich zusammen wie im Mutterleib. «Heute nachmittag, beim Schlangestehen nach der Pizza, ist mir die Idee zu einem genialen Film gekommen, ich habe ihn Bild für Bild gesehen, ich habe ihn hier drin, in meinem Schädel ... Ich muß ihn schreiben, ich muß diese Geschichte verfilmen ...»

Ich streichle seine Schläfen. Das Zimmer riecht nach Eukalyptus. Seine Augenlider schließen sich, und sein Atem geht langsamer. Warum es wohl immer die Männer sind, die nach dem Ficken als erste einschlafen? Kaum ist mir dieser Gedanke gekommen, öffnet er halb die Augen.

«Ich schlafe nicht, ich denke ...»

«Woran?»

«An dich, Dummerchen, an dich ...» Er blinzelt, und seine Gesichtsmuskeln entspannen sich, er schnarcht kaum merklich. Er legt sich anders hin, seine Arme liegen ausgestreckt über seinem Kopf. Die Zudringlichkeit meines Blickes weckt ihn auf. «Und in dem Film, den ich drehen werde ... reflektiere ich auch über den Film, den ich plane ...»

Ich will ihn nicht traurig machen und erzähle ihm deshalb nichts davon, daß der Luchs angerufen hat, und erst recht nicht werde ich ihm die Nacht mit dem Brief der Würmin verbittern. Wir haben schon jeder genug an den eigenen armseligen Illusionen und unvollendeten Projekten zu knabbern. Ich lasse ihn besser von seinem Film träumen, seinen Obsessionen. Der Ärmste, womöglich sieht er sich schon aus den Händen von Jane Campion oder Peter Greenaway den Oscar entgegennehmen. Er ist ein phänomenaler Nihilist, und ich darf ihm nicht diese Magie zerstören. Ich habe noch nicht eine Nacht mit ihm bereut.

Deutsch von Klaus Laabs

Anna schaut zu

_____ Friederike hatte, seit ich sie kannte, eine dauernde Hauptrolle in den ganz privaten Fickfilmen meiner Phantasie, und das Großartigste war, daß sie wirklich und wahrhaftig als Person existierte, daß ich sie und sie mich anfassen konnte und daß wir uns zusammen redlich Mühe gaben, im vögelfreudigen Überschwang noch die gerissenste Phantasie der Lüsternheit hinter der künstlerischen Gestaltung unserer Paarungsrituale verblassen zu lassen. Wir trieben es morgens, mittags, abends und nachts, in freier Natur und zwischen vier Wänden, im Aufzug von Hotels und auf dem Oberdeck des Nachtbusses, auf dem Klo ihrer Lieblingskneipe, in der Umkleidekabine des Hallenbades und einmal sogar auf dem Friedhof neben der Grabstätte der ahnungslosen Gebrüder Grimm.

Gewöhnlich war jedoch Friederikes Schlafzimmer der Schauplatz unserer handgreiflichen Gier. Wir kamen stundenlang kaum aus dem Bett, außer wenn sie, weil ihr Schoß schmerzhaft wundgescheuert war, in die Küche ging und sich die Flasche mit Olivenöl ans Bett holte, daß wir mit der gnädigen Unterstützung dieses Heil- und Schmiermittels weitervögeln konnten. Oft ignorierten wir das aber und fickten, bis wir beide bluteten. Sie hatte sich einen sündhaft teuren Futon zugelegt, dessen Bambusunterlage regelmäßig aus einer kleinen Sprühflasche befeuchtet werden mußte, damit das Rohr in der trockenen Zimmerluft nicht riß. Wenn es beim Ficken zu heftig knarrte, wußten wir: das Bett muß gewässert werden.

Anna, ihre Tochter, war meist nicht in der Wohnung. Sie ging auf die internationale Schule, weil ihr Vater, der aus Ceylon stammte und in ganz Europa Fundraising für das Rote Kreuz betrieb, darauf bestanden hatte, ihr eine möglichst umfassende und kosmopolitische Ausbildung zu verpassen. Sie kam nachmittags spät nach Hause, verschwand schnell in ihrem Zimmer oder besuchte Freundinnen. Zu ihrer Mutter war sie so zickig, wie es ihrem Alter entsprach, mir schien sie aus dem Weg zu gehen.

Im Mai veranstalteten Friederike und ich wieder ein kulinarisches Fickfest. Wir beschlossen, diesmal die Sache mit der Sektflasche auszuprobieren. Auf die Idee hatte mich eine jener grottendummen TV-Sexsendungen gebracht, die selbst bei unkritischeren Zuschauern nur noch als Umrahmung für ausgedehnte Werbeblöcke durchgingen.

Manche Sekt- oder Weinflaschen eignen sich, meiner bescheidenen Erfahrung nach, ziemlich gut als Hilfsmittel bei sexuellen Spielchen, andere weniger. Die deutsche Norm-Bierflasche beispielsweise hat in dieser Hinsicht kaum praktischen Wert, auch diverse Milch-, Orangen- oder andere Fruchtsaftbehälter scheiden aus. Auf den Hals kommt es nämlich an. Natürlich tut's auch immer eine Karotte oder eine einfache Haushaltskerze, die zusätzlich den Vorteil hat, daß das Wachs schnell Körpertemperatur annimmt und die Frau keinen Temperaturschock kriegt, wenn man ihr das Ding reinschiebt. Leer sollte die Flasche allerdings im Regelfall schon sein, hauptsächlich wegen des Gewichts. Eine volle Flasche längere Zeit in einer Hand zu halten und sie womöglich, ohne die Partnerin zu verletzen, auch noch vorsichtig hin und her zu bewegen, das alles sozusagen nebenbei und halb und irgendwann schließlich ganz ohne Bewußtsein – das dürfte nicht jedermanns Sache sein.

Auch mit der anderen Hand hat man ja zu tun. Man stimuliert den Kitzler, wichst sich selbst oder streichelt ihr sanft eine Brust, während man in Kopfhöhe der Frau hockt und sie, ihren Kopf im Schoß, ein wenig abstützt, damit sie unbeschwerter am Pimmel nuckeln und es sich dabei selbst besorgen kann.

Jemand hat mal geschrieben, bei erotischen Partnerspielen sei auf geheimnisvolle Weise immer eine Hand im Weg. Das kann ich nicht bestätigen. Hände hat man gar nicht genug. Man müßte nur manchmal einen Arm abschnallen und an anderer Stelle, etwa an der Hüfte, wieder anbringen können.

«Naacht!» tönte es vom Ende des Flurs. Anna war nach Hause gekommen und ging schlafen.

Es war mittlerweile dunkel geworden. Friederike rekelte sich rücklings auf dem Futon und hielt mir die Piccoloflasche Mumm hin, die ich am Abend eigens zu diesem Zweck gekauft hatte. Das Feld war bereitet, es konnte losgehen. Meine Zunge und Lippen hatten sich *an* und meine Finger *in* ihrem Schoß getummelt, die Warzen auf ihren prallfülligen Brüsten strebten zur Zimmerdecke und die Eichel meines freudig erigierten treuen Gefährten glänzte wie der Sattelknauf eines argentinischen Gauchos. Auf meinem Sack hatte sich eine harte Hautnaht gebildet, Friederike strich mit Zeige- und Mittelfinger ihrer linken Hand regelmäßig an beiden Seiten ihrer möhrenfesten Klitoris entlang. Als ich mich nun neben ihrem Gesicht auf meine Knie hockte, hielt sie mit Daumen und Zeigefinger ihrer Rechten Sack und Schwanzschaft von unten fest umschlossen, um meine Erektion zu unterstützen.

Ich liebe diesen beherzten Griff und halte ihn für die wahre Handbewegung, an der man jederzeit eine verständnisvolle Geliebte erkennt.

In einer Ecke des hohen Zimmers brannten zwei Kerzen auf weißen Untertassen, schaukelnde Lichtkreise beleuchteten herumliegende Socken, einen BH und eine offene Brieftasche. Im

Hintergrund dudelte Vivaldi. Ich öffnete das Fläschchen, schüttelte kräftig und schob Friederike zuerst meinen Schwanz in den Mund und dann – ein bißchen warten, wichsen, lutschen lassen, erneut schütteln – das nunmehr zur Selbsttätigkeit vorbereitete Piccolöchen in die erwartungsvoll glitschige Muschi. Sie erhielt jetzt ein Schaumbad.

Mit angemessener Verzögerung trat der erwartete Effekt ein. Ich schob das Fläschchen noch eine Weile behutsam mit meiner Rechten vor und zurück, während ich mit Daumen und Zeigefinger der linken Hand eine Brustwarze Friederikes sanft, aber bestimmt in die Länge zog, über den Schmerzpunkt hinaus. Gleichzeitig beobachtete ich den Streichrhythmus, in dem sich ihre eigene Hand an der Klitoris befand, und bewegte vorsichtig meine Hüften, um meinem Schwanz in ihrem Mund eine heftigere Stimulation zu verschaffen und ihr damit ein Zeichen zu geben, die Eichel und den empfindsamen gezackten Rand mit ihrer Zungenspitze möglichst heftig und in hoher Frequenz zu belutschen.

Um nicht zu Unzeit in Atemnot zu geraten, hatte sie sich zuvor einen Tropfen Pfefferminzöl unter die Nase getupft.

Es gelang. Ich ließ den glasigen Grünling, als er sich leer ejakuliert hatte, aus ihr herausgleiten, fing einen Teil des bemerkenswerten Rückstrahls mit der Hand auf, schlürfte davon und ließ die sprudelnde Flüssigkeit über Friederikes Körper spritzen. Sie seufzte tief, wie ein geiles Walroß. Mein Penis glitt aus ihrem Mund, und ihr tief atmendes Stöhnen lief allmählich zu kurzen, unterdrückten Kieksern auf. Sie kam, und ich genoß. Mit einer Hand wichste ich mich nun behende selbst, übernahm mit der anderen den freigewordenen Job an ihrem Schoß, schob zwei Finger rein und rubbelte mit dem Daumen ihren geschwollenen Lustknoten. Ihr Griff um meinen Sack und Schwanz wurde fester, meine Erektion härter, und mit der freigewordenen Hand kniff und zog sie sich so fest an einer Brustwarze, daß diese, länger und länger, sich weißlich zu verfärben begann.

Sie stöhnte aus tiefster Seele. Fasziniert und mit trüber werdendem Blick sah ich ihr dabei zu, wie sie den widerspenstigen Schmerz aus ihrem Nippel riß und das peinigende Stechen dazu zwang, sich mit ihren Lustzuckungen zu einem befreienden Gesamtspasmus zu vereinen.

Draußen im Hof keckerte lauthals eine verspätete Elster. Vielleicht balgte sie sich bei den Mülltonnen mit einer Ratte um den Rest einer Currywurst.

Irgendwann bei alledem mußten wir etwas überhört haben. Anna stand mit einem Mal in der Tür und sah uns zu.

Friederike kam soeben lautstark und eruptiv. Ich war verblüfft und irritiert von der Gegenwart des Mädchens, wichste mich aber weiter. Friederike hatte ihre Tochter nicht bemerkt, und ihr Gesicht lag immer noch tief verborgen zwischen meinen Beinen, als sie mit lang herausgestreckter, spitz gekrümmter Zunge, erschöpft und hingebungsvoll wie ein Hündchen, von meiner Schwanzunterseite den Schweiß abzulecken begann.

Anna stand im dunklen Flur. Wenn die Kerzen im Luftzug aufflackerten, fiel ein hellerer Lichtschein auf ihre schmale Gestalt. Ich vermochte nicht darüber nachzudenken, seit wann sie uns zugesehen hatte. Aber nach der Art zu schließen, wie sie am Türrahmen lehnte, mußte sie schon eine ganze Weile anwesend sein.

Ich sah hinunter auf meinen Schwanz, der sich knüppelhart im schnellen Wechsel aus meiner Faust hervorschob, um sogleich wieder darin zu verschwinden.

Anna merkte, daß ich sie gesehen hatte, rührte sich aber nicht von der Stelle. Sie legte nur kurz und warnend ihren Zeigefinger auf den Mund.

Ein hauchfeines weißes Schlafgewand umschloß ihre Gestalt, die dunklen Haare fielen ihr offen über die Schultern. Das

Nachthemd stand vorne auf, nur am Hals von einer hellblauen Seidenschleife gehalten. Anna hatte ein Bein leicht abgewinkelt, den Fuß offenbar auf dem untersten Brett des Bücherregals abgestellt, das die Flurwand entlang lief. Mir schien, daß ihre Augen blitzten. Als ich sah, was sie machte, war es mit dem letzten Rest meiner Beherrschung vorbei.

Sie onanierte. Atemlos.

Ein spitzenbesetztes dünnes Höschen baumelte ihr am Knöchel, das mußte sie schon früher runtergestreift haben. Zwei Finger hatte sie halb zwischen ihre Beine geschoben, damit massierte sie den oberen Teil ihrer hellen Spalte, auf der ich jetzt einen feinen dunklen Flaum zu erkennen glaubte. Weibliche Kinder haben ja nicht wirklich ein primäres Geschlechtsteil. Sie mögen Busen haben und Po, aber keine Muschi. Eine helle Pinkelritze zwischen den Beinen, erotisch uninteressant, sonst nichts. So jedenfalls hatte ich es immer empfunden.

Der Haarschatten zwischen Annas Schenkeln, der Anblick ihrer zierlichen, selbstbewußten Gestalt und dessen, was sie machte, überwältigten mich. Die ganze Situation war mit Spannung aufgeladen, daß es mir vor den Augen flackerte.

Ich genoß ihre Blicke und sie genoß es offensichtlich, von mir angesehen zu werden ...

... Dieser Moment entschied: ich machte weiter, als sei nichts geschehen. Anna und ich kamen zusammen. Es dauerte, nachdem ich sie gesehen hatte, nur noch wenige Augenblicke. Geile Gier überwältigte mich, raubte mir den Verstand. Ich sah, wie sie sich mit zwei Fingern öffnete. Ich glaubte sogar, einen rosigen Schimmer zwischen den zarten Fältchen zu sehen, sah, wie sie, kurz nur, mit einer Fingerspitze über ihr geheimnisvoll glänzendes Knötchen fuhr und ich sah, wie sie mit der freien Hand ihre erdbeergroßen Brüste streichelte. Dabei wirkte sie, als sei sie völlig in Gedanken versunken; in Wirklichkeit geschah es hochkonzentriert. Keinesfalls macht sie das zum ersten Mal, raste es mir durch den Kopf … Meine Blicke saugten sich an ihr fest, sprangen wie in Trance zwischen der entspannt ausgestreckten Friederike, aus deren Muschi immer noch Sektsaft perlte, und Annas unwirklicher Erscheinung hin und her.

Ich wichste, wie nie zuvor in meinem Leben …

Meine Augen verschlangen sie, drangen ihr in alle Poren, zählten jedes einzelne Härchen auf ihrem Schoß und wollten aus den Höhlungen quellen, verzweifelt über die Unfähigkeit, sich an ihren wunderbaren Mirabellenbrüstchen festsaugen zu können. Jetzt, jetzt mußte es sein. Drei Meter vor mir stand diese Kindfrau und bot mir ihren schönen Körper … Ich glaubte, auch in ihren Augen einen irren Schimmer zu erkennen. Sie zuckte, und unsere Blicke feierten Hochzeit.

Ich spritzte in mehreren satten Strahlen meinen Samen über Friederike, die einen Teil davon mit ihrer Zunge aufzufangen versuchte. Mein Sack, die Prostata hatten seit drei Stunden Sperma produziert, nun spritzte die ganze Herrlichkeit in flimmernden Sekunden ins Zimmer. Friederike war bereits mehrmals gekommen, ich hatte mir alles für diesen gloriosen Moment aufgespart. Die weiße Milch der Geilheit strömte heftig und in starken Stößen aus mir heraus, der erste Strahl landete direkt neben einer Kerze. Ich ejakulierte, badete Friederike in meinem Saft und ließ Anna dabei nicht aus den Augen. Sie hatte mich regelrecht fixiert, nun glitt ein triumphierender Ausdruck über ihr hübsches Gesicht. Als die letzten Schübe aus mir herauspumpten, bückte sie sich und griff ihren Slip. Sie wischte sich damit zweimal demonstrativ durch den Schritt und ließ, als sei es ein Taschentuch und sie eine Prinzessin, das weiße Fetzchen wie unabsichtlich aufs Parkett fallen. Ich würde es hüten wie einen Schatz.

Dann verschwand sie …

Drei Mädchen

_____Mittags sehe ich oft den Jugendlichen zu, die aus einer nahen Schule kommen, ihr Verhalten, ihre Worte, ihre Rempeleien erscheinen mir völlig fremd, ihr Kreischen, die sanften Gesichter mit den aufgeputzten Frisuren und Kleidungsstücken, ihre Uniformität. Ich stelle mir vor, wie sie, die sich meist nur in gleichgeschlechtlichen Gruppen bewegen, erste spielerische Verabredungen haben oder die ersten sexuellen Erlebnisse, heftig und gefühllos, wie um etwas zu erledigen. Meine Phantasien sind jetzt täglich mit dieser Gruppe beschäftigt, es sind etwa Zwölf- oder Dreizehnjährige, ich sehe bei ihnen die Selbstverständlichkeit, zu sein, die Leichtigkeit, zu leben, die Härte, sich durchzusetzen, all das, was mir in diesem Alter gefehlt haben mag.

Es gab niemanden, ich war allein, ich las und weinte, wenn ich ein Buch ausgelesen hatte, ich war nachmittags immer zu Hause. Diese da wären nicht auf meiner Seite, wenn ich so alt wie sie und zwischen ihnen wäre. Drei Mädchen sind mir aufgefallen, sie sind immer zusammen, in ähnlichem Stil gekleidet, mit weiten Hosen und Pferdeschwänzen, ihre Gesichter kommen mir nach ein paar Tagen schon bekannt vor, sie haben mich noch nie gesehen. Ich gehe zu der Zeit einmal einkaufen, komme langsam zurück, bleibe stehen, lasse sie an mir vorbeigehen. Es ist schwer zu sagen, ob sie wirklich noch zwölf oder schon sechzehn sind, sie wirken noch sehr kindlich und sind sehr bewußt auf älter zurechtgemacht. Ich weiß nicht, warum ich sie mir von nahem ansehen wollte, dieses Kichernd-Mädchenhafte mag ich sonst nicht besonders. Eine von den dreien ist sehr hübsch, aber sehr zierlich, sie geht unsicher, als schmerzten ihre Füße beim Auftreten. Sie tragen alle Sandalen mit höheren Absätzen, sind braun und sehen wirklich sehr durchschnittlich-bedeutungslos aus. Eine ist etwas rundlicher, sie trägt keinen BH und hat einen schon ziemlich großen Busen, die dritte hat wilde Locken, die mir eigentlich auch nicht gefallen. Ich wüßte gern mehr über sie, aber was sollte ich mit ihnen reden, sie würden es mir vielleicht nicht ansehen, aber ich bin mindestens fünfzehn Jahre älter als sie. Das Bild, das sie bieten, ist nicht sehr abwechslungsreich, sie gehen jeden Mittag ähnlich angezogen, mit denselben Taschen und in derselben Reihenfolge an mir vorbei, jetzt stehe ich schon eine halbe Stunde vorher auf der Straße und warte.

Ich will mit dem Unsinn aufhören, einmal gehe ich mittags an den Rhein, sehe mir die Leute an, die da spazierengehen, ärgere mich aber, daß ich nicht zu Hause geblieben bin, ich denke daran, daß es irgendwann Ferien geben wird und ich die drei dann überhaupt nicht sehe. Natürlich kommt es soweit, daß sie mich bemerken und über mich zu tuscheln beginnen, es war wohl naiv, zu glauben, ich könne da so unauffällig herumstehen. Sie sprechen so laut über mich, daß ich jedes Wort verstehen soll, wenn sie an mir vorbeigehen, schließlich lade ich sie, ich weiß nicht warum, zu einem Eis ein, sie stehen unschlüssig grinsend herum, ich muß sie sogar noch überreden mitzukommen, Zeit scheinen sie aber zu haben und bestellen sich alle große Eisbecher.

Sie fragen mich nicht viel, ich erzähle, ich sei Schauspieler an einem kleineren Theater, sie schweigen einen Moment. Sie fummeln alle drei an ihrer Kleidung herum, öffnen Knöpfe oder verstellen Gürtel, spielen an einem Walkman, bewegen den Kopf stoßweise vor und zurück, als hörten sie einer lauten rhythmischen Musik zu. Alles endet damit, daß ich die vier Eisbecher selbst bezahlen muß, mein Hinweis, daß Schauspieler an kleinen Theatern sehr wenig verdienen, ist ihnen unverständlich. Ich merke mir ihre wirklich noch kindhaften Gesichter und versuche, ihre Namen zu behalten: Ute ist die auffallend Hübsche, Daniela die etwas Rundlichere mit dem dunklen Pagenkopf und Stefanie (wie albern mir diese Namen vorkommen) die mit den Locken. Ich vergesse die drei nicht mehr, ich denke, sie sind jung und unbedarft, aber sie leben besser als ich, sie erleben direkter und sie sind zu dritt.

Ein paar Tage lang bleibe ich zu Hause und onaniere, wenn sie draußen vorbeigehen. Eine Woche später, sie scheinen Mittwoch immer Zeit zu haben, gehen sie mit in meine Wohnung, wir trinken alle Tee, sie verteilen sich auf Bett und Sofa, die Stimmung ist ernsthafter als beim ersten Mal, ich bin im Grunde so verzweifelt über mein Leben, daß ich glaube, machen zu können, was ich will, wenn ich es nur als Ausweg betrachte. Daniela trägt diesmal einen BH, aber als ich zur Toilette gehe, zieht sie ihn aus und legt ihn demonstrativ auf meinen Stuhl. Ich greife danach, sie will ihn wieder wegnehmen, wir beginnen zu balgen, noch wäre alles aufzuhalten, sage ich mir, aber ihr Gesicht ist zu verführerisch, es ist nichts mehr aufzuhalten, ich küsse sie vorsichtig und berühre leicht ihren Rücken unter dem Hemd. Die beiden anderen kichern irgendwie ordinär, sie scheinen sich nicht wohl zu fühlen. Ich sage mit belegter Stimme, wir könnten ja alle etwas ausziehen, Stefanie fängt an, ihr Körper ist noch fast kindlich, ihre Hüften und ihr Po sind aber schon sehr rundlich; ich muß die Vorhänge zuziehen und streichele sie im Vorbeigehen sanft. Ute läßt ihre Unterwäsche an, sie sagt, sie friere, sie setzt sich nur hin und sieht uns zu. Ich nehme eine Hand Danielas, die mittlerweile ganz nackt ist, und lasse sie meinen fast schon schmerzhaft steifen Penis halten, sie lacht, aber sie bewegt die Hand ganz richtig, daß ich stöhne. Sie sagt, sie habe schon einmal mit einem Jungen geschlafen, die beiden anderen aber nicht.

Ich fühle, daß sie ganz feucht zwischen den Beinen ist. Sie steht neben mir und bewegt die Hand immer weiter, ihre Brüste zittern leicht. Ich habe nicht das Gefühl irgendeiner Peinlichkeit, aber die anderen scheinen gehen zu wollen, sie ziehen wieder etwas an, ich versuche, sie zu mir zu holen, sie scheinen vor etwas Angst zu haben. Daniela macht weiter, sie drängt sich an mich, ich streichle sie ebenfalls, es kommt ihr sehr schnell, ich spritze kurz danach, die beiden sehen zu und tuscheln. Als ich aus dem Bad zurückkomme, sind sie alle weg, ich habe mich übergeben, das Ganze hat nur etwa eine halbe Stunde gedauert, ich fühle mich wie nach einer endlosen Nacht, es liegt noch ein Paar weiße Socken herum und ein BH, Daniela hat sich wohl nicht schnell genug anziehen können. Es bedeutet mir nichts, was sie getan hat, ich habe immer nur auf ihre Freundinnen gesehen, Stefanie hat es sich verschämt selbst gemacht, Ute hat nur zugesehen.

Ich weiß nicht, wie ich so weit gekommen bin, mich mit diesen Schulkindern einzulassen, sie könnten zu dritt gegen mich aussagen, ich werde große Schwierigkeiten kriegen. Ich räume die Wohnung auf, putze das Badezimmer und die Küche, versuche, wenigstens so etwas Klarheit zu schaffen, sie sind alle drei eigentlich uninteressant, jede für sich, aber zu dritt finde ich sie aufregend. Sie werden vermutlich schon zu Hause etwas erzählt haben oder mich gerade anzeigen, ich glaube, daß vor allem Ute das Ganze nicht gut gefunden hat, sie wird nachträglich etwas dagegen unternehmen. Ich kann den ganzen Tag nichts mehr essen, abends muß ich noch in dem Büro aushelfen, da ich unkonzentriert bin, brauche ich viel länger als sonst.

Es gibt keine Aussicht, jemanden kennenzulernen, eine Frau, die mich von Anfang an versteht, jetzt bin ich in diese Geschichte mit den Mädchen geraten, ich habe weder von Judith noch von Susanne wieder etwas gehört, vielleicht haben sie sich verabredet, nicht weiter auf mich einzugehen, ich habe beide nicht richtig verstanden, ich habe nicht durchschaut, was sie dachten, ich komme mir blind vor.

Am nächsten Tag gehen die drei wieder unten vorbei, sie holen sich Tüten voller Süßigkeiten am Kiosk, sehen manchmal nach oben, ich traue mich nicht, nah ans Fenster zu gehen, verstecke mich hinter dem Vorhang. Vielleicht haben sie ja meinen Nachnamen nicht mitgekriegt, der nicht an der Wohnungstür steht, und können mich nicht anzeigen. Sie scheinen recht albern zu sein und gehen auf der anderen Straßenseite weiter, nur Ute dreht sich einmal um.

Freitags, montags und dienstags passiert dasselbe, dazwischen bin ich nur noch geschüttelt vor Angst und gierigem Warten. Ich habe keine Bedenken mehr, ich will alle drei zusammen wiedersehen und in meiner Wohnung haben. Ich gehe nicht mehr weg, besorge nur hastig die nötigsten Lebensmittel, damit ich etwas da habe, wenn sie kommen sollten. Das Wochenende verbringe ich größtenteils im Bett, sehe immer wieder Bilder vor mir, mit denen sich Fortsetzungen des Bisherigen verbinden, stöhne manchmal leise und ungeduldig vor mich hin. Am Sonntagabend bin ich fast soweit, daß ich am nächsten Morgen zur Schule gehen will, um mich nach ihren Adressen zu erkundigen. Hoffentlich haben sie sich nicht untereinander zerstritten und unternehmen nichts mehr zusammen. Ich stelle mir vor, wie ich mit ihnen nackt am Strand in der Sonne liege, sonst ist niemand da, sie stehen gleichzeitig auf und gehen nebeneinander vor mir ins Wasser, kommen dann zurückgelaufen, um mich zu holen, ich bin besessen von dem Anblick ihrer hüpfenden Brüste und sich schnell bewegender Pobacken, mit diesem Traum schlafe ich einmal kurz ein.

Mittwoch morgen bin ich schon um fünf wach, bleibe noch drei Stunden liegen, bade lange, säubere und pflege mich sehr gründlich, benutze reichlich Eau de Toilette, kann kaum etwas frühstücken und laufe nervös in der Wohnung hin und her. Gegen mittag stehe ich dann vor dem Haus, hoffentlich kommen sie heute vorbei, denke ich, und sind nicht schon früher nach Hause gegangen. Ich sehe sie schon von weitem, sie scheinen mich nicht beachten zu wollen, bleiben aber schließlich vor mir stehen, sagen ihre Sprüche, das unvermeidliche Kichern und Kaugummikauen folgt. Ich bin schon fast erlöst, daß sie mit mir sprechen, Ute sagt allerdings nichts.

Ich öffne ihnen wortlos die Haustür, sie gehen rein, Ute als letzte und zögernd, wie, um mich nachdrücklich zu provozieren oder um deutlich zu machen, daß ich sie so leicht nicht kriegen werde. Ich koche ihnen mit zitternden Händen Tee, diesmal setzen sie sich nicht, sondern stehen im Zimmer herum, vielleicht beratschlagen sie noch, was zu tun sei, vielleicht haben sie sich überlegt, alles abzubrechen. Aber Daniela kommt, um mit mir zu schmusen, ich frage sie, wie alt sie ist, sie sagt vierzehn, die anderen würden es bald, ich versuche, die Zahlen sofort wieder zu vergessen. Stefanie hat sich aufs Bett gelegt, sie trägt einen engen Minirock, ich kann kein Wort herausbringen, fasse nach ihr, knutsche ein bißchen mit ihr, Ute sieht mich vorwurfsvoll an. Ich ziehe wieder die Vorhänge zu, niemand protestiert, die Sonne schien ins Fenster, und es bleibt hell, es kann alles noch ganz leicht gehen, ich befürchte immer, auf Widerstand zu treffen, sie erzählen Episoden aus der Schule, eigentlich brauchen sie mich als Zuhörer nicht. Ich sage ihnen mit schwacher Stimme, sie könnten sich jetzt ausziehen. Sie reagieren nicht sofort, zögern den Moment hinaus, tun es dann aber langsam. Natürlich ist es ein Verbrechen, was ich da vorhabe, sie sind Kinder, denke ich noch, aber ich habe keine Verbindung mehr zu diesem Denken.

Ute ist schön, ich bewundere sie, als sie nackt dasteht, ihr Körper ist runder und weicher, als er angezogen wirkte, ich habe natürlich längst eine Erektion. Ich fordere sie auf, sich an den Händen zu fassen und zu dritt durchs Zimmer zu gehen, sie wundern sich nicht, sie tun es spielerisch, ich will, daß sie mir den Rücken zukehren und alle drei vor dem Fenster stehenbleiben. Ich stehe versunken da, glücklich, daß sie tun, was ich sage, bin schon fast von mir weggesogen, als ich ihre Rükken und Pos vor mir sehe, ich ziehe mich selbst aus und versuche, diesen Augenblick aufzunehmen, festzuhalten, nicht vorübergehen zu lassen, aber dazu bin ich nicht mehr ruhig genug, ich stelle mich hinter sie, Stefanie ist in der Mitte, sie nimmt meinen Penis in die Hand, tastet ihn ab, Daniela faßt ihn ebenfalls an und macht die Bewegungen vor, Ute probiert es schließlich auch, sie hocken jetzt um mich herum. Ich frage leise, ob sie ihn in den Mund nehmen würden, Daniela kniet sich mit gespreizten Beinen hin und leckt an der richtigen Stelle, sie steckt ihn auch weiter in den Mund, ich will, daß es alle tun, Ute versucht es ganz kurz mit geschlossenen Augen, Stefanie macht es sehr vorsichtig, es ist nicht gut, wie sie das machen, sie haben das noch nicht gelernt, aber es ist wahnsinnig, daß sie es tun, und ich erstarre, wenn ich sie dabei beobachte.

Ich weiß, daß sie das nicht gern tun, ich schiebe sie alle drei aufs Sofa, sie spreizen die Beine, und ich streichele und lecke so gut ich kann, sie sind alle naß und warm, ich bin angestrengt dabei, sie zu befriedigen, Ute liegt in der Mitte, sie hängt die Beine über meine Schultern, so daß ich mit der Zunge bei ihr bleiben muß, ich erreiche die beiden anderen nur noch mit den

Fingerspitzen und versuche, im Rhythmus zu bleiben. Ich kann nicht mehr länger warten, nehme ein Kondom, ziehe es mit dem Rücken zu ihnen über, knie mich vor Daniela, die in der richtigen Position dasitzt, und schiebe ihn ihr rein, vorsichtig, langsam bewege ich mich vorwärts und zurück, es ist für mich schon fast zuviel, als sie sich mitbewegt und laut stöhnt. Ich versuche es bei Stefanie, es geht viel schwerer, sie ist ganz schwach behaart, sie weiß nicht, wie sie sich verhalten soll, ich schaffe es schließlich und bin in ihr drin, es scheint ihr weh getan zu haben, ich halte das Kondom fest und ziehe ihn wieder raus, rutsche zu Ute, die mich angstvoll ansieht, Daniela streichelt mich von hinten, ich reibe meinen Oberschenkel zwischen ihren Beinen, ich kann nicht mehr lange und fasse Ute hart an, sie wehrt sich, ich stecke ihn ihr schnell rein, mache ein paar Bewegungen, sie beobachtet genau, was passiert, sie sagt, jetzt sei sie keine Jungfrau mehr.

Ich küsse und streichele sie, ich bin völlig außer Atem, kann mich kaum noch beherrschen, wenn ich die drei ansehe, wie sie da mit gespreizten Beinen auf dem Sofa sitzen. Ich vergesse mich ganz, die Szene ist wie in jedem beliebigen Pornofilm, aber das hat nichts mit dem intensiven Lustgefühl zu tun, das ich noch nie so empfunden habe. Ich lege mich auf den Rücken und bitte sie, herzukommen, Daniela hockt sich wieder als erste auf mich, ich muß mich sehr zurückhalten, damit ich noch nicht komme, bevor nicht alle auf mir gewesen sind. Sie hocken sich abwechselnd auf meinen bis zum Platzen geschwollenen Penis, es ist für sie alle ungewohnt, sie balancieren hoch und runter, Ute ist sehr eng, es tut mir ein bißchen weh. Ich halte es nicht mehr aus, schiebe sie runter, reiße das Kondom ab, sage, sie sollen es mit der Hand machen, sie knien sich alle drei um mich und sind so langsam, daß ich fast verrückt werde und viel zu laut stöhne, endlich fassen sie ihn abwechselnd an, bewegen die Hände ein bißchen schneller, als Ute dran ist, komme ich, ich erschrecke sie, weil ich so laut bin und so viel aus mir herauskommt, aber sie macht bis zum Schluß weiter.

Ich liege vollkommen erledigt auf dem Boden, die drei haben überall Spritzer abbekommen, ich bin erlöst, schäme mich überhaupt nicht und mache dumme Witze, um sie von dem Ernst der vergangenen Stunde abzulenken, lache aber selbst am meisten. Wir stellen uns zusammen in die Badewanne und duschen uns ab, ich habe schon wieder einen stehen, hole mir ein neues Kondom und mache es jetzt genüßlich und entspannt mit allen dreien von hinten. Daniela hat einen Orgasmus, mit Ute ist es wunderschön, ich kann ganz tief in sie eindringen, dann kommt es Stefanie, als ich mich in ihr bewege und mir gleich danach, es ist so ansteckend; wir bleiben erschöpft auf dem Badewannenrand sitzen, die Füße im heißen Wasser, ich unterhalte sie weiter mit kleinen witzigen Geschichten, sie reden kaum etwas, sehen mich auch nicht mehr an. Draußen geht schon die Neonreklame an, ich kriege ein schlechtes Gewissen, wir trocknen uns ab, gehen wieder ins Zimmer, ich hole das dritte Kondom heraus und streichle Ute so lange, bis es auch ihr kommt, anschließend lege ich sie aufs Bett und schlafe noch mal mit ihr, die anderen suchen schon ihre Kleidungsstücke zusammen; ich ziehe es in die Länge, probiere immer wieder, wie sie am meisten von mir spürt, bis es mir wieder kommt, ich bin naßgeschwitzt und mein Herz klopft, die anderen drängen Ute, sich auch anzuziehen, sie müssen nach Hause, es scheint schon spät zu sein. Ich umarme sie nacheinander, mir graut bei der Vorstellung, jetzt allein zurückzubleiben, ich gehe mit ihnen nach unten, ich bin nur provisorisch angezogen, wir sind alle etwas müde, niemand sagt etwas von Wiedersehen, es ist kalt auf der Straße, ich sehe den drei Mädchen noch nach, wie sie eilig weggehen, ich versuche mich zu überzeugen, daß ich keine Schuldgefühle zu haben brauche. Es ging doch alles gut, ich habe niemandem weh getan, sie haben sich schließlich darauf eingelassen und haben es genossen.

Ich bin wieder allein, ich will sie nicht wiedersehen, ich will versuchen, es ohne sie auszuhalten. Es ist kurz nach neun, ich verstehe nicht, wie wir fast sechs Stunden lang zusammen gewesen sein sollen; alles riecht nach ihnen, meine Wohnung, meine Hände, ich würde jetzt gern schwimmen, ganz allein in einem klaren See. Kaum kann ich noch eine Flasche Bier trinken, ich bin viel zu müde, um noch wegzugehen. Draußen fährt ein Auto nach dem anderen vorbei, am Kiosk ist viel Betrieb, ich fühle mich unendlich weit entfernt von den Vorgängen da draußen. Mir wird schlecht, ich wachse zu mit schlechtem Gewissen, ich denke an Anne, die ich nicht mehr wiedergesehen habe, an die drei Mädchen heute nachmittag, die sich so rührend entgegenkommend verhalten haben. Daniela, die zeigen wollte, daß sie mit einem Mann schlafen kann, Ute und Stefanie, die es einfach mal gemacht haben wollten und meine Erregung gar nicht verstehen konnten. Ute sah so erschrocken aus, als ich plötzlich in ihr war, ich war nicht darauf gefaßt, ich wüßte gern, woran sie gedacht hat. Ich habe oft gelesen, wie wichtig das erste Mal für das weitere Sexualleben einer Frau sein soll (über Männer habe ich so etwas noch nie gehört), ich war einfach blind, ich hätte mir vorher überlegen sollen, welche Bedeutung dieser Nachmittag haben würde, ich hätte Dinge vorhersehen können. Ich glaube, ich habe Ute öfter weh getan, sie hat nichts gesagt, sie hat nur das Gesicht verzogen und weiter stillgehalten, sie hat nicht protestiert oder versucht aufzuhören, sie schien mir fast unbeteiligt und passiv, ja temperamentlos, wie ergeben in das zwangsläufige Geschehen.

Ich hatte mir wohl immer schon gewünscht, mit drei Frauen auf einmal zu schlafen, aber ich hatte mir nur die Gesichter vorgestellt, die Körper, nicht die Menschen, die daran beteiligt sein würden. Es kann sich ja nicht immer wiederholen, die drei Mädchen haben andere Bedürfnisse, als sich einen Mann fürs Bett zu teilen. Ich lege mich aufs Bett und erinnere mich an die Szenen des Nachmittags, die Bilder verfestigen sich zu einzelnen Szenen. Ich werde ganz anders leben als jetzt, denke ich, ich liebe diese Mädchen doch nicht, ich sollte sie nicht mehr treffen, vielleicht nur Ute, um alles wieder gutzumachen, aber ich kann doch nicht mit einer Dreizehnjährigen eine Beziehung haben, ich sollte sie vergessen, ich sollte ihr ihr Leben nicht wegnehmen.

CARSTEN SEBASTIAN HENN
Die Frau am Fenster

_____Obwohl er nicht an das Schicksal glaubte, war es ihm trotzdem wohlgesonnen. Sie sah aus dem Panorama-Fenster und rauchte. Eine Zigarette, sehr lang. Vielleicht mit einer Spitze wie in den dreißiger Jahren, wie in «Cotton Club». Thorsten konnte sie gut sehen, er hatte einen Parkplatz fast direkt gegenüber erwischt. Sie wohnte im dritten Stock. Guter Blickwinkel. Ihm war mulmig. Ein angenehmes Gefühl. Es war gut, wieder hierzusein, es war noch besser, sie zu sehen. Sie hatte einen leichten Morgenmantel an, wirkte japanisch, ein Kimono. Blaugrau gemustert. Ob sie ihn sehen konnte? Er glitt tiefer in den Sitz und schlug den Kragen seiner dicken Daunenjacke hoch. Nur zur Sicherheit, sie konnte nicht wissen, daß er es war. Thorsten hatte sich extra Ralfs Auto ausgeliehen. Der schwarze Opel Kadett fiel zwischen den anderen Mittelklasse-Wagen des Viertels nicht auf. Außerdem besaß er einen 10-fach-CD-Wechsler. Thorsten hatte sich ein paar Silberlinge mitgebracht, die er auf Lieder durchhören wollte – für ein Tape, der Frau am Fenster gewidmet. Momentan lief Janes Addictions «Ritual De Lo Habitual», Track 4. Auch für Essen war gesorgt. McDo-Fraß. Er mußte sich damit beeilen. Wenn die Fritten kalt waren, schmeckten sie wie vollgewichst. Und auch beim Royal TS würde die Wärme seine Geschmacksnerven nicht mehr lange über den eigentlichen Zustand des Fleisches hinwegtäuschen können.

Als Thorsten vom Stück Fleisch in seinem Schoß wieder aufschaute, war die Zigarette verschwunden. Sie hatte die Hände in den Kimonotaschen. Wie eine Schaufensterpuppe stand sie hinter der hohen Glasfront ihrer Altbauwohnung und starrte auf die andere Straßenseite. Dort gab es nicht viel zu sehen. Die Häuser gegenüber waren graue Nachkriegsmassenware. Wenig Stockwerke, wenig Geschäfte.

Thorsten genoß es, sie in diesem privaten, diesem intimen Moment beobachten zu können.

Hinter Glas.

Das machte er nur mit denen, die in den Fenstern rund um seine Penthouse-Wohnung lebten.

Sie hob ihre Hände aus den Taschen, führte sie an das Seidenband, welches mit einem Knoten den Kimono verschloß, und öffnete ihn, so daß der Umhang leicht zu beiden Seiten ihres Körpers glitt und den Blick freimachte auf ihre nackte Haut, ihre schmalen Brüste und ihr Geschlecht. Thorsten richtete sich auf und kam näher ans Fenster. Warum hatte er kein Fernglas dabei? Scheiße, verdammte! Täuschte er sich, oder hatte sie sich die Schamhaare abrasiert? Er konnte dort nichts erkennen. Jetzt stemmte sie sich mit beiden Händen gegen die Fensterscheibe, spreizte die Beine und warf ihren Kopf zurück.

Obwohl ihre Wohnung im dritten Stock lag und nicht jeder Passant direkt hinaufschaute, *mußte* dies auffallen, instinktiv.

Sie hob ihren Kopf wieder, kam näher an die Scheibe und leckte sie ab.

War sie auf Drogen? Oder befahl ihr ein Typ im Hintergrund diese Nummer? Vielleicht würde der ja bald kommen und sie von hinten nehmen? Thorsten kurbelte das Fenster ein wenig runter, um seine Sicht nicht von dem leichten Schmutzschleier auf der Scheibe beeinträchtigen zu lassen. Sie kreiste mit dem Becken und ging dabei ein wenig in die Knie.

Thorsten dachte einen Sekundenbruchteil daran, sich umzuschauen, ob auch andere sahen, was er dort sah. Aber er ließ es. Keinen Augenblick verpassen. Das hier war zu gut.

Mit einem Ruck brachte sie ihren Unterleib nach vorne und preßte ihn gegen die eiskalte Scheibe.

Keine Frage, sie war rasiert.

Dann hielt sie inne, löste sich langsam von der beschlagenen Scheibe und blickte nach unten.

Konnte sie ihn doch sehen? Obwohl er einen anderen Wagen …? Unmöglich! Absolut unmöglich. Durch den Spalt vielleicht? Nein, der war viel zu klein, das war nicht drin.

Jetzt faßte sie sich mit ihrem linken Zeigefinger zwischen die Beine und bewegte ihn langsam von oben nach unten.

Thorsten bekam einen Dicken.

Dann verharrte sie, riß ihre Hand hoch, und griff nach etwas hinter dem Vorhang, ohne den Blick von der Straße zu lösen. Jetzt hielt sie einen Telefonhörer in der Hand, drehte sich seitlich, wählte wohl, sehr kurz, und baute sich wieder, immer noch nackt, vor dem Fenster auf.

Das war's dann wohl! Sie hatte ihn doch gesehen! Das war der Anruf bei der Polizei. Thorsten kurbelte das Fenster hoch und schnallte sich an. Scheiße! Scheiße! Scheiße! Warum mußte es vorbei sein? Die Frau machte ihn rasend. Jetzt noch mehr. Wenn sie zu solchen Aktionen am Fenster fähig war, was mochte sie dann erst im Bett …? Er mußte schnell weg, blickte jedoch noch einmal zu dem Fenster im dritten Stock. Der Vorhang war zugezogen. Roter Samt. Er startete den Wagen. Unvorsichtigerweise wartete er noch einen Augenblick, immer noch nicht glauben wollend, daß dies passiert war, und daß es so plötzlich vorbei sein sollte.

Er schnallte sich an, stellte die Lüftung auf sein Frontfenster ein, um es klar zu bekommen, schlug das Lenkrad ein, setzte langsam zurück, schlug wieder ein und setzte vor. Jemand riß die Fahrertür auf, außer Atem.

«Jetzt komm schon endlich rein!»

Ihr erstes Date danach, und sie gingen zu ihren Eltern. Aufs Land. Die Frau überraschte ihn wieder. Er wußte nichts über sie, nur gerade mal ihren Namen, Stasi, also Anastasia, das war eigentlich nur ihr zweiter Name. Der erste war Susanne, aber den fand sie zu öde. Jetzt war er hier, in Frechen, vor den Toren Kölns, bei Spießbürgers persönlich, zum Kaffee. Vater und Mutter hatten sich extra schick herausgeputzt. Erst von der Klingel erfuhr er ihren Nachnamen: Germert. Susanne Germert.

Sie hatte anders ausgesehen, als sie am Fenster stand.

Auf dem Weg hatte sie kaum etwas gesagt, nur das Nötigste.

Stasi trug dezente Kleidung, wie sich eine Mutter ihre Tochter nur wünschen konnte. Ein beiges Kostüm, zu dem die geschmackvollen knopfförmigen Ohrringe perfekt abgestimmt waren. Sie sah aus wie die Frau aus der Shampoo-Werbung, die ein großes Unternehmen mit perfekter Frisur leitet.

Zuerst war alles so abgelaufen, wie es sich beim Kaffee gehört. Bei einem klassischen deutschen Kaffee, wo die Stoffservietten in runden, silbernen Serviettenhaltern auf den Tellerchen mit Goldrand lagen. In der Mitte eine Vase mit Blumenmotiv, einem unpassenden Bund rosa Nelken, und zweierlei Kuchen: Riemchenäpfel und Streusel. Dazu lief Musik: Rondo Veneziano.

Die Mutter schien richtig aufgeweckt zu sein.

«Aber jetzt erzählen Sie doch mal, wie Sie sich kennengelernt haben. Susanne hat uns ja noch gar nichts erzählt.»

«Äh, ja. Das war eigentlich eher ...»

Sie ließ ihn tatsächlich hängen.

«Zufällig. Erzähl du das doch lieber deinen Eltern, Susanne. Du kannst so was viel besser!»

«Er ist mir gefolgt. Wochenlang. Hat mich beobachtet, aus dem Auto und so. Ich wollte schon die Polizei rufen, aber dann hat er mich doch zu sehr interessiert, also hab ich ihn angesprochen.»

Sie aß ein Stück von ihrem Streuselkuchen und lächelte.

«Das ist ja richtig romantisch! Da haben Sie sich also direkt in unsere Kleine verliebt?»

«Auf den ersten Blick, Frau Germert, auf den ersten Blick. Ihr Kaffee ist übrigens vorzüglich.»

So was sagte man doch in einer solchen Situation, oder? Er faßte Anastasias Knie an, sie strich seine Hand bestimmt beiseite.

Dann wurde geschwiegen, gelächelt, Kaffee und Kuchen verzehrt.

Die Eltern gingen spazieren, zur Verdauung. Thorsten wunderte sich, daß sie keinen Dackel hatten. Selbst ihr altes, graues Wählscheiben-Telefon hatte einen roten Samtimitat-Überzug. Sie sagten, sie seien nur kurz weg zum See, der direkt um die Ecke lag. Als Stasi und er ihre Eltern gemeinsam zur Tür brachten, hatte sie ihm von hinten an die Eier gepackt, und zwar während sie sich verabschiedete. Sie hatte noch nicht einmal ihren Tonfall geändert.

Jetzt waren sie allein.

«Was sollte das bitte alles?»

«Komm mit! Und halt den Mund!»

Sie zeigte ihm ihr Kinderzimmer, das die Eltern noch im Ursprungszustand der peniblen Mädchenhaftigkeit mit einer Vorliebe für Ponys und «a-ha» belassen hatten. Dann den Partykeller mit falschem Kamin, den Vorratsraum, das Treppenhaus, an dessen Wänden selbstgemalte Bilder Stasis neben Familienbildern und einem Monet-Druck hingen. Zu allem erzählte sie ausführlich. Schließlich kamen sie in der Küche an. Alles war hervorragend aufeinander abgestimmt.

Stasi nahm die Schutzdeckel vom Herd, streifte ihren Rock hoch und ihre Strumpfhose herunter. Darunter trug sie nichts. Dann setzte sie sich auf die Herdplatten und schaltete sie an. Stufe zwei. Langsame Garung.

«Fick mich!»

Fick mich? Er sollte eine wohlgefönte Frau im beigen Kostüm auf den angeschalteten Herdplatten der elterlichen Küche bumsen, obwohl ihre Erzeuger jeden Augenblick vom Spaziergang erfrischt in der Tür stehen konnten?

«Beeil dich! Sie kommen gleich wieder!»

«Auf den Herdplatten?»

«Ich will, daß du mich fickst! Hörst du! Und hart! Steck ihn mir ganz tief rein!»

So was hörte man sonst nur in Pornofilmen. Wenn es an einen selbst gerichtet war, klang es sogar noch besser. Stasi sah ihn mit forderndem Blick an, die weißen Strumpfhosen an den Knöcheln, links neben ihr ein selbstgemaltes Bild aus ihrer Kindheit, vermutlich ein Flugzeug oder ein Saurier.

Sie faßte sich an ihre Brüste.

«Besorg's mir! Los besorg's mir!»

Die gesamte Küche wirkte gut abwaschbar. Auf dem Tisch lag eine weiße Wachsdecke, und es war schon für zwei Personen zum Abendessen gedeckt.

Stasi zog ihren Rock noch höher, jetzt vollends über ihren Arsch.

«Was ist? Willst du mich nicht ficken?»

Sie ließ sich von den warmen Platten gleiten, humpelte zu Thorsten, knöpfte ihm die Hose auf, ergriff seinen Schwanz und zog ihn daran zum Herd, auf dem sie sich wieder langsam niederließ. Sie stöhnte.

«Das wolltest du doch! Du geiles Schwein!»

Sie fing an zu kneten. Ob Thorsten wollte oder nicht, es erregte ihn.

Das Fenster, vor dem einige Alpenveilchen wuchsen, stand auf Kippe. Stasi war sehr laut.

Ein schmieriger Tag. Die Straßen waren schmierig, und am Himmel waren nur zwei Un-Farben verschmiert: Schmutziggrau und schmutzigweiß. Thorsten befand sich auf dem Weg zu Stasi. Sein Saab schnurrte ruhig. Sie hatte ihn angerufen, nur «Ich will Dich!» ins Telefon gefaucht und aufgelegt. Sie hatte ihm keine Chance auf ein wenig Telefonsex gegeben. Aber gut, dann eben kein akustisches Vorspiel. Thorsten gab seinen Ohren statt dessen «Dead Can Dance», bei dem Wetter passend. Köln war zu, grundsätzlich, und bei schlechtem Wetter verdichtete sich dieser Zustand auf den wichtigsten Straßen. Dafür würd er's ihr richtig besorgen! Nicht wie beim letzten Mal. Stasis Eltern mußten sie eigentlich gesehen haben. Die Mutter hatte ja sogar ans offene Fenster geklopft. Sie hatte allerdings nur gelächelt und gesagt: «Wir sind wieder daha!» Kurz vor dem Koitus, dann Abbruch, dann taten ihm die Eier weh. Es war erstaunlich, wie schnell man sich wieder anziehen konnte. Allerdings vergaß er dabei keine Kleinigkeiten, wie das Hemd in die Hose zu stecken, was so oft in amerikanischen Komödien zu sehen war. Thorsten hatte schon genug davon gesehen, um die lehrreichen Teile zu verinnerlichen.

Seine Wagen-Heizung war kaputtgegangen, wärmte jetzt nicht mehr an den Füßen, also dort, wo er am ehesten fror. Endlich erschien die Bäckerei vor seiner Frontscheibe, jetzt nur noch einmal abbiegen und schnell einen Parkplatz suchen.

Nach einer halben Stunde Suche stand er durchnäßt an der Haustür und klingelte. Es knackte in der Gegensprechanlage.

«Ich hab's mir anders überlegt.»

«Was hast du gesagt?»

«Ich hab's mir anders überlegt. Du kannst wieder nach Hause gehen.»

«Hey, hör auf mit dem Scheiß! Ich bin pitschnaß! Mir ist kalt! Laß mich rein!»

«Ich hab jetzt keine Lust auf dich.»

«Sag mal, spinnst du jetzt total?! Ich quäl mich durch die Stadt und kann dann direkt wieder abschieben? Das kann ja wohl nicht dein Ernst sein!»

«–»

«Scheiße, Stasi! Das kannst du doch nicht mit mir machen! Mach auf jetzt!»

«–»

«Du hast sie wohl nicht mehr alle! – *Stasi*!»

«–»

«Ich glaub das nicht! Mach endlich die *scheiß* Tür auf!»

«–»

«Weißt du, was du mich kannst? Du kannst mich am Arsch lecken! Blöde Fotze!»

Thorstens Hormone vergaßen schnell. Drei Tage später erhielt er einen Befehl. «Komm!» war alles, was sie sagte, denn sie hatte keine Zeit zum Reden, sie wollte keinen Moment verschwenden, um Worte zu artikulieren, wo doch ein einziges genügte. Das Projekt, an dem Thorsten gerade per Computer zimmerte, war mehr als wichtig, und es mußte unbedingt am nächsten Morgen abgegeben werden. Ein dicker Fisch, der viele andere dicke Fische anlocken würde. Thorsten hatte erst vor wenigen Stunden den perfekten Einfall für den Spot gehabt, und es würde noch eine ganze Weile, vielleicht die ganze Nacht dauern, die Sounds auszufeilen und millisekundengenau ineinandergreifen zu lassen. Er durfte sich keinen Fehler erlauben. Er fuhr zu Stasi.

Sie öffnete nicht auf sein Klingeln. Thorsten gelangte ins Haus, indem er bei jemand anderem klingelte und sich als Postbote ausgab. Obwohl dieser meist später kam, wurde ihm geöffnet. Ihre Wohnungstür war nur angelehnt. Etwas stimmte nicht. Schon die Diele roch merkwürdig süßlich. Sonst stank es immer nach toten Blumen. Er konnte nicht sehen, woher der unbekannte Duft stammte, denn es war dunkel. Thorsten schloß die Wohnungstür hinter sich und betätigte den Lichtschalter. Doch es wurde nicht Licht. Er tastete sich weiter zum nächsten Lichtschalter, doch auch dieser reagierte nicht auf seine Berührung. Das war kein Stromausfall. Das war Berechnung. Stasi war irgendwo in dieser Wohnung und wahrscheinlich da, wo der Geruch am intensivsten war, von wo aus sie die lockenden Duftstoffe aussandte, um Thorsten einzufangen. Thorstens ausgestreckter Arm tastete sich über den Plastikstern mit Haken, an dem die Schlüssel hingen – auch der Wohnungsschlüssel – sie war also da, definitiv, vorsichtig über die selbstgebastelte Garderobe aus Stacheldraht, wo wie immer ihr Fuchsmantel hing, zum Türrahmen, der zur Küche führte. Die Tür stand offen. Thorsten lauschte, doch er hörte kein Atmen, kein Keuchen, kein Schnalzen, kein Fauchen, nur das Surren des Kühlschrankes, der nahe dem Eingang stand. Kühlschrank = Licht. Er öffnete ihn. Das gelbe Licht fiel auf ein großes Stück Käse, eine Wurstdose, zwei Flaschen Sekt, Butter, Austern und den üblichen Kühlschrankkrempel. Ungewöhnlich war nur ein großer weißer Keramikkrug, der im Flaschenfach der Kühlschranktür stand. Auf diesem stand in Stasis Handschrift «Mitnehmen!». Thorsten griff sich die Kanne und schaute hinein, doch im schwächlichen Licht des Kühlschranklämpchens konnte er nur erkennen, daß es sich um eine sämige, milchige Flüssigkeit handelte, die ein wenig nach Vanille roch.

Stasi mußte eigenartige Vorstellungen davon haben, wie geschickt er sich mit einer Kanne Flüssigkeit im Dunkeln bewegen konnte. Thorsten ließ den Kühlschrank offen, um wenigstens die Illusion von Licht in die Diele zu bringen. Und jetzt, wo sich seine Augen schon ein wenig an die Dunkelheit gewöhnt hatten, sah er plötzlich etwas in der Entfernung glühen. Schnurstracks, aber weiterhin vorsichtig, bewegte er sich darauf zu. Auf der Badezimmertür stand in fluoreszierenden Buchstaben: «Zieh dich aus!» Als er näher kam konnte Thorsten erkennen, daß es auf ein Pappschild geschrieben war, das eben bestimmt noch nicht da gehangen hatte. Stasi schien genau gewußt zu haben, daß er zuerst in die Küche gehen würde. Er setzte den Krug vor der Tür ab und begann sich auszuziehen, als er einen leichten Lichtschein in der Türspalte bemerkte. Aus dem Badezimmer war jetzt ein schmatzendes Geräusch zu hören, untermalt von Stasi, die zu gurren begann – also wurde sie langsam feucht. Thorsten wurde dagegen zum Pawlowschen Hund und riß sich die Kleider vom Leib, um sie schnellstmöglich in die Dunkelheit der Diele schmeißen zu können. Stasi gurrte tiefer, und Thorsten sah in seinen zwar geistigen, aber nichtsdestotrotz wäßrigen Augen, wie sie sich dabei lasziv rekelte. Er schnappte sich die Kanne und stürzte ins Badezimmer, wo sich ihm ein Bild der physikalischen Unmöglichkeit darbot, denn Stasi trotzte den Naturgesetzen. Sie schwebte auf den Badewannenwassern und glühte aus dem Bauch. Das war eine ziemliche Überraschung, denn er hatte keine Drogen genommen. Vor lauter Schreck bekam er einen Steifen. Stasi gurrte jetzt etwas tiefer, was Thorstens Hormone noch mehr in Schwingung brachte. Er ging auf sie zu, ihre auf den Boden geworfenen Kleidungsstücke an den Fußsohlen spürend. Das Badewannenwasser sah zu still aus, um echt zu sein, es bewegte sich überhaupt nicht. Außerdem war es rot. Stasi lag nur leicht eingesunken darauf. Ihre Hände bedeckten ihr am besten rasiertes Körperteil. Jetzt wo Thorsten näher an sie herangetreten war, konnte er erkennen, daß nicht ihr ganzer Bauch glühte, sondern nur einzelne Hautstücke, auf die Stasi mit dem Fluoreszenz-Stift ein Gedicht geschrieben hatte:

Meine Brüste wie reife Orangen.

Mein Leib ein warmes Rohr für deine Männlichkeit.

Meine Beine und Arme seien wie Tore,
wie Häfen für dein Gewitter.

Für deinen Körper sei eine Hängematte mein Körper,
mein Geist dein Gefäß,
dein tiefer Weg.

Gioconda Belli

Der Name der Autorin führte Buchstabe für Buchstabe näher an ihre fluoreszierend umrandete Scheide. Bevor Thorsten seinen Fuß in die Badewanne setzen konnte, gurrte ihm Stasi, die sich wie ein Fisch auf dem Trockenen wand, den letzten Befehl zu: «Tunk ihn ein, du dreckiges Schwein!», dabei zeigte sie auf den Krug. Statt ihre Hand wieder an ihr Geschlecht zu führen, stach sie ihren Finger in das dabei zäh wabernde Wasser, um ihn danach genußvoll in den Mund zu stecken und mit ihrer katzengleichen Zunge abzulecken.

Thorstens Schwanz war mittlerweile so mit Blut vollge-pumpt, daß es schien, als würde er ebenfalls leicht glühen. Die Frage war, ob die sämige Flüssigkeit in der Keramikkanne Lin-derung oder eher noch mehr Schmerz bringen würde. Stasi sah jedoch nicht so aus, als ob sie vorhätte, auf ihren Fick noch lange zu warten. Er tauchte ihn ein, und es tat überhaupt nicht weh. Es kühlte sogar. Stasi rekelte sich und packte beherzt seine Schwanzwurzel, um ihn daran an den Rand der Wanne zu zie-hen. Sie wollte den Kruginhalt kosten. Ausgiebig. Sie nahm den ganzen Mund voll. Thorsten mußte Stasis Eßbesteck immer wieder eintunken, und er wollte gar nicht mehr aufhören. Doch dann zog sie so stark, daß er in die Wanne steigen mußte, und als er mit seinem Fuß auf die Wasseroberfläche setzte, er-kannte er, warum die ganze Wohnung so süßlich und künstlich roch und warum die mittlerweile fauchende Stasi schwebte. Nur langsam glitt sein Fuß durch die Himbeer-Götterspeise, dann stieß er ganz hinein, goß den Rest der Vanillesoße über Stasis jetzt zuckenden Körper und ließ, als sie ihre vollgesoßten schlanken Beine in die Höhe streckte, den argentinischen Zuchtstier raus. Er brüllte und johlte und schnaubte, und beide versanken mit jedem Stoß immer tiefer in der göttlichen, gelee-artigen Masse, bis diese ihre Körper vollständig überzogen hatte und die beiden als menschliche Süßspeisensensation an-einanderklebten. Es wurde ein langer Abend mit legendären Bauchschmerzen.

SOPHIE ANDRESKY
Held im Tulpenbeet

Für Marcus

_____ «Puppenstube» war das erste, was mir einfiel, als unser Wagen um die Kurve bog und wir in das Dorf hineinfuhren, ein Schlumpfhausen im Gargamelformat, ein begehbares Märchenbuch. Ich seufzte. Bei zu viel Harmonie werde ich mißtrauisch, und die kleinen Fachwerkhäuser, die possierlichen Steinfiguren in den niedlichen Gärten, die hübschen Vorhänge und kopfsteingepflasterten Wege machten mich sofort mißtrauisch. Geradezu gruselig: Wolken, die wuscheliger waren als meine Abschminkpads im Beautycase, ein Flüßchen, das sich durch den Ort schlängelte, darauf kleine bunte Boote und über allem ein durchdringender Geruch nach Butterkuchen mit dicker Zuckerkruste. Ich stellte mir vor, wie die Menschen hier den ganzen Tag summend durch die Gassen tänzelten, sich dampfend frisches Brot und handgeschriebene Briefe an die Haustüren brachten, wie die Kinder an den Händen gefaßt Abzählreime sangen und dralle rotwangige Landfrauen schäumende Milch in Kübeln zum Pfarrer trugen, um sich einen schönen Tag zuzuzwitschern. Und da rief auch schon jemand, wie auf Bestellung: «Rüüüdiger» keifte es über den Marktplatz, eine kratzige Stimme, die klang, als hätte ihre Besitzerin rostige Stahlwolle in der Kehle. Die Frau, die zu der Stimme gehörte, war riesig und trug eine weiße Kittelschürze aus Nylon, die über Busen und Hintern fast platzte. Ich grinste. Rüüüdiger selbst paßte zu seiner Mutter, ein Früchtchen, das zusammen mit einigen anderen Halbgaren im Schatten der

Kirche stand und klebrige Heftchen tauschte. Die Riesin zog ihre Mißgeburt mit sich fort, und wir parkten. Mit Wohlgefallen betrachtete ich die Minimafiosos, die da an der Kirchenmauer lehnten und mich taxierten. Wo die Jugend noch so demonstrativ verkommen kann, gibt es meistens Zivilisation, und das war meiner Meinung nach genau das, was dieses ländliche Disneydorf brauchte. Und ich, ich brauchte einige Tage Ruhe und Frieden und hundertzwanzig Quadratmeter neutralen Boden, auf dem Falk und ich zum ersten Mal proben konnten, wie wir uns als Doppelpack wohl machen würden. Dreamteam oder Rosenkrieg – um das herauszufinden, war Hellas Angebot, ihr Häuschen urlaubstechnisch für ein paar Tage zu hüten, genau das richtige. Falk ging mit dem Zettel, den Hella uns geschickt hatte und der den großartigen Namen «Stadtplan» eigentlich nicht verdiente, weil neben dem Flüßchen, der Kirche und den zwei Dutzend Straßen nur noch sämtliche Brunnen und Geschäfte eingezeichnet waren, in das nächste Café, um, wie ich vermutete, mit dem Kiefer voran in das nächste Blech Butterkuchen zu fallen und, wie ich wußte, die Bedienung nach dem Weg zu Hellas Häuschen zu fragen. Ich beschloß, mich in der Zwischenzeit ein bißchen zu amüsieren, und stieg aus. Die Halbstarken beäugten mich, wie ich mich neben dem Auto streckte und rekelte. Ich sehe ganz bestimmt nicht nach Kittelschürze aus und nahm mir vor, dem jungen Dorfgemüse etwas zu bieten, öffnete nachlässig die obersten beiden Knöpfe meiner ohnehin knappen Bluse, schob die Sonnenbrille ins Haar und schlenderte auf die Pickelwirte zu. Die waren erwartungsgemäß beeindruckt und überspielten das mit einem merkwürdigen unkontrollierten Herumschlenkern von Armen, Beinen und Hälsen, das wohl cool sein sollte, aber eher so aussah, als seien sie Marionetten der Augsburger Puppenkiste unter LSD. Dabei unterhielten sie sich lautstark über

«Bräute». Zwischen ihren hingebellten Sätzen saugten sie so krampfhaft an den völlig durchweichten Zigarettenstummeln, daß ich schon befürchtete, sie würden gleich daran ersticken oder sie wenigstens verschlucken. «Na, Jungs», sagte ich, so verführerisch es ging, und lächelte sie liebenswürdig an, «wißt ihr denn nicht, daß Rauchen impotent macht?» Sie starrten mir ins Gesicht, der neben mir fing an zu husten. Ich klopfte mitleidig seinen Rücken. «Nein wirklich», säuselte ich, «das Nikotin verengt die Blutgefäße, und wenn dann die Schwellkörper in euren Schniepelchen wachsen und sich füllen wollen, dann geht das nicht mehr, und dann», ich senkte geheimnisvoll die Stimme, «dann sterben euch die Eier ab. Ehrlich wahr.» Eigentlich hatte ich noch erzählen wollen, daß erste Anzeichen für das Verfaulen bei lebendigem Leib ein Kribbeln zwischen den Beinen und ein unstillbarer Rubbelzwang war, aber da rief mich Falk auch schon, der mittlerweile wieder am Auto stand und erwartungsgemäß einen Zuckerkrümelrand auf der Oberlippe hatte: «Birgit, komm, das ist noch ein Stück.» Ich zwinkerte den Schrumpfschniedelchen zu und ging mit schwingendem Hintern zum Auto zurück. «Hast du ihnen erzählt, daß Rauchen impotent macht?» fragte Falk mitleidig, ich grinste «No brain no pain». Er seufzte.

Hella wohnte auf einem Hügel ein Stück abseits vom Dorf. Ihr Fachwerkhaus war klein und reetgedeckt und sah aus wie aus Fimo modelliert. Hinter dem Haus erstreckte sich ein Garten, in dem sich Hella, die als Redakteurin für ein Gartenmagazin arbeitete, austobte. Rundherum hatte sie bunte Blumenbeete angelegt, der Rasen sah aus, als käme Bernhard Langer alle paar Tage vorbei, um Golf darauf zu spielen, und unter den perfekt gestutzten Bäumen lauerten dickbäuchige Tigerenten aus Stein, deren Herstellung sie in der letzten Ausgabe gelangweilten Hausfrauen empfohlen hatte. «Wie herrlich», rief ich, war glücklich, wenigstens ein paar Tage hier wohnen zu dürfen und mindestens ebenso glücklich, es nicht lebenslänglich tun zu müssen. Wir richteten uns ein, packten unsere Koffer aus und machten es uns auf der Terrasse gemütlich. Vielleicht waren es die Tigerenten, vielleicht mein Triumph an der Kirche, der mich unvorsichtig machte und mich einen Moment vergessen ließ, daß jede Idylle irgendwo einen Kratzer hat.

Den sah ich dann, als ich zum Kaffeekochen in die Küche ging. Der Kratzer war schwarz behaart und hatte acht Beine. Und er krabbelte. Genau in meine Richtung. Und ich wußte sofort: «Einer von uns muß sterben, und ich bin es hoffentlich nicht.» Ich rief nach Falk, und meine Stimme, wie ich zugeben muß, klang nicht viel charmanter als der Topfkratzersound der Riesin im Nylonkittel. Falk stürzte in die Küche, ehrlich besorgt, und dachte wohl, ich hätte mir kochendes Wasser übergekippt oder in die Stromleitung gefaßt. Daß das Unglück dann nur in einem ungelogen handtellergroßen Riesenviech, einer Botin des Satans, einer ekligen, fiesen Spinne bestand, brachte ihn zum Lachen. Ich bin durchaus nicht hysterisch. Hysterisch sein heißt, nicht mehr angemessen zu reagieren. Ich reagierte sehr angemessen, als ich mich auf einen Küchenstuhl stellte und kreischte, während das schwarze Übel seine acht Greifer nach mir ausstreckte. Bei Schnaken oder Schneidern sage ich gar nichts, die sind strohdumm, und ich bin ihnen evolutionsgeschichtlich überlegen, die klopfe ich platt mit dem Hausschuh, oder ich sauge sie mit dem Staubsauger auf, aber bei Spinnen ist das etwas anderes. Die sind schlau. Sie sind mir intellektuell und an Boshaftigkeit überlegen.

Ein paarmal habe ich alleine versucht, eine zu erwischen, aber die Gänsehaut an meinem Nacken war so pockig und kalt und starr, daß ich mich kaum bewegen konnte, und bis ich dann den Staubsauger hervorgekramt hatte und mich mit eingeschalteter Düse wie eine Jedi-Ritterin mit dem Laser-Schwert den Viechern näherte, waren die längst weg, zurück in ihre unterirdischen Löcher und lachten sich da scheckig über mich. Ja, ich glaube sogar, daß alle diese Mißgeburten der Evolution ein geheimes Netzwerk haben und mich globusweit verfolgen. Die Existenz von Spinnen ist für mich der sichere Beweis dafür, daß Gott ein Mann sein muß. Einer Göttin wäre etwas anderes eingefallen, um Schädlinge im Garten zu bekämpfen.

Ich stand also auf dem Küchenstuhl und schrie, und Falk zog lässig den Schuh aus, warf ihn in die Luft, fing ihn an der Ferse wieder auf, grinste, sagte «ruhig Biggimaus, ich rette dich», kniete nieder und – da wollte ich nicht hinsehen. Ich hörte nur dieses ganz bestimmte Geräusch, dieses «matsch», wenn ein großer Gegenstand auf etwas niedersaust, das von acht Beinen abgefedert wird. Damit könnte ich glatt bei «Wetten daß» auftreten: Ich wette, daß ich am Geräusch erkenne, ob mein derzeitiger Begatter und eventuelle spätere Gatte Falk eine Spinne oder etwas anderes, in der Konsistenz Vergleichbares, mit dem Schuh zerpratscht. Ich hielt mir die Hände vor die Augen, «wegwischen, wegwischen», rief ich, und Falk war so nett.

Als ich mich wieder traute, hinzusehen, beerdigte er die Teufelsbrut gerade in ein Zewawischundweg gewickelt im Kompost. «Eigentlich bin ich ja dafür da, Leben zu retten», sagte er, Falk war nämlich Assistenzarzt. «Hast du ja: meins», säuselte ich, und er lächelte mich triumphierend an: «Das war die Strafe für die Bubis an der Kirche. Die kriegen doch diese Woche garantiert keinen mehr hoch.» Ich sah das ein und schämte mich pflichtschuldig. Aber nur ein bißchen.

Wie das bei Männern und Triumphen so ist: sie strapazieren sie einfach zu sehr. Falk sonnte sich in seiner Heldentat bis zum Abend, erzählte mir immer wieder, wie er sich herangepirscht und das Großwild auf dem Küchenfußboden erlegt hatte. Dabei hielt er seine Hände vor sich, als hätte er gerade einen Bären niedergerungen und bewunderte sie, während er mich wortgewaltig darüber aufklärte, daß ich da mit ihm einen ganz tollen Hecht, einen Beschützer in Wildnis und Großstadt, an Land gezogen hätte. Mit einem irren Indiana-Jones-Blick, der mir sagen sollte, «Baby, ich bin ein Mann, dir damit von vorneherein überlegen, und deshalb gehört uns auch die Weltherrschaft», bugsierte er mich Richtung Schlafzimmer. Und weil ich weiß, daß das widerspruchslose Hinnehmen solchen Wunschdenkens von Männern in der Regel mit getragenen Colakästen, angedübelten Regalen und einer gutgeleckten Möse belohnt wird, ließ ich ihn reden und lächelte milde.

Falk warf mich aufs Bett, und ich bemühte mich, nicht zu lachen, als er «Goldfinger» summte und im Takt mit den Hüften schwang und sich das Hemd aufknöpfte. Eins mußte ich Falk lassen: Von seiner Vorliebe für Butterkuchen, Zuckerplätzchen und Keksen aller Art sah man gar nichts. Er hatte einen erstaunlichen Waschbrettbauch, von dem ich vermutete, daß er ihn täglich mehr als ein paar Minuten Training kostete. Vielleicht würde ich seinen Ehrgeiz in dieser Richtung unauffällig etwas drosseln, im Augenblick waren die segmentierten Muskeln noch sexy, aber wenn sich die Dellen und Wölbungen noch weiter ausprägten, würde sein Bauch bald aussehen wie eine Atomcellulitis, die sich im Körperteil geirrt hat. Und welchen praktischen Nutzen hat es schon, wenn jemand Walnüsse im Bauchnabel knacken kann? Falks Hände waren jetzt bei seinem Hosenbund angekommen, und wie immer runzelte ich angespannt die Stirn, als er den Reißverschluß herunterzippte. Ich wußte, daß er oft keinen Slip trug, wenn wir zusammen waren, weil ich das gut finde, und jedesmal befürchtete ich, es könnte sich ein Schamhaar oder ein Hautfältchen zwischen den Zinken verfangen, obwohl ich mir gar nicht sicher bin, ob das technisch überhaupt geht. Jedenfalls passierte nie etwas, und auch diesmal schälte er sich unversehrt aus seiner Hose. Ich rekelte mich auf dem Bett und er stand am Fußende, die Arme vor der Brust verschränkt, und verlangte grinsend «zeigen».

Also entblätterte ich mich, knöpfte die Bluse auf, stemmte das Becken hoch, um die Jeans herunterzuschieben, drehte mich dann auf den Bauch, ging auf alle viere und wackelte mit dem Po. Er beugte sich über mich, küßte mir den Rücken und zog den Slip herunter. Als mir der winzige Stoffetzen um die Knie baumelte, legte ich mich wieder auf den Bauch, Falk warf das Höschen auf den Fußboden und schob sich über mich, so daß sein Schwanz zwischen meinen Pobacken lag. Gerade als ich mich an ihm schubbern wollte, hörten wir draußen ein deutliches Knacken.

Ich zuckte zusammen. Falk rutschte neben mich, und wir sahen uns ratlos an. «Vielleicht eine Katze», dachte ich. «Vielleicht eine Riesentarantel», frotzelte Falk, und ich knuffte ihn und küßte den kleinen Ring, der durch seinen linken Brustnippel gestochen war. Aber wir waren nicht mehr bei der Sache. Das Schlafzimmerfenster lag wie die Küche und das Wohnzimmer zum Garten hin und war ebenerdig. Hinter Hellas Grundstück begannen Äcker und Felder. Von dieser Seite aus konnte man sich also leicht dem Haus nähern, ohne daß es jemand sah. Die Vorstellung, daß da draußen ein hechelnder, sabbernder Traktorfahrer im Testosteronbad stand und extatisch seine Mistforke rubbelte, fand ich nicht gerade verführerisch. Es heißt zwar immer, Spanner seien ungefährlich, aber so genau kann man das ja nie wissen. Falk und ich einigten uns darauf, daß er nachsehen und ich die Polizei anrufen sollte, falls er in ein paar Minuten nicht wieder da wäre.

«Vielleicht ist es auch eine Spannerin», sagte er, «soll's ja auch geben.» Er blieb keine Viertelstunde, und er hatte auch kein Beil im Kopf, als er wiederkam. Dafür trug er einen ziemlich kleinen roten Lackpumps in der Hand. «Hier», sagte er, «der lag draußen im Beet vor dem Schlafzimmerfenster. Den hat die Gute wohl vergessen bei ihrem plötzlichen Aufbruch.» Von weiblichen Spannern hatte ich noch nie was gehört, aber wenn alle Männer hier im Dorf so waren wie Rüüüdiger, dann wunderte es mich kaum, daß die Mädels andere Anregungen suchten. Falk kuschelte sich wieder zu mir, und wir überlegten, ob sich die Frau wohl nach einer Weile wieder vor das Fenster schleichen würde. Erst wollten wir die Rolläden herunterlassen, aber dann entschieden wir uns dagegen. Die Vorstellung, daß sie da draußen im Dunkeln stand und uns zusah, fing an, uns zu gefallen.

Ich schaltete eine kleine Lampe an, damit sie uns ganz genau beobachten konnte. Die Plumeaus warf Falk sowieso aus dem Bett, wenn wir uns übereinander hermachten. «Ich muß manövrieren können», sagte er dann immer. Er legte sich auf den Rücken und zog mich über sich. Ich kauerte über seinem Bauch, streckte den Po weit heraus und stellte mir vor, daß die Frau draußen an der Glasscheibe verfolgte, wie Falks Hände meine Hinterbacken packten und durchkneteten. Ich rutschte auf ihm etwas höher, damit er besser herankam, und stöhnte leise, als er begann, mein Poloch zu massieren. Er hatte da eine ganz eigene Technik. Erst strich er in der Spalte auf und ab, dann klopfte er mit den Fingerkuppen ganz leicht auf die Rosette, und schließlich setzte er seine Finger wie Saugnäpfe auf meine empfindliche Haut auf und drückte und kreiste, zog die Spalte auseinander und preßte sie wieder zusammen, bis ich ganz kribbelig wurde und den Hintern hin und her schwenkte, einmal um mehr von seinen Händen zu spüren und dann auch, weil ich hoffte, es würde sich durch das Zucken und Kreisen einmal einer seiner Finger zu meiner Möse verirren, obwohl ich ja wußte, daß das nicht passieren würde. Zu diesem Zeitpunkt jedenfalls nicht. Meine Möse mußte immer warten, dahinein wagte er sich erst, wenn ich schon tropfnaß und glitschig vor ihm lag und fast soweit war, daß ich ihm befohlen hätte, mir jetzt endlich die Pussy abzufingern. Ich sagte so etwas nie, das hätte ich gar nicht über die Lippen bekommen, aber alleine der Gedanke, es auszusprechen und Falk dabei ins überraschte Gesicht zu sehen, ihm zu befehlen, machte mich schon so an, daß ich schließlich mit den Beinen rudernd auf dem Laken lag und mich an Falks Brustpiercing festsaugte, bis er vor Schmerz aufstöhnte, Schluß machte mit Streicheln und anfing zu ficken. Der Moment war aber noch lange nicht gekommen.

Ich stieg von seinem Bauch herunter und legte mich neben ihn. Er setzte seine Fingerkuppen wieder wie Saugnäpfe auf, diesmal aber um meine Brustwarzen herum und begann das gleiche Spiel mit tippen, kreisen und drücken. Falk war immer ein erstaunlich konzentrierter Liebhaber gewesen und hatte mich von Anfang an damit beeindruckt, daß er Hände und Zunge völlig synchron bewegte. Während er mich küßte, zuckte seine Zunge in genau dem gleichen Rhythmus in meinem Mund, wie seine Hände meine Nippel, mein Poloch oder meine Muschi betasteten. Ich stöhnte laut. Falk raunte mir zu: «Ich will, daß diese Frau alles von dir sieht, absolut alles, okay?» Ich nickte, und Falk zog mich an den Beinen zum Bettende, bis die Bettkante genau unter meinem Becken lag.

Die Beine hingen weit gespreizt von Hellas ziemlich hohem Bett hinunter. Falk krabbelte über die Matratze, drehte sich mit dem Kopf Richtung Fenster, vermied es aber, direkt hinauszusehen, wir wollten die neugierige Fremde ja nicht verscheuchen. Er kniete sich über mich, und ich nahm seinen Schwanz, der noch nicht ganz steif war, in den Mund und saugte daran.

Die Arme hob ich über den Kopf, um dabei seine Oberschenkel zu streicheln. Ich mußte an das Tier mit den zwei Rücken denken, an die Frau draußen im Garten und an die Heftchen, die Rüüüdiger und seine Freunde vor der Kirche getauscht hatten. Dann spürte ich Falks Hände, wie sie meine Schamlippen auseinanderzogen, und seine Zunge, wie sie in mich hineintauchte, und ich dachte gar nichts mehr. Falk leckte mich nicht mit der Zungenspitze, er wölbte seine Zunge weit vor und strich mit einer breiten, rauhen Zungenmitte über meinen feuchten Kitzler. Ich spürte ein Ziehen im Bauch zwischen Nabel und Möse und glaubte, daß sich jetzt innen eine Welle löste und die Feuchtigkeit gleich in einem Sturzbach aus mir herausströmen würde. Falk führte mir zwei Finger ein, als ich gerade vorsichtig mit den Zähnen an seiner Eichel knabberte und ihm über die Beine kratzte, feste, wie er es mochte. Am nächsten Morgen würde man dunkelrote Striemen sehen, aber das war ihm und mir egal. Er fickte mich mit der Hand, während er abwechselnd mit der breiten Zunge über den Kitzler strich und sich mit vorgestülpten Lippen ganz sachte daran festsaugte. Ich stellte die Füße auf die Bettkante, aber sie rutschten immer wieder runter, also zog ich die Beine an und wußte genau, was die Frau jetzt sah: eine rötliche, feuchtglitzernde Muschi mit zwei pumpenden Fingern darin, einen saugenden Mund in der Spalte, halbverdeckt von Falks Haaren, und weiter unten ein blaßviolettes kleines Poloch, in dem ich jetzt zu gerne einen weiteren Finger oder einen schmalen leise brummenden Dildo gehabt hätte. Ich wußte genau, wie es aussah, weil Falk und ich etwas Ähnliches schon einmal vor einem riesigen Spiegel getan hatten und ich meinen Blick gar nicht hatte abwenden können von all dem geilen zuckenden Fleisch. Ich streichelte über Falks Bauch und schloß die Beine ein wenig, das Zeichen dafür, daß ich gleich kommen würde und er jetzt besser aufhören sollte.

Er nahm seine Finger aus meiner Möse, und ich richtete mich auf, zwang mich, nicht zum Fenster zu sehen, und krabbelte auf allen vieren, so daß uns die Spannerin von der Seite sehen würde. Den Oberkörper legte ich auf die Matratze und schob den Po weit heraus. Falk zog in der Zwischenzeit ein Gummi über, das ging immer ratzfatz, eintüten und aufbokken, ein eingespieltes Team. Ich spannte den Bauch an, damit keine Luft mit hineinkam, als er mir seinen Schwanz hineinschob und anfing, mich zu ficken. Es gibt zwischen uns vögeln, ein sanftes, langsames Hinundhergleiten von der Spitze bis zum Schaft, und ficken, harte, schnelle, kurze Stöße, und jetzt fickte er mich. Ich fingerte in meiner Möse herum, aber viel Reiben war gar nicht mehr nötig. Ich hörte an Falks Schnaufen, daß er gleich kommen würde, und konzentrierte mich auf das Gefühl seines Schwanzes in mir und meiner Finger auf dem Kitzler. Ich schwöre: in den letzten Sekunden vergaß ich sogar die Frau, die uns zusah.

Als ich mich schweißüberströmt auf das Laken streckte, Falk, der aus mir hinausgeglitten war, halb über mir, fragte ich mich wie immer, warum man soviel Zeit mit Reden, Ausflügen und Essen verschwendet und nicht einfach den ganzen Tag herumvögelt, aber ernsthaft überlege ich es immer nur in dem atemlosen Moment danach, wenn der Bauch noch bebt und die Möse noch zuckt und unsere beiden Körper ganz feucht und heiß aneinanderkleben.

Erst als wir uns lange geküßt hatten, drehten wir uns wie abgesprochen langsam zum Fenster. Natürlich sahen wir gar nichts. Draußen war es stockdunkel und innen zumindest leicht erleuchtet, und wer weiß, ob da überhaupt jemand gewesen war.

Am nächsten Tag erhielt Falk einen Anruf von Professor Mustu, der ihn sofort in die Klinik zurückbeorderte, weil zwei Kollegen krank geworden waren. Professor Mustu war Inder und hieß eigentlich ganz anders. Falk und die anderen Assistenzärzte nannten ihn so, weil er sie mit dem immer gleichen Spruch zur Weißglut brachte. Da lag zum Beispiel eine offene Fraktur in der Notaufnahme. Der Professor fragte dann: «Hastu geröntgt?», «Hastu Personalien?», «Hastu Blutgruppe?», bis er etwas fand, das der Assistent noch nicht erledigt hatte, und rügte dann fast beleidigt: «Mustu machen!» Die Klinik war zu weit weg, um abends wieder zurückzufahren, und ich fragte meine liebste Freundin Ulrike, ob sie bei mir in der Idylle übernachten wollte. Den Gedanken, nachts allein zu sein mit irgendwelchen pubertätsgebeutelten Dorfhalbstarken mit Triebstau vor den Fenstern, fand ich nicht gerade verlockend.

Ich hatte Glück: Ulrike sagte zu und war früh genug da, so daß Falk ihr noch von der Spannerin erzählen konnte, wobei er in seinem Bericht netterweise unsere Eigenbeteiligung ausließ. Allerdings erwähnte er die Winzlingsrocker von der Kirche und deutete an, vielleicht seien sie es ja auch gewesen, um sich an mir zu rächen. Ich hakte Ulrike unter: «Das wäre aber unfair, ich hatte nämlich recht: Wenn man das erste Ziegenbärtchen hat, darf man nicht dauernd daran herumzuzzeln, das ist nun mal uncool.» Ulrike nickte verständnisvoll. Sie hat immer Verständnis für mich. Außerdem ist Ulrike nicht gerade ein Pflänzchen und wenn, dann eher ein Kaktus, mit ihr fühlte ich mich der Nacht durchaus gewachsen, egal, was sich da alles vor unsere Fenster verirren sollte – solange es nicht mehr als zwei Beine hatte.

Wir machten es uns vor einem uralten Horrorfilm gemütlich. Bela Lugosi gab sein Bestes, aber gruseliger als niedlich wurde es einfach nicht, also schilderte mir Ulrike ganz nebenbei die letzte Telefonsexsession mit ihrem neuen Liebsten, was mich ohnehin mehr interessierte als staubige von nekrophilen

Innenarchitekten eingerichtete Schloßinterieurs und nebelumwaberte schlecht angezogene Untote. Als sie mir gerade unter Kichern vormachte, wie ihr Freund quiekend durch die Nase grunzte und schnorchelte, wenn die Leitung langsam heiß wurde, hörten wir es wieder: Das Knacken aus dem Garten. Ich schlug vor, die Vorhänge zuzuziehen, aber Ulrike raunte mir zu: «Ich habe den Charme meiner Schwiegermutter und die Anmut eines Yetis, die Dame schnappen wir uns.»

Wir robbten also bäuchlings wie die Asseln aus dem Wohnzimmer, Ulrike mit einer leeren Rotweinflasche bewaffnet zur Hintertür und ich mit einer Taschenlampe in der Hand vorne heraus. Ich lugte vorsichtig um die Ecke. Tatsächlich: im Beet vor dem Schlafzimmerfenster stand eine dunkle Gestalt zwischen den Tulpen. Ich schob mich an der Hauswand entlang und hoffte, daß ich nicht in irgend etwas Krabbeliges greifen würde. Von der anderen Seite sah ich Ulrike heranschleichen. Dann machte sie ein Geräusch, das so ähnlich klang wie das Grunzen ihres Freundes, die Spannerin drehte sich um, und Ulrike stürzte sich auf sie. Beide gingen zu Boden. Und ich stand wie Prinzeßchen daneben, zuckte manchmal aus Solidarität, wenn Ulrike einen Hieb einstecken mußte, wußte aber sonst nicht, was ich hätte tun können, ohne mir die Fingernägel abzubrechen. «Wie wär's», keuchte Ulrike, als sie die Gestalt im Schwitzkasten hatte, «wenn du endlich mal die Taschenlampe einschalten würdest?» Die Idee war gut, und das tat ich dann auch gleich.

Im gelben Licht der Taschenfunzel sah mir schmerzverzerrt und verschwitzt Falks Gesicht entgegen. Ich war so perplex, daß ich gar nicht auf die Idee kam, Ulrike Bescheid zu sagen, wen wir da erlegt hatten. Erst als Ulrike ihren Griff fester zog und Falk aufstöhnte, murmelte ich noch völlig fassungslos: «Aber das ist ja Falk.» Und Ulrike ließ so schnell los, daß sie hintenüber ins Beet fiel und die restlichen Tulpen niedermähte. Ich half erst ihr und dann Falk hoch und zog ihn ins Haus. Ulrike verabschiedete sich taktvoll ins Gästezimmer, nachdem ich ihr versprochen hatte, ihr am nächsten Morgen alles haarklein zu erzählen. Falk saß auf dem Sofa, und Bela Lugosi, der immer noch in seinem komischen Outfit über den Fernseher taperte wie ein kurzsichtiger, rheumageplagter Transvestiten-Greis, sah fast noch fitter aus.

Ich versuchte, mir die Geschichte zusammenzureimen, kam aber zu keinem Ergebnis. Wieso war Falk hier und nicht in der Klinik? Wie konnte er gleichzeitig innen bei mir im Schlafzimmer sein und draußen vor der Tür als Spanner herumschleichen? Wem gehörte der Lackschuh? Ich gab es auf, nachzudenken. Man muß seine natürlichen Grenzen kennen. Falk saß auf der Sesselkante und sein Körper bildete ein großes, schuldbewußtes P. P für Peinlichkeit. «Also?» Ich versuchte, so richtig zickig zu klingen, obwohl ich nahe dran war, laut loszulachen. Und da erzählte er mir, daß das, was wir neulich im Bett gehört hatten, wohl tatsächlich eine Katze gewesen war. Den Schuh hatte er in Hellas Mülltonne gefunden. «Ich hab halt gedacht, es macht dich an, wenn uns eine Frau beobachtet.» Ich versuchte, nicht zu grinsen, denn das hatte es ja auch.

«Und wieso taperst du draußen durch die Botanik, statt bei Professor Mustu zu schuften?»

«Der eine Kollege war plötzlich doch wieder da, da gab's für mich nicht genug zu tun. Also dachte ich, ich komme zurück und erschrecke euch ein bißchen, damit du dich sicherer fühlst, wenn ich bei dir bin.» Er schluckte. «Ich hab mir halt gewünscht, daß du das Gefühl hast, daß du mich brauchst.» Die Absicht mochte ja goldig sein, aber mich zu erschrecken, damit er den Retter machen konnte, fand ich wirklich nicht sehr nett. Strafe mußte also sein. «Deine Rolle als Indiana Jones», sagte ich streng, «ist hier ein für allemal vorbei.» Er schluckte und wollte aufstehen, vielleicht hatte er es als endgültigen Rausschmiß verstanden. «Ich wäre allerdings geneigt», fuhr ich fort, «dich als Minnediener zu behalten. Dieser Minnedienst umfaßt die wortlose Erledigung sämtlicher Handreichungen im Haushalt, die in dein Ressort fallen, und besonders die Lobpreisungen der Hausherrin. Und damit», ich setzte mich auf seinen Schoß, «darfst du jetzt gleich mal anfangen. Also: lobpreise mich!»

Ich muß sagen, diese Form der Beziehung funktioniert. Falk trägt seitdem anstandslos unsere Getränkekästen, ohne daß ich ihn stundenlang bewundern muß, wie es nur Männer aushalten können, ohne rot zu werden. Und wenn er mich besonders wortreich gepriesen hat, meine Anmut, meine Intelligenz, meine Schönheit, die Form meiner Ohrläppchen, meinen elfengleichen Gang und meine Engelsstimme, dann lege ich meinen Zeigefinger auf seinen Mund, beuge mich zu seinem Ohr und erzähle ihm eine Geschichte. Und manchmal kommt darin eine attraktive, vernachlässigte Frau in roten Lackpumps vor, die sich nachts zu einsamen Häusern aufmacht, um uns dort zu beobachten. Und eines ist sicher: Sie bekommt immer etwas zu sehen.

Die Puppe

_____ Obwohl es schon lange kein Tabu mehr sein sollte, sah er sich mehrmals vorsichtig nach bekannten Gesichtern um, bevor er den Vorhang zurückschlug und eintrat. Mehrere einzelne Herren und ein junges Pärchen waren im Laden. Unauffällig überflog er die Regale. Magazinstöße, nackte Haut quadratmeterweise auf Video, eine Sado-Maso Grundausrüstung im Sonderangebot und allerhand Anzügliches aus Gummi. Das Pärchen spielte mit einem riesigen, batteriegetriebenen Plastikdildo. Die Frau kicherte. Er steuerte auf das Regal mit den Puppen zu. Gerade flanierte das Pärchen davor entlang. Sie flüsterte ihm etwas ins Ohr, worauf ihr Freund in halblautes Lachen ausbrach. Angestrengt starrte er auf die Potenzmittel, vor denen er stand. Hier war es egal, wohin er sah, er spürte, wie sein Gesicht plötzlich brannte. Jetzt unsichtbar sein, einfach verschwinden, vom Erdboden verschluckt werden. Vorsichtig näherte er sich den Puppen. Das Pärchen feixte inzwischen über Kondome mit Bananen- oder Pfefferminzgeschmack. Grellbunte Gummiaugen starrten ihn an, darunter runde, knallrot eingefärbte, weit aufgerissene, aufnahmebereite Münder mit dem krampfverdächtigen Lächeln amerikanischer Fernsehfrauen. Als käme gleich Bill Clinton. *Nice to mmm'eat you, Mr. President.* Alles pflegeleicht und abwaschbar. Er las *Veronique, special offer: three holes – one price.* Veronique hätte mit ihren Brüsten sofort eine Rolle in *Bay Watch* übernehmen können. Perfekte Hügel, abgerundete Pyramiden mit fingerdicken, fleischrot leuchtenden Nippeln. Daneben *Yvonne, die Jungfrau, gefühlsecht & extraeng*, eine schmale Mädchenfigur mit zart knospenden Brüsten, auf denen zierliche rote Triebe blühten. *Marissa – die heißeste Versuchung, seit es Frauen gibt*, eine rassige Mulattenschönheit mit dem Teint frisch angerührten Kakaos, die offenen Lippen und die Brustwarzen in der appetitlichen Farbe heißen Schokoladenpuddings. Eine Kolonie von Kunststoffsukkubi. Er entschied sich für Veronique und faltete ihre Vorderseite so zusammen, daß die Puppe keinen mehr mit ihrem schamlos bösen Blick anstarren konnte. An der Kasse zahlte gerade ein älterer Herr Hochglanzmagazine. Hinter ihm wartete das Pärchen; die Frau hielt mehrere exotische Kondome in der Hand, die mit Zacken, Noppen und Rubbelflächen wie futuristische Putzwerkzeuge wirkten. Er wandte sich noch einmal um, so als habe er etwas vergessen, und starrte ein Regal an, ohne wirklich hinzusehen. Endlich war die Kasse frei. Keinem, dem er in die Augen sehen mußte. Ungerührt stopfte die Verkäuferin Veronique in neutrales, braunes Packpapier und verknotete das Ganze mit einer Kordel. Die personifizierte Diskretion. «Macht neunundachtzigneunzig». Er zahlte, nahm das Paket an der Kordelschlaufe und ging.

Die ersten Sekunden entschieden, um nicht als Kunde erkannt zu werden. Mit einem flotten Sprung mischte er sich unter die Passanten, so, als sei er schon immer hier mitgelaufen. Oder vielmehr spaziert. Natürlich, kein Mensch rennt so über die Einkaufspassage. Er ging langsamer. Dem Paket sah man nichts an. Er steuerte auf ein Café zu, suchte einen freien Tisch mit Blick auf die Straße. Zufrieden ließ er sich in einen Rohrsessel sinken. Das Paket legte er auf den zweiten Stuhl. Gut getarnt, in dem lehmbraunen Papier. Er sah sich um. Niemand nahm Notiz von ihm. Er warf einen Blick auf die Zeitung, die ein Vorgänger auf dem Tisch liegengelassen hatte, aufgeschlagen war das Horoskop. Wie ein Geist tauchte die Kellnerin aus dem Nichts auf und fragte mit dem sparsamen Lächeln einer Pädagogikstudentin nach seiner Bestellung. «Kakao, heißen Kakao mit Sahne», sagte er. Sie ging. Er blätterte im Horoskop: Sie werden heute eine einmalige Begegnung haben, als er von einer weiblichen Stimme angesprochen wurde: «Ist hier noch frei?» Überrascht drehte er sich um. Eine junge Frau mit langem, braunen Haar strahlte ihn an und deutete fragend auf den Stuhl, auf dem sein Paket lag.

«Ja, ja», stotterte er verwirrt und beeilte sich, das Paket unter seinem Platz zu verstauen.

«Was ist denn da Wertvolles drin?» fragte sie und grinste. Sie zog die weinrot geschminkten Lippen auseinander, fast, als spreize sie den Mund, um eine Zunge zu entblößen, die anzüglich zwischen den Zähnen spielte. Ein Mund in lebendiger Bewegung, der einiges versprach. An dem lauen Sommertag trug sie ein knappes T-Shirt, aber keinen BH, so daß sich die weiche Form ihrer Brust plastisch abzeichnete. Wie zwei einsame Knöpfe stachen die Warzen hervor. Es fiel ihm schwer, sie nicht ständig anzustarren. Schon immer empfand er es als ungerecht, daß Frauen ihre Reize so offen zur Schau stellen konnten, während sie selbst für Blicke auf entblößte Männlichkeit nicht nur immun schienen, sondern diese sogar als lächerlich oder belästigend ansahen.

«Ach, eigentlich nichts Wichtiges, mehr so ...» Dankbar brach er den Satz ab, als die Kellnerin den Kakao brachte.

«Was trinkst du denn da?» fragte sie spöttisch. Ohne eine Antwort abzuwarten, bestellte sie für sich eine Irische Schokolade. «Und bringen Sie dem netten jungen Mann doch auch was Stärkeres, keinen Kindertrank.» Sie lächelte ihn an, so daß er nicht zu protestieren wagte. Eine hinreißende, eine Klassefrau, direkt neben ihm, noch nicht einmal einen halben Meter entfernt. Alles, was er sich schon immer erträumt hatte, sie war auf die Erde hinabgestiegen, hier war sie Fleisch geworden.

«Glaubst du an Horoskope?» fragte er und deutete auf die Zeitung. Es mußte doch ein neutrales Gesprächsthema geben, etwas, worüber er unverbindlich mit ihr reden konnte, ohne sofort eine Erektion zu verspüren.

«Nein. Dieses ganze esoterische Zeug ist Unsinn.» Mit einer schnellen Bewegung klappte sie die Zeitung zu.

«Hör mal, du gefällst mir», sagte sie dann, «ich möchte dich gerne mitnehmen auf einen spontanen Fick.» Er wußte nicht, was er sagen sollte. Statt dessen spürte er, wie sein Gesicht erglühte. Bestimmt vom Alkohol.

«Ja okay, ich habe noch nichts vor. Also zu mir oder zu dir?» fragte er so cool wie möglich. Sie grinste, nickte ihm zu und bezahlte alles. «Zu dir», bestimmte sie. Eilig wandte er sich vom Tisch ab, ohne unter seinen Stuhl zu blicken.

«Vergiß dein wichtiges Paket nicht», sagte sie.

«O ja, danke, … aber so wichtig ist es auch wieder nicht», stammelte er und spürte wieder die heiße Röte. Er fühlte sich ertappt, wie damals, als seine Mutter ohne zu klopfen eintrat und ihn mit beiden Händen unter der Bettdecke erwischte. Er hielt das Paket vor den Körper, als könne es ihn vor einem lüsternen Blick auf seine Jeans schützen. Sein Geschlecht war so weich wie seine Knie. Vielleicht würde sie es sich anders überlegen, wenn er keinen anständigen Ständer zustande brächte. Er versuchte, sich an anregende Bilder aus dem Sex-Shop zu erinnern. Schade, daß er heute morgen noch onaniert hatte. Hoffentlich war damit nicht alle Kraft zum Teufel. Aber wie hätte er wissen können, wozu es an diesem Tag noch kommen würde. Frauen sind da im Vorteil, sie können sich bei der Selbstbefriedigung nicht verausgaben.

Auf dem Weg zu seinem Appartement betrachtete er das unbekannte Wesen vorsichtig von der Seite. Ihm bebten die Beine so, daß er befürchtete, unterwegs zu stürzen. Auf keinen Fall wollte er das Paket in ihrer Anwesenheit öffnen. Hatte er seine Wohnung aufgeräumt? Die Pornovideos wieder unter den Computerbüchern versteckt?

Seine Hand zitterte, als er versuchte, die Wohnungstür aufzuschließen. Umständlich unterstützte er das Gelenk mit der anderen Hand.

«Soll ich dein Paket halten?» Er schüttelte den Kopf. Bloß nicht. Sie sollte den Inhalt nicht fühlen können. Er ertappte sich bei der Angst, sie könne durch das Papier die Umrisse ahnen und die nackten Formen der Puppe erkennen.

«Möchtest du was trinken?» fragte er, nachdem sie eingetreten waren. Wie geht es weiter, wie macht man das, eine Frau zu verführen, man kann sich doch nicht einfach ausziehen und den Körper auf sie werfen.

«Ja», antwortete sie. «Aber keinen Kakao.» Dabei lachte sie. Auf dem Weg zum Küchenschrank versteckte er wie beiläufig das Paket hinter dem Abfalleimer unter der Spüle. Aus der letzten Ecke angelte er die alte Cognac-Flasche, die er von Vater zum ersten Semester geschenkt bekommen hatte. Die dicke Staubschicht bezeugte, daß er sie seit dem Einzug nicht mehr angerührt hatte. Sie stießen an.

«Auf den spontanen Fick», sagte die Frau und lächelte wieder. Sie warf den Kopf in den Nacken und schüttelte ihr volles Haar, dabei erschien sie ihm noch unwiderstehlicher als im Café. Sie war mit Abstand die begehrenswerteste Frau, die ihn hier in seiner Bude jemals besucht hatte, wahrscheinlich die hinreißendste Frau, der er je begegnet war. Und jetzt? Müßte er sie in den Arm nehmen und küssen? Sich auf sie stürzen, ihr die Kleider vom heißen Leib reißen, ganz unvermittelt? Oder sollte er Kerzen aufstellen, für die Romantik? Bei Frauen wußte man nie, woran man war.

«Wie heißt du eigentlich», hörte er sich fragen. Eine Übersprungshandlung, erst einmal Zeit gewinnen, um die Situation besser zu überblicken.

«Vera», antwortete sie, beugte sich zu ihm rüber und küßte ihn. Volle Lippen schlossen sich um seinen Mund. Ihre Zunge, eine heiße, unruhige Schnecke drang in ihn ein. Sie schmeckte nach verdünntem Alkohol und reiner Begierde. Ihre Brüste rieben über seinen Körper, als sie sich an ihn drückte, dann begann sie, ihm das Hemd aufzuknöpfen, ohne den Kuß zu unterbrechen. Er war immer noch aufgeregt. Erleichtert spürte er jedoch, wie er sofort steif wurde. Sein Glied rieb sich am harten Stoff der Jeans, was die Erektion noch verstärkte. Er versuchte sie ebenfalls auszuziehen, wollte ihre Brust sehen, sie berühren, diese festen Halbkugeln, deren forsche Nippel ihn schon im Café erregt hatten. Bevor er dazu kam, ihr das Hemd über den Kopf zu streifen, machte sie sich schon an seiner Hose zu schaffen. Er hätte umfallen können vor Wohlgefühl, als er ihre Hand durch den Stoff fühlte, wie sie zielstrebig suchte und entschlossen über seinen Steifen fuhr, seine Form ertastete, begierig die Eichel drückte und dann sein bestes Stück vom Reißverschluß befreite. Er hätte vorher noch auf die Toilette gehen und ihn waschen sollen. Endlich zog sie sich selbst aus. Der Traum einer Frau, wie aus einer schwül-sündigen römischen Nachtbar. Stolz präsentierte sie sich in ihrer Nacktheit, reckte ihm die Brüste entgegen, die – anders als die künstlich aufgeblähten Ballons der Puppe – der Schwerkraft ihren Tribut zollen mußten. Geil starrten ihn die frech aufgerichteten Warzen an, darunter der weiche Bauch, und dann das magische Dreieck. Sie war rasiert. Die Lippen wölbten sich hervor, in der Mitte glitzerten sie feucht. Er wußte gar nicht, wo er anfangen sollte, da ergriff sie seinen Kopf, zog ihn sanft, aber bestimmt an sich heran und küßte ihn, bis ihm die Luft ausging. Mit der Hand fühlte er eine Brust, spielte mit der Warze in echtem Rot, die sich willig bewegen ließ, aber immer wieder in die Ausgangsposition zurückkehrte, als fordere sie ihn zu immer neuen Zärtlichkeiten auf. Mit Inbrunst leckte er über ihren Busen, lutschte daran, als sei er in der Zeit zurückgefallen, wieder zum Neugeborenen mutiert, für den diese Brust der Gipfel der Genüsse war; selbst wenn drum herum die Welt in Scherben zerfallen wäre, hätte ihn das nicht gekümmert, nicht an dieser wundervollen Brust, einer echten Brust einer lebendigen Frau. Sie zu spüren war so wundervoll, daß er befürchtete, mit einer unbedachten Handlung den magischen Moment zu zerstören. Gierig wie ein Ertrinkender sog er ihren Geruch ein, den wundervollen Duft einer blühenden Frau, süß-sauer der Schweiß, darüber ein betäubendes Parfüm, das sich so betörend und unwiderstehlich mit den natürlichen Ausdünstungen dieses heißblütigen Körpers mischte. Frauen waren etwas Wunderbares. Wie hatte er das vergessen können? Wie armselig war da die kurze Befriedigung mit der eigenen Hand, nur um wieder für eine Weile Ruhe zu haben im eigenen Geschlecht, das ihm manchmal wie abgetrennt von seinem Geist, seinen Gedanken erschien, als führe es ein Eigenleben. Ein Eigenleben, das es mitunter schwermachte, ohne Reaktion auch nur die sommerliche Einkaufsstraße mit den vielen attraktiven weiblichen Leibern entlangzuschlendern. Ob es Frauen auch so ging? Trotteten sie mit feuchten Höschen durch die Stadt? Bisher hatte er sich das nie vorstellen können.

Wie ein vorsichtiger Kundschafter tastete sich seine Hand über die erhitzte Haut des Bauches, strich zunächst über die Oberschenkel, wollte er doch ihrer Zustimmung sicher sein, bevor er dazwischenfuhr. Ihr leises Aufstöhnen, mit dem sie ihm sacht ins Ohr biß, verstand er als Aufforderung und wagte sich weiter vor. Noch weicher als die Lippen des Mundes, noch feuchter, als liefe dieser Höhle schon das Wasser der Vorfreude zusammen. Sie gab ein wenig in den Knien nach und ihre heiße Spalte öffnete sich seinem neugierigen Finger. An der Spitze ihres Beckens, wo sich die Häute der saftigen Muschel trafen, spürte er das Zentrum ihrer Lust, wie eine dezent getragene, kleine Frucht. Ihr Atem ging hörbar schneller, was ihn noch mehr reizte. Langsam ließ sie sich auf das Bett sinken, in dem der Samen einsamer Nächte vor sich hin dorrte, und zog ihn mit sich. Seine Langsamkeit ausnützend, ergriff sie seinen Penis und schob die Haut zurück, so daß die Eichel feucht glänzend vor ihr strammstand wie ein Leuchtturm. Er mußte schon sehr geil sein, wenn ihm vorher bereits diese zähen fädenziehenden Tropfen kamen. Nur als Junge, als er noch nicht so recht mit seinem Körper umzugehen wußte, hatte er sie regelmäßig beim Anblick erotischer Pin-up-Girls verspürt und zuerst sogar für einen Erguß gehalten. Bis zu dieser schicksalhaften, ersten Nacht, als er von einer reifen Frau träumte, die mit entblößten Brüsten am Strand mit geschlossenen Augen in der Sonne lag. Bei der Vorstellung, diesen Busen zu berühren, war er im Schlaf gekommen, sein Becken hatte unkontrollierbar gezuckt, eine elektrische Entladung, die schaudernd den Rücken hinabfuhr wie ein Blitz, und dann hatte er sich in Wellen ergossen, wieder und wieder.

Quälend langsam näherte sie lüstern lächelnd ihre Lippen seiner Männlichkeit, in die sich sein gesamtes Bewußtsein konzentrierte – jetzt verspürte er nur noch einen Wunsch. Wie ein läufiges Tier leckte sie über die Spitze, wo jeder Millimeter Berührung die Spannung erhöhte, heiß und drückend wie vor einem Gewitter. Endlich umschloß sie ihn, ein Gefühl, von dem er schon lange geträumt hatte, warm und weich, das ihn noch mehr wachsen ließ, als sei er kurz davor zu platzen, weil die Begierde, die Geilheit so anschwoll, daß der Platz in seinem ganzen Körper nicht mehr dafür ausreichen könnte. Allein der Anblick, wie er in ihrem Mund verschwand, brachte ihn kurz davor, hemmungslos abzuspritzen, und so führte er – obwohl es ihm unglaublich schwerfiel – ihren Kopf zurück, um sich auf sie zu legen. Mit der Hand bedeutete sie ihm, sich zuerst hinzulegen. Er gehorchte, auch wenn er sich merkwürdig vorkam, lang ausgestreckt zu liegen, während einzig sein Glied steil aufragte. Vorsichtig setzte sie sich auf ihn, führte ihn ein, er spürte, wie sie ihn eng umschloß, begleitend von einem ungehemmten Laut ihrer Lust. Zu guter Letzt beruhigte sich sein Kopf, wurde er ganz geiler Schwanz, auf dem ein traumhaft verführerischer Körper im sich steigernden Rhythmus ritt, das Becken vor Begierde tanzte. Er hätte Musik auflegen sollen. Ihm wurde fast schwindelig, gleich würde er kommen, er mußte es zurückhalten, damit auch sie käme, und so versuchte er an etwas anderes zu denken, an das Café, die Kellnerin sah auch nicht schlecht aus, nein, das war das Falsche, er erinnerte sich an den Mann im Sexshop, was würde er mit all den Magazinen machen, und wieder sah er nur Brüste vor sich, ergriff die vollen Früchte, die mit jedem Stoß aneinanderklatschten, richtete sich mit aller Kraft im Bauch so weit auf, daß er sie mit dem Mund erreichen konnte, und nuckelte, ließ dabei seine Stimme teilnehmen am Konzert der Lust, mit dem sie den Raum ausfüllte. Ihre Bewegungen steigerten sich, heftig rieben ihre Geschlechter aneinander, trieben sie hinauf, er fühlte sich kommen, es gab kein Zurück mehr, er konnte nur noch weiter zustoßen, sich schwindelig ihrem schweißnassen Körper entgegenwerfen – bis es aus ihm hemmungslos herausfloß, er losspritzte, explodierte, sein ganzer Leib pumpte und pumpte. An ihrem verkrampften Griff, mit dem sich ihre Fingernägel in seinen Rükken bohrten, spürte er, daß sie auch gekommen war. Glück gehabt.

Sie lagen zusammengekuschelt, bis es dämmerte. «Warum hast du es eigentlich nicht aufgemacht?» fragte sie ihn.

«Was?»

«Na, das wichtig-unwichtige, unheimlich-heimliche Paket, das du die ganze Zeit mit dir rumschleppst.»

«Ach, das war nicht so dringend. Hab ich dir doch schon gesagt.»

«Ich gehe duschen», sagte sie. Er gab ihr ein Handtuch. Als sie die Tür hinter sich geschlossen hatte, holte er das Paket hervor. Er mußte es irgendwie loswerden. Scheiß auf das Geld. Außerdem brauchte er die Puppe ja nicht mehr. Er hatte jetzt eine richtige Frau. Und die war um Welten besser. Als er versuchte, die Plastikpuppe in den engen Abfalleimer zu stopfen, stieß er mit dem Kopf an das wacklige Küchenregal. Das Glas mit den Stiften fiel um und überschüttete den Abfalleimer mit dem Inhalt. Die Stifte kullerten über seine Füße, wie ein Wurfmesser stach die Schere in die linke Puppenstirn.

Bevor sie zurückkommen konnte, warf er die Puppe eilig in einen Putzeimer, den Aufnehmer flott darübergeworfen.

«Willst du heute nacht hierbleiben?» fragte er so neutral wie möglich.

«Wenn du nichts dagegen hast», antwortete sie. «Ich habe Hunger.» Er briet Spiegeleier. Als er ihr den Teller hinstellte, bemerkte er eine Wunde, die sich auf ihrer Stirn abzeichnete.

«Was ist passiert?» fragte er.

«Das ist nicht schlimm, nur ein oberflächlicher Kratzer. Ich hab mich wohl in deinem engen Bad gestoßen», antwortete sie. «Hast du vielleicht ein Pflaster da?» Er kramte eine uralte Packung mit bunten Kinderpflastern hervor. Er pappte ihr die Hexe aus Hänsel und Gretel auf die Stirn.

Nachdem sie gegessen hatten, legten sie sich ins Bett und schmusten. Er lag wach, spürte ihren warmen Körper und lauschte ihren regelmäßigen Atemzügen. Als er sicher war, daß sie schlief, stand er auf und zog sich an. Er nahm den Putzeimer mit der Puppe und schlich in den Hof. Sicherheitshalber würde er das Paket in den Container des Nebenhauses werfen, damit sie es nicht einmal fände, wenn sie danach suchte. Als er die Klappe mit einem dezenten Quietschen zurückgeschoben hatte, hörte er eine unangenehm vertraute Stimme.

«Hallo junger Mann, was machen Sie da am Container?» Es war die Nachbarin aus dem ersten Stock. Sie könnte fast seine Großmutter sein, hatte aber gar nichts Großmütterliches an sich. Wie ein Höllenhund wachte die Schreckschraube über das Haus. «Sie wissen doch, der links ist für die Nummer 23.» Er grummelte etwas Unverständliches, das sie für eine höfliche Antwort halten sollte, und ging zu dem anderen Container. Er spürte ihren Blick im Rücken brennen wie die Strahlen der Augustsonne auf einem frischen Sonnenbrand. Vorsichtig schob er die Puppe unter prall gefüllte Mülltüten und ging zurück. Als er ins Bett kam, schlummerte Vera immer noch friedlich. Gut, dachte er und kuschelte sich an ihren warmen Rücken.

Am nächsten Morgen kochte sie bereits Kaffee, als er aufwachte. Mit einem langen Zungenkuß begrüßte sie ihn. Dann tastete sie unter der Bettdecke nach seiner Morgenlatte. «Gott sei Dank, es ist noch da, das gute Stück», sagte sie. «Kannst du ihn so halten? Ich hole nur eben Brötchen, dann steigt die nächste Runde.»

«Ich trinke ihn mit Zucker», sagte er und hielt die Tasse hoch.

«Oh, ich hatte ganz vergessen, du magst es süß. Wo steht er?»

«Oben links im Küchenregal.» Sie kramte kurz, dann klapperte es und klirrte. Er hatte vergessen zu erwähnen, wie wackelig es war.

«Scheiße, mir sind zwei Teller runtergefallen. Ich bring sie gleich in die Mülltonne.»

Er versuchte zu protestieren: «Nicht in die Mülltonne ... laß mich das doch später machen ...» Nicht auszudenken, wenn sie die Puppe fand.

«Keine Widerrede! Immerhin habe ich sie kaputtgemacht.» Sie zwang ihn mit einem langen Kuß zum Schweigen und stellte die Zuckerdose ans Bett. Dann ging sie. Er wollte ans Fenster treten, um sie im Hof zu beobachten, aber er traute sich nicht.

Als sie zurück kam, hatte sie wirklich nichts entdeckt oder sie ließ es sich nicht anmerken. Zärtlich legte sie den Arm um seine Hüfte.

«Warum bist du nicht im Bett geblieben», schimpfte sie freundlich und griff ihm zwischen die Beine. «Jetzt müssen wir von vorne anfangen.»

In der Ferne hörte er das Rumpeln der Müllabfuhr. Nur noch ein paar Minuten und die peinliche Puppe würde seinem neuen Verhältnis nicht mehr im Weg stehen.

«Ich muß mal eben auf Toilette», sagte er.

«Nein», sagte sie. «Bleib hier! Bitte!»

«Aber Vera, ich gehe doch nur aufs Klo und nicht zur Fremdenlegion.» Ihr energischer Tonfall irritierte ihn. Sie versuchte ihn festzuhalten, klammerte sich an ihn wie ein verängstigtes Kind. Er riß sich los und ging ins Bad. Seine Morgenlatte war immer noch hart. Er würde es ihr noch mal besorgen, daß ihr hören und sehen verging. Während er pinkelte, hörte er die Müllmänner im Hof rappelnd die Container auskippen.

«Achtung, Vera, ich komme», rief er. Sie antwortete nicht.

Stille. Sein Appartement war leer. Auch ihre Sachen fand er nicht mehr. Die Fenster waren immer noch geschlossen. Durch die Tür konnte sie auch nicht gegangen sein, dann hätte sie an der Toilette vorbeigemußt. Sie war einfach weg. Verschwunden, wie vom Erdboden verschluckt. Er blickte auf den Tisch. Alles zum Frühstück bereit, gedeckt für zwei. Auf dem Boden lagen weiße Splitter, die Teller von gestern noch auf dem Spülberg. Er kramte in seiner Hose und fand die Quittung. *Veronique*, neunundachtzigneunzig. Jetzt waren beide verloren. Noch nicht mal hatte sie ihn nach seinem Namen gefragt.

JOHN UPDIKE
São Paulo

_____Sie nahmen den Zug nach São Paulo. In südwestlicher Richtung schlängelte er sich an der Küste des Atlantischen Ozeans entlang, und immer, wenn eine Kurve es dem Sonnenlicht erlaubte, in einem dichten Strahlenbündel durch die verschmutzten Fenster zu dringen, sah man die Staubwolken, die aus dem verblichenen Plüsch der Polster aufstiegen. Isabel trug ihren kleinen Strohhut, den schwarzen, und den Ring mit der DAR-Gravur, den ihr Tristão geschenkt hatte. Auf der linken Seite des Zuges zogen kleine Fischerdörfer mit roten Ziegeldächern vorbei, kegelförmige alte Zuckerfabriken, nickende Palmen und die weißen, in der Sonne blitzenden Sicheln von Stränden, die vom funkelnden blauen Wellenschlag des Meeres geschliffen wurden. Zur Rechten türmten sich baumbekrönte Felsenkuppeln, aufragende Brotlaibe aus Granit. Brasilien besteht zum größten Teil aus einem riesigen, leicht hügeligen Tafelland; die Küstengebirge sind die Tischbeine, auf denen diese Tafel ruht. Während der Zug mühsam die Steigung der Serra do Mar bezwang, geduldig an menschenleeren Bahnhöfen ohne ein- oder aussteigende Fahrgäste hielt und Tristão und Isabel ihrer Zukunft entgegentrug, war das Liebespaar eingeschlafen. Die Köpfe ruhten schwer wie Zuckersäcke an der Schulter des anderen, und ihre Hände lagen ineinander verschränkt, aber nichts voneinander spürend, in ihren Schößen. Wieder erwacht, redeten sie über sich. Es gab noch so vieles aneinander zu erforschen, so viel vom anderen zu erfahren.

«Ich mochte deine Mutter gern», sagte Isabel, «auch wenn sie mich nicht gerade ermutigt hat.» Tristão bewunderte den Ausdruck in Isabels Gesicht, wenn sie etwas sagte, das eine Reaktion hervorrufen sollte. Ihr Mienenspiel vibrierte vor Spannung, vor innerem Überdruck wie ein praller Tautropfen, der im Begriff ist, aufzuplatzen und zu zerlaufen. Ihr Mund zog sich in solchen Augenblicken zu einer leichten Schnute zusammen, so daß über ihrer Oberlippe, unter dem kaum sichtbaren Flaum, eine Reihe von winzigen Fältchen aufbrach.

«Das war sehr schön von dir, aber sie hat keinerlei Respekt verdient, von keinem von uns. Sie ist schlimmer als ein Tier, denn ein Tier kennt wenigstens Muttergefühle. Vögel brüten ihre Eier aus und füttern die Jungen, aber meine Mutter empfindet nicht mehr für mich als für einen Klumpen von ihrer Scheiße.»

«Hattest du nicht den Eindruck, daß sie mich mochte? Hast du gesehen, daß sie Tränen unterdrücken mußte, als ich ihr den Kerzenleuchter gab?»

«Hab ich nicht gesehen. Aber es ist ja auch ziemlich dunkel in der Hütte.»

«Wer war das Mädchen am Herd?»

«Meine Schwester, glaube ich.»

«Weißt du das nicht?»

«Sie ist einfach so aufgetaucht, eines Tages.»

«Hast du jemals mit ihr geschlafen?»

«Hab ich vergessen. Ehe ich dich am Strand sah, habe ich für keine Frau besonders viel empfunden.»

«Du lügst, Tristão. Ich glaube, daß du mit ihr geschlafen hast. Deshalb wollte sie mir nichts zu essen geben. Wann hattest du dein erstes Mädchen?»

«Es war eine Frau, eine Frau, die mir alt vorkam, eine Kumpanin meiner Mutter. Sie wollte, daß ich ihn reinstecke, von vorn und von hinten. Ich war elf. Es war ekelhaft, einfach schrecklich. Meine Mutter hat zugesehen.»

«Und später? Es kamen andere, weniger ekelhafte?»

Er wollte nicht länger über dieses Thema reden, aber schließlich räumte er ein: «Die Mädchen in der *favela* sind leicht zu verführen. Sie wissen, daß ihr Leben kurz sein wird, und deshalb sind sie großzügig und sorglos.»

«Gab's da jemals ... irgendwelche, die du besonders geliebt hast?»

Er dachte an Esmeralda, an ihre buschigen Haare, ihre schlanken, dämmerdunklen Glieder, an ihre Unberechenbarkeit, wie bei einem Schoßtier, das zu dumm ist, um etwas zu lernen, und er wollte diese Erinnerungen in den Windungen seines Gedächtnisses verbergen, und er fühlte sich schuldig deswegen. Isabel spürte, daß er etwas zurückhielt, und es tat ihr weh, und sie erzählte ihm, wie aus Rache, von den Tagträumereien ihrer zarten achtzehn Jahre, die sich um Jungen gedreht hatten, um Söhne aus dem Freundeskreis von Onkel Donaciano und Tante Luna, aus sicherer Distanz beäugt bei Essenseinladungen oder am Swimmingpool, in der Hitze des Januarurlaubs in Petrópolis. Während sie noch redete, schlief er wieder ein, und seine Hände mit den langen Fingern, dem braunen Rücken, den Innenflächen von der Farbe von Silberpolitur, die Handlinien wie eingraviert, sanken offen in seinen Schoß. Vor den Zugfenstern erstreckte sich meilenweites Hügelland unter einer grellgrünen Decke von Kaffeebäumen.

Als sie an der Estação da Luz in São Paulo ankamen, brach gerade ein schwerer Gewittersturm los, der Regenschleier durch die Straßen jagte und die Spitzen der höchsten Gebäude in Wolken hüllte. Die Menschen hasteten, windzerzauste Zeitungen über dem Kopf, von Portal zu Portal und drängten sich in den Bogengängen der Bahnhofshalle, wo es nach einer dampfigen Herde roch. Die Bahnhofshalle war ganz aus Eisen und prunkte mit Balkonen wie aus durchbrochener Spitze und zahllosen viktorianischen Verstrebungen. Schon jetzt spürten sie, daß São Paulo keine Grenzen kannte. Diese Stadt war nicht eingezwängt zwischen Meer und Bergen wie Rio, sie war ein Teil des endlosen *planalto*, ein Hafen an seinem Rand. Vieh und Kaffee aus dem Hinterland waren durch diesen Trichter geflossen und hatten die Stadt reich und riesig und herzlos gemacht.

Als der Regen aufhörte und schwaches gelbes Sonnenlicht die Pfützen und die noch gurgelnden Rinnsteine, die grünen Telefonzellen und die Zeitungsstände vergoldete, an denen *O Globo* und *Folha de S. Paulo* an Leinen geheftet wurden wie Wäsche zum Trocknen, fanden sie ein freies Taxi und befahlen dem Fahrer, sie zu dem einzigen Hotel zu bringen, das Isabel kannte, dem Othon Palace, in dem sie vor zehn Jahren mit ihrem Vater für ein Wochenende gewohnt hatte. Ihre Mutter war damals schon tot, und sie erinnerte sich an eine großgewachsene Frau, die dabeigewesen war und sich mit zuviel Wärme um Isabel gekümmert hatte. Sie hatte ihr Süßigkeiten und Modeschmuck gekauft und sie umarmt wie eine Schauspielerin, die den Part einer Mutter probt, aber sie war viel zu aufgetakelt und zu jung für diese Rolle. Der Portier, ein schlanker junger Mann mit großen roten Ohren, einem Mittelscheitel und eng an den Kopf geklatschten Haaren, warf einen Blick auf sie und einen Seitenblick auf Tristão, auf sein dünnes blaues Baumwollhemd – sein bestes –, auf seine ausgebleichten Shorts und auf die langen schwarzen Beine, die darunter sichtbar wurden, um dann zu verkünden, daß alle Zimmer belegt wären. Isabel unterdrückte die Tränen, die ihr in die Augen stiegen, und fragte, wo sie dann sonst hingehen sollten. Der Portier schien es gut mit ihr zu meinen, wenn er auch gegen seine berufsmäßige Hochnäsigkeit ankämpfen mußte; er erinnerte sie an manchen ihrer Cousins. Mit seinen milchigblauen Augen – deren Wimpern fast weiß waren, wie bei einem Schwein – schielte er nach allen Seiten, um sicherzustellen, daß er nicht beobachtet würde, und schrieb dann auf ein Blatt Othon-Palace-Briefpapier *Hotel Amour*, gefolgt von der Adresse, zu der er im Flüsterton erläuterte, wie man hinfand: über den Viaduto do Chá bis zur Avenida Ipiranga, dann rechts und um eine Menge schwieriger Ecken. Schnell gehen, empfahl er noch, und sich nicht von Fremden ansprechen lassen.

Der Name des Hotels war in flimmerndem Neon an den Abendhimmel geschrieben, in einer schwungvoll schräggeneigten Schrift, wie die Nonnen sie Isabel beizubringen versucht hatten. Statt dessen war ihre Handschrift immer steil und rundlich geblieben. Das Hotel war einmal das Stadthaus eines Kaffeepflanzers gewesen und hatte luftige Räume mit gewölbten Decken, die nun freilich in jeweils mehrere Gästezimmer unterteilt und mit kunststoffurniertem Mobiliar der fünfziger Jahre ausgestattet waren. Das Bett war ein schlichter Kasten, und die Bilder an der Wand zeigten glotzende Gassenjungen mit übergroßen Augen, aber von der Decke hing ein Ventilator herab, der seine vier trägen Flügel auf das Knipsen eines Schalters hin gehorsam in Bewegung setzte, und es gab mehrere Spiegel in vergoldeten Rahmen und eine Kommode und einen Garderobenschrank aus einem süßlich duftenden dunklen Holz. Isabel fühlte sich wie eine Frau von Welt, als sie ihre Kleider auspackte und verstaute und es sich auf dem Sofa bequem machte und den Zimmerservice anrief, um Speisen und Getränke zu bestellen, als wäre es das Selbstverständlichste auf der Welt. Der Portier war ein fetter Italobrasilianer ohne Schlips und Kragen, der keinen Augenblick gezögert hatte, ihnen ein Zimmer zu geben, während der Page, ein Mulatte, nach dem Hinauftragen der Reisetaschen seine Hand so lange aufhielt, bis sie das Trinkgeld erhöhten, worauf er die Zimmertür schloß und draußen vernehmlich auf den Boden spuckte. Doch wie die Tage vergingen, begann das Personal, sie ins Herz zu schließen; nur die wenigsten Gäste blieben länger als ein oder zwei Stunden. Es gab einen kleinen Innenhof, in dem ein verwilderter Bougainvilleastock zu gewaltiger Größe herangewachsen war und ihnen Schatten spendete, wenn sie mittags, nach der Rückkehr von ihren Einkäufen, auf einer abgesessenen Holzbank, auf der sich schon der alte Kaffeepflanzer und seine Frau ausgeruht haben mußten, ihren Kaffee einnahmen.

Ihr Packen Cruzeiros verlor täglich an Wert, und so schien es ein Gebot der Sparsamkeit, ihn schnellstmöglich zu verbrauchen. Sie gingen in die Avenida Paulista und die Rua Augusta und kauften die Kleidung, die sie für das Leben in der Stadt brauchten. Sie speisten in Restaurants, in denen elegante Frauen paarweise an kleinen Tischen saßen, aus hohen Gläsern Cocktails schlürften und sich bemühten, ihre Nasen nicht mit den Orangenscheiben kollidieren zu lassen, die auf den geeisten Rändern steckten. Unter den runden weißen Tischen wisperten ihre endlos langen Beine in seidigen Strumpfhosen, die hinauf zu den Hüften entblößt von kürzlich Mode gewordenen Miniröcken. Rund um sie her erhob sich São Paulo in Wolkenkratzern aus Zement und Glas, die das Wirtschaftswunder der Generäle bezeugten. Wenn sie gefrühstückt und sich geliebt und gemeinsam geduscht hatten – was oft der Auftakt zu einem neuen Liebesspiel war –, traten Isabel und Tristão auf ihren kleinen Balkon hinaus und wurden von der schwindlig machenden Schlucht begrüßt, die sich vor ihnen erstreckte, gesäumt von einem Wildwuchs von Gebäuden in Gußbeton, der noch vom Regen der vergangenen Nacht gesprenkelt war, und erfüllt vom grellen Mosaik des Straßenlärms. Die anonyme Unermeßlichkeit von São Paulo schien damals wie eine Hoffnung, wie ein riesiges, verzücktes Publikum, das schwerfällig applaudiert. Isabel fühlte in ihrem Inneren ein neues Ich, überlebensgroß wie eine Opernheldin, prahlerisch in seiner Weiblichkeit.

Daß sie Tristãos materielle Wünsche nur mit Geld befriedigen konnte, das sie ihrem Onkel gestohlen hatte, ließ sie mit wachsender Besessenheit um seine physische Befriedigung besorgt sein. Sein Glied, so klein in erschlafftem Zustand, ein Säugling unter dem Häubchen der Vorhaut, konnte ihr Angst einjagen, wenn es zu einer Yamswurzel heranwuchs, steif und dick mit einem lavendelfarbenen Knauf und knorpeligen, purpurschwarzen Adern und Venen. Mit ihrem zarten weißen Körper machte sie sich zur Meisterin dieses Ungeheuers. Die Extreme der Lust, die sie ihm bereitete, steckten die Grenzen ihres Frauseins ab. Gemeinsam sahen sie sich Pornofilme auf dem gebührenpflichtigen Kanal des Hotelfernsehers an, und sie beeilten sich, dem nachzueifern, was die Frauen dort vorführten. Von Mündern hatte sie gewußt, aber sie wollte zuerst nicht glauben, daß Frauen ihren Allerwertesten zu dem hergeben könnten, was sie in den Filmen sah. In den Arsch rein kostet extra, hatte Ursula gesagt. Tristão fand diese Variante unappetitlich, aber sie bestand darauf. Und wirklich, nach einiger Zeit spürte sie noch etwas anderes als Schmerz, eine Berührung ihres Innersten. Auch dies war eine Facette ihres Seins, eine erkundete Grenze. Unterwerfung war eine Reise in die Nacht, von der sie geläutert zurückkehrte.

«Ich bin deine Sklavin», sagte sie zu ihrem Geliebten. «Benutze mich. Peitsch mich aus, wenn es dir Spaß macht. Du kannst mich sogar schlagen, wenn du willst. Paß nur auf, daß meine Zähne nicht kaputtgehen.»

«Liebste, bitte!» Tristãos Lächeln wirkte fast albern. Er war fleischiger geworden und weichlicher in seinen Bewegungen.

Er trug einen geblümten Seidenpyjama aus einem Laden in Consolação, der sich Krischna nannte. «Ich habe nicht die geringste Lust, dir weh zu tun. Die Männer, die ihre Frauen schlagen, sind nur zu feig, es mit anderen Männern aufzunehmen.»

«Feßle mich. Verbinde mir die Augen. Und dann berühre mich ganz sanft, ganz sanft, und dann sei wild. Ich sehne mich nach einer Welt, die nur noch aus dir besteht, rund um mich, wie die Luft, die ich atme.»

«Liebste, also wirklich!» tadelte ihr tapferer Ritter, der nur widerstrebend auf die Fülle der sexuellen Gunsterweise einging, die sie für ihn ersann. Sie ritt rücklings auf seiner Wurzel, sie züngelte an seinem After, sie trank seinen Samen. Nachdem sie etliche einschlägige Szenen auf dem Pornokanal studiert hatte, kam sie zu dem Schluß, daß es für Tristão die Erfüllung sein müsse, sie mit einem zweiten Mann zu teilen und durch sie als Medium mit dem anderen zu kommunizieren. Ihre Wahl fiel auf den Hotelpagen, der auf den Boden vor der Zimmertür gespuckt hatte, einen braunen, breitgesichtigen Burschen, der sie an Euclides erinnerte. Mit seinen mandelförmigen Augen versuchte er schüchtern, für einen fragenden Sekundenbruchteil, Kontakt mit ihr zu knüpfen, wann immer sie die Hotelhalle betrat. Nun beschrieb sie ihm errötend ihren Wunsch und erkaufte seine Einwilligung mit Hilfe des dahinschmelzenden Cruzeiro-Päckchens. Tristão war schockiert, als sie ihm ihren Plan eröffnete – fünf Minuten, bevor der verlegene Page, jetzt ohne Uniform, mit einem rührend frischgebügelten Hemd und einer Freizeithose aus Polyester bekleidet, an ihrer Zimmertür erschien.

Sie fürchtete, daß Tristão den Jungen hochkant hinauswarf, doch galant und allen ihren Wünschen dienstbar, wie er war, ließ er dem Geschehen seinen Lauf und spielte die ihm zugedachte Rolle. In Spiegeln, die rund um den Schauplatz arrangiert waren, sah Isabel ihren weißen Leib eingekeilt zwischen Braun und Schwarz, ein Brücke aus Fleisch, auf der der Verkehr in zwei Richtungen ablief. Doch selbst im Augenblick des technischen Triumphs, des doppelten Orgasmus, als die Zuckungen des Fremden in ihrer Scheide pochten und Tristão säuerlich in ihr Gesicht explodierte, fühlte sie deutlich, daß dieses Experiment ein Fehler gewesen war. Es gab Grenzen, die nicht ihr allein gehörten. Der junge Bursche, dessen Gesicht Scham bezeugte und dessen Körperhaltung Stolz, blieb einen peinvollen Augenblick lang im Zimmer stehen, als warte er auf ein Trinkgeld oder auf die Einladung, wiederzukommen, dann spürte er die Gefahr, die in Tristãos Blick lauerte, und suchte das Weite. Es war ihr erster Seitensprung gewesen.

Majestätischer Hochmut war Tristãos Reaktion auf diesen Auftritt, den sie inszeniert hatte, und alle ihre Tränen und verzweifelten Entschuldigungen reichten nicht hin, den Turm zu schleifen, zu dem er geworden war. Draußen versanken die zahllosen Bauten São Paulos in der Dämmerung, und nur wenige fahle Lichter gingen in den Fenstern an, als lebte in jedem dieser Zimmer ein Paar in Streit und Sorgen wie sie.

«Du hast mich besudelt», sagte er. «Niemals hättest du dich vor einem Mann aus deinen eigenen Kreisen so zur Hure gemacht. Du meinst, weil ich schwarz bin und aus dem *favela* komme, habe ich kein Schamgefühl und bin kein zivilisierter Mensch.»

«Ich wollte dir einen Gefallen tun», schluchzte Isabel. «Ich weiß vom Fernsehen, was die Männer wollen. Ich habe versucht, unsere Liebe durch die Gegenwart eines Zeugen zu bereichern. Glaubst du etwa, ich habe mich nicht erniedrigt gefühlt? Mir hat gegraust, als ich ihn in mir spürte. Aber deine Lust ist meine Lust, Tristão.»

«Ich habe nicht viel Lust empfunden», sagte er versteinert,

nachdem er sich alle Kissen des gemeinsamen Bettes, ihre und
seine, in den Rücken gestopft hatte. Er trug nur die Hosen seines Seidenpyjamas und sah aus wie eine Frau in Haremstracht.
«Du dagegen, du hast deine Lust gehabt, nämlich die Lust, eine
Nutte zu sein. Du hast dich in die warme Scheiße gelegt, *porra*
von vorn und von hinten.»

«*Sim! Sim!*» rief sie und ließ sich, wie von einer jähen Er-
leuchtung gefällt, flach auf das Bett neben ihn fallen. Sie de-
monstrierte das Ausmaß ihrer Selbstverleugnung, indem sie
für ihren Kopf nicht einmal den Zipfel eines einzigen seiner
vielen Kissen beanspruchte, sondern ausgestreckt liegenblieb
wie eine Tote im Leichenschauhaus. «Ich bin eine Nutte, ich
bin schlimmer als deine Mutter, die ihre Armut als Entschuldi-
gung hat.»

«Du glaubst, *ich* bin Scheiße wegen meiner Hautfarbe. Wie
dieser Lackaffe von Portier im Othon Palace. Du glaubst, ich
komme von so weit unten, daß ich noch nie von Ordnung und
Ehre gehört habe. Aber Hoffnungen auf eine Ordnung und auf
Ehre gibt es überall – die Geister selbst bringen sie uns. Wir alle
wissen, was Ordnung und Anstand und Ehre bedeutet, auch
wenn wir sie nie zu sehen bekommen.»

«Laß mich deinen Engelskörper küssen, Tristão, überall. Sag
mir, was ich tun muß, um deine Liebe – nein, das wage ich
nicht zu sagen, sondern: um deine Erlaubnis wiederzugewin-
nen, deine Sklavin zu sein.» Sie stemmte sich gerade weit genug
in die Höhe, um mit ihrer Zunge über eine seiner Brustwarzen
zu flattern. Ungeachtet seines herrscherlichen Zorns begann
sich der kostbare, kleine, sinnlose Knopf zu versteifen.

«Unsere Geschicke sind miteinander verschmolzen», sagte
er, als verkünde er sein eigenes Todesurteil, und dann ver-
paßte er ihr einen Schlag mit der flachen Hand, der ihren
Kopf von seiner Brust wegschleuderte. «Du hast diesen Trottel

an deine Fotze gelassen. Was ist, wenn er dich geschwängert hat?»

«Ich hab nicht darüber nachgedacht. Ich wollte ihn dort haben, wo ich ihn nicht sehen kann, und dich wollte ich dort, wo ich alles sehen und schmecken konnte.»

«Dann wird dir auch das hier schmecken», sagte er und schlug sie wieder, aber mit der offenen Hand, um keine Spur zu hinterlassen, ganz anders als bei den Frauen, gegen deren Wangen er die Rasierklinge drückte. Wie er es geschworen hatte, wollte er ihr nichts Böses antun. Zwar schlug er sie in dieser Nacht, aber er tat es voller Umsicht, nur auf die Oberarme und die Arschbacken, und zwischendurch fickte er sie, wann immer sie sich an seine Härte, an die neuerstarkten Zuckungen seiner Männlichkeit klammerte.

«Wenn ich einen Fehler gemacht habe», wagte sie schließlich, tief in dieser langen Nacht ihrer gegenseitigen Durchdringung, zu flehen, «dann geschah es nur aus Liebe zu dir, Tristão. Ich weiß nicht mehr, wie man selbstsüchtig ist.»

Er schnaubte in der Dunkelheit, und ihr Kopf, der an seiner Brust lag, wurde geschüttelt. «Für einen Mann ist die Liebe, der Verzicht auf jede Selbstverteidigung im Krieg aller gegen alle, etwas Selbstloses», sagte er zu ihr. «Für eine Frau ist die Liebe selbstsüchtig, denn zu lieben ist ihre Natur, und das Geben und Nehmen ist alles für sie, wie das Rein und Raus beim Vögeln für einen Mann. Sie kann auf Liebe sowenig verzichten wie ein Mann auf Haß.»

Demütig geworden, an ihn geschmiegt in der Dunkelheit (die in diesem hohen Hotelzimmer niemals absolut war, denn das Licht des allumgebenden São Paulo sickerte herein und glimmte fort wie ein Bildschirm, der auch nach dem Ausschalten noch leuchtet), dachte sie, während Prellungen auf ihrem Körper brannten wie die Küsse eines wilden Tieres: Mein Gott,

kann es denn wahr sein, daß wir beschenkt sind mit diesem
Strom von Liebe, der wie Milch aus jeder Pore dringt, und die
Männer haben statt dessen nur die schnelle Lust ihres Ergusses,
dieses kurze und klebrige Spritzen, bei dem sie wimmern, als
würden sie verwundet? Es war so jäh und spitz, verglichen mit
dem endlosen Strömen aus einer Frau. Dieses Geben, dieses
Ausfließen, dieser Nebel der Liebe, der aufstieg aus dem See ihrer Selbst, war gleichzeitig ein Umschlingen, ein lüsternes Ver-
zehren, denn die Liebe nimmt jede Kleinigkeit des Geliebten in
sich auf, so wie die sagenhaften Kannibalen des Amazonas die
Gehirne von ihresgleichen essen. Allein schon seinen Namen
auszusprechen, ihre Stimme in den nasalen Klang am Ende sinken zu lassen, bereitete Isabel ein wollüstiges Vergnügen. In
dieser langen Nacht, in der sie kaum schlief, in der sie mehr als
einmal von Tristãos immer sich erneuernder Gewalt geweckt
wurde, mit der er sein Sperma in sie pumpte, um den Samen
des anderen Mannes zu vertreiben und zu töten, lernte sie mit
jener begeisterten Gier, mit der junge Liebende ihre Lektionen
in sich hineinfressen, dies: daß die kleine, leise Flamme, die sie
in ihm entzündet hatte, die ihr Gesicht und ihren Namen selbst
in seinem Schlaf erhellte, nicht mehr ausgeblasen, nur noch
zum Flackern gebracht werden konnte wie eine Votivkerze vom
Luftzug der sich öffnenden Tür am anderen Ende des Kirchen-
schiffes, ganz gleich, welche Ereignisse über ihren biegsamen,
unverwüstlichen Leib hereinbrachen. Eines Tages, und sehr
bald schon, würde er selbst auf die Idee kommen, so prophe-
zeite sie im stillen, den Pagen wieder auf ihr Zimmer zu bitten.

Deutsch von Thomas Piltz

KATHRIN SCHMIDT
Als ihrem urplötzlich sich auftuenden Schoß ein untergewichtiges Zwillingspaar entfuhr

_____Es scheppert, und der Inhalt einer voluminösen Knopfschachtel befällt den Zimmerfußboden. Die Schachtel ist den Händen der Carola Hebenstreit geb. Wilczinski entglitten, als ihrem urplötzlich sich auftuenden Schoß ein untergewichtiges Zwillingspaar entfuhr. Man schreibt den 27. Januar 1925. Auf dem gebohnerten Boden des kleines Geschäftes in der Hohen Straße in G., das dem Knopfhändlerehepaar Carola und Romancarlo Hebenstreit seit zwei Jahren gehört und das sie vor zehn Minuten dem neuen Tag aufgeschlossen haben, liegt eine vollständig ausgestoßene Fruchtblase, in der zwei winzige Kinder schimmern. Die blutende Mutter greift eine Stricknadel aus einer erreichbaren Schublade und öffnet die Blase, hebt ihre Kinder heraus, bindet die Nabelschnüre mit den Senkeln ihrer Stiefeletten ab, schneidet sie mit einem Nahttrennmesser vom gemeinsamen Mutterkuchen und fällt in Ohnmacht, als der überraschte Ehemann Tischtuch um Tischtuch aus dem Regal reißt und die wimmernden Mädchen einzuwickeln beginnt. Zwei Frauen, die den Vorgang mit ansehen mußten, laufen um Hilfe davon und kehren nach einer Zeit, die Romancarlo Hebenstreit eben ausreicht, seinen Laden für unbeteiligte Hausfrauen und Dienstmädchen zu schließen, mit einem in der Nachbarschaft praktizierenden Tierarzt zurück. Nach einer oberflächlichen Untersuchung der Kinder wird nun ein Waschkorb mit Strickgarn gepolstert, mehrere Herrenstrümpfe werden mit warmwassergefüllten Flaschen ausgestopft und um die in der Mitte des Korbes plazierten Kinderbündel gestellt. Als Carola Hebenstreit geb. Wilczinski aus ihrer Ohnmacht heraufkommt, verläßt der Doktor med. vet. gerade den Laden, die beiden Helferinnen tragen den Waschkorb davon ins Alte Krankenhaus am Bahnhof, und Romancarlo, der vor einer halben Stunde von der Schwangerschaft seiner Frau ebensowenig gewußt hat wie diese selbst, knickt weg. Der Mutter geht es nicht schlecht, die Sturzgeburt hat kaum Schmerzen verursacht. Inmitten ihrer großen Sammlung gebrauchter Knöpfe liegend, fallen Carola Hebenstreit auf der Stelle die Vornamen der Mädchen ein: Sie will sie Benedicta Carlotta und Astrid Radegund nennen, wenn sie am Leben bleiben werden. Schon sieht sie sich mit ihren Mädchen hinter dem Ladentisch stehen, Benedicta putzt die große Kasse, Astrid berät die Kundinnen hinsichtlich modischer Knopfgrößen und empfiehlt reißfeste Zwirne und kochbare Stopftwiste ... Carola Hebenstreit geb. Wilczinski packt ihren Mann bei den Füßen und zieht ihn nach nebenan in den winzigen Lagerraum. Sie bläst ihm aus vollen Backen Luft ins Gesicht, öffnet ihm Schuhe und Hosen, reißt das Jabot fort, das er im Laden zu tragen pflegt, und wartet nicht lange. Während er dämmert, sucht sie sich frische Leibwäsche aus dem Warenvorrat, zieht sie an, ordnet ihre Kleidung darüber wie vordem und öffnet die Tür. Auf dem ins Schwarze zielenden Braun ihres Rockes fallen die Blutspuren nicht auf, und der Boden ist rasch gewischt. Sie wringt den Lappen aus, als die erste nachgeburtliche Kundin eintritt und Litze verlangt für ein Taufkleid. Eine knappe Stunde ist vergangen, seit Carola Hebenstreit geb. Wilczinski einem Mädchenpaar das Leben und ihrem Gatten zwei winzige Töchter schenkte, und als die Kundin, mit guter weißer Litze versorgt, den Laden verläßt, liest die plötzliche Mutter die zu Boden gefallene Sammlung gebrauchter Knöpfe zurück in die Schachtel.

Schnell geht es zur Sache. Carola Hebenstreit geb. Wilczinski schließt an diesem Dienstag den Laden ein paar Minuten früher als gestern, sie ist ja nun Mutter und muß sich ein bißchen kümmern ums Nest. Von Romancarlo ist in dieser Hinsicht eher wenig zu erwarten. Er sitzt längst zu Hause und schreibt seinen Eltern und dem Schwager im Anhaltinischen einen Brief, eine Geburtsanzeige sozusagen. Carola nimmt den Weg durch die kümmerliche Altstadt zum Bahnhof und meldet sich beim Pförtner des Krankenhauses als Mutter der heute morgen eingelieferten, viel zu früh geborenen Mädchen. Mochen Se schnell, mochen Se hin, schreit der Pförtner, der Pforrer is doh zur Nohddaufe, dos wird wohl nüscht mehr wehrn mit den Kindorn, sohn Jommer ower auch! Da muß Carola nun schnellfüßig sein und kleinleibig, dabei hat sie zweieinhalb Zentner Fleisch um die Knochen und muß ohnehin tun, was sie kann! Die Kinderstation unter dem Dach des zweistöckigen Gebäudes riecht nach Karbol, Eukalyptus, Menthol, Senf und Äther in ernster Mischung, der Brechreiz läßt nicht auf sich warten, aber Carola bekämpft ihn mit ihrem neugewonnenen Muttermut und schlägt sich durch die Dämpfe ins hinterste Zimmer, wo ihre Mädchen, warm in weißen Tüchern verpackt und von Wärmflaschen umstellt wie Räuber von einem Trupp Gendarmen, an stricknadeldünnen Daumen lutschen. Carolas Ankunft läßt die Neugeborenen auf der Stelle beruhigt einschlafen. Noch ehe der Pfarrer dazu kommt, die Kinder für tot zu halten, ruft Carola Hebenstreit geb. Wilczinski laut «Benedicta Carlotta» und «Astrid Radegund» in die Runde, aus der sich nun langsam ein knöcherner Mensch herauszuheben beginnt und sich als Amtsschreiber hervortut. Er fragt die junge Mutter, ob er wohl richtig gehe in der Annahme, soeben die Vornamen der Mädchen vernommen zu haben. Und wo wohl der Vater der Kinder sei? Ob er denn nicht der Nottaufe der armen Wesen beizuwohnen gedenke? So gehe das aber nicht, meint er dann ernst und schickt nach dem Zeuger. Es trifft eine rotbäckige Schwesternschülerin, in die Hohe Straße zu laufen und aus der Wohnung über dem Laden des Knopfhändlerehepaars dessen männlichen Part herauszuklingeln. Aber das braucht Zeit, und so beugt sich Carola nun endlich neugierig über das metallene Säuglingsbett ihrer Töchter, ganz frisch geputzt, zu beäugen. Natürlich erschrickt sie ein bißchen, natürlich machen diese menschlichen Kleinstausgaben ihr angst vor dem eigenen zupackenden Griff. Fast möchte sie das Bild wieder fortwischen, auf dem Benedicta Carlotta die Kasse wienert und Astrid Radegund Kunden berät. Zum Glück schießt die Milch ein, süße fette Milch quillt aus Carolas Bluse, tropft auf den Boden, bis sie schließlich – drei Schwestern haben der erschrockenen Mutter sofort die enggewordene Bluse vom Körper gerissen – in zwei peitschenden Strahlen aus den Brüsten tritt und die verblüfften Anwesenden völlig durchnäßt. Der Arzt, die drei Schwestern und der Herr Pfarrer versuchen zu fliehen, was nicht leicht ist, die Milch ist so süß, daß sie klebt. Schließlich rufen sie auf dem Flur um Hilfe, um Eimer, um Gottes willen, und machen sich selbst auf die Suche nach Lappen und Schrubbern. Ein einziger Mann hat das Zimmer indes nicht verlassen: Der knöcherne Amtsmensch, der in verwirrter Erstarrung Papier und Federhalter aus den Händen fallen läßt. Er ist fasziniert und erregt von dem Schauspiel, er zittert, noch nie hat er weibliche Brüste in solcher Aktion gesehen. Er vergeht und vergeht sich, fegt sich die Hosen herunter in einer zu seiner knöchernen Statur seltsam kontrastierenden, eleganten

Bewegung und entlädt sich mit solcher Kraft, mit dem Rücken zur Wand, daß der Strahl seines Samens und der der Hebenstreitschen Süßmilch für einen Moment einander in Schach halten und als verquirltes Gemisch zu Boden kommen. Der Knöcherne springt der noch immer erschrockenen Carola an den Hals, greift ihre Brüste, steckt sich beide Warzen gleichzeitig fest in den Mund und saugt und schluckt, was das Hemd hält. Als er nach nur wenigen Augenblicken seine Beute wieder freigibt, unfreiwillig und rülpsend, haben sich seine vordem eingefallenen Wangen ein wenig gestrafft, er riecht nicht mehr gänzlich nach Staub, und der Milchstrom scheint fürs erste beruhigt. Was jetzt in Rinnsalen aus Carola heraustritt, ist für die Töchter ganz sicher noch immer zuviel. Carola muß nach einem Moment des Erschreckens nun lachen, daß einen ganz gewöhnlich scheinenden Mann sie sozusagen gestillt hat in seltener Auslegung des Wortes, und nun kann sie auch dankbar sein, daß er alle Gewalt aus ihrer Lage genommen hat. Sie zieht ihm die Hosen hoch und küßt seine Hand, er verzehrt sich nach ihr, wie sie sieht, und hebt stolpernd Papier und Federhalter aus dem Schleim. An einem frischen Stecktuch wischt er beides trocken und ist damit fertig, als das Personal nebst Pfarrer und Vater das Zimmer wieder betritt. Man versucht, mit Karbolwasser den Boden zu reinigen. Die Schwesternschülerin, als sie einen triefenden Scheuerlappen auswringt, wittert Bekanntes und hält ihn in unbeobachtetem Moment unter die Nase, schüttelt den Kopf und schaut verwirrt auf die junge Mutter, doch die lächelt nur selig und läßt ihren Töchtern die besänftigende Milch in die im Schlaf geöffneten Münder tropfen. Sogleich beginnen die Lippen zu schnalzen, zu schmatzen. Der Pfarrer erschrickt, hat er die Kinder doch schon für tot halten wollen, und bekommt vom Arzt eines der Mädchen in den Arm gelegt, der knöcherne Amtsmensch das zweite. Die Män-

ner sollen der Mutter, der man nun endlich einen Stuhl unter-
geschoben hat, die Säuglinge an die Brüste halten, da sie selbst
ob der Größe letzterer erstere nicht sicher fassen kann. Und es
gelingt, was dem Vater auch verletzendes Schauspiel scheint:
Pfarrer und Amtsmensch knien vor Carola und halten die winzigen Mundöffnungen der Kinder an die Brustwarzen seiner
Frau, der Pfarrer vollkommen rot und pikiert, der Amtsmensch rotweiß gesprenkelt, und ungewöhnlich lautes, angestrengt röchelndes Schmatzen füllt bald den Raum. Wie schon
beim Amtsmenschen geschehen, straffen sich beinah sofort die
Wangen der Kinder, füllen sich auf mit Milchfett und Mutter-
zucker, machen sich rund. Aber Pfarrer und Amtsmensch bestehen nun bald auf ihrer Berufung, der eine drängend, der
andere aus Scham sich ihm anschließend, und reichen die Kinder dem Vater weiter, der sich mühen muß, beide am Gesäuge
zu fixieren. Während der Pfarrer seine Kreuze schlägt, stellt
der Amtsmensch die üblichen Urkunden aus, vermerkt als
Eltern der beiden Neugeborenen (weiblichen Geschlechts) das
Knopfhändlerehepaar Romancarlo Hebenstreit und Ehefrau
Carola geb. Wilczinski, beide evangelisch-lutherischer Konfes-
sion und wohnhaft zu G. / Thüringen, Hohe Straße 25. Die Namen werden mit «Benedicta Carlotta» und «Astrid Radegund»
nach Wunsch der Mutter und mit Zustimmung des Vaters vermerkt, und der Pfarrer fordert die Eltern auf, zum Eintrag ins
Kirchenbuch die Papiere ins Pfarramt zu bringen. Daß es sich
wohl nun doch nicht um eine Taufe zum Sterben handelt, liegt
auf der Hand: Die Zwillinge haben ihre Größe während einma-
ligen Trinkens nahezu verdoppelt, sich von den Warzen gelöst
und schlafen im Arm des Vaters den ersten Säuglingsrausch ihres Lebens aus. Romancarlo Hebenstreit zeigt nun zum erstem-
mal Stolz, Carola weiß: auf sich selbst. Es nimmt auf diese
Weise kaum Wunder, daß nicht einmal er bislang einen Gedan-

ken an Gesundheit und Wohlergehen der Zwillingsmutter verwandt hat. Niemandem ist bislang eingefallen, daß die Frau nach der Sturzgeburt ärztlichen Zuspruchs bedürftig sein könnte oder gar einer ernsthaften medizinischen Untersuchung. Die Verhältnisse kommen darum erst spät auf den Tisch. Als Pfarrer und Amtsmensch längst fort sind vom Säuglingsbett und Carola in rhythmischem Schaukeln des Oberkörpers einer postnatalen Depression entgegenzuwirken versucht – Romancarlo ist wieder zu Hause und schreibt seine Briefe. Carola ist bei ihren Kindern im Krankenhaus geblieben –, betritt zur Nacht noch einmal die Schwesternschülerin mit geöffneter Nase das Zimmer und forscht nach den Wünschen der Wöchnerin, deren Appetit, Stuhlgang und Temperatur. Auf und ein will ihr fallen, daß da noch was war, noch was war, aber sicher, da war was, die Sturzgeburt war! Und die Milchfälle mitten im Zimmer! Gerüche von Ejakulat zwischendrin! Sie läuft nach dem Nachtarzt, diese Frau braucht eine ärztliche Hilfe, da kann doch etwas nicht stimmen! Der Arzt ist von öliger Art, ein Schwartenknacker dazu, sein Griff legt Carola bloß, sein Blick ohnehin, und nun weiß er nicht so recht, was er sagen soll. Hier läuft nichts, die Lochien sind längst versiegt, das Geschlecht geschlossen und rosig wie bei einem der jungen Mädchen, die manchmal durch Zu- oder Unfall, widerstrebend oder ohnmächtig, unter seine Hände geraten. Daß diese Frau wirklich heute morgen geboren hat, will ihm nicht ganz stimmen, das paßt nicht zu dem, was er weiß vom weiblichen Leben. Doch ehe er nachfragt, prüft er die Brüste, indem er das Hemd hebt und seine Hände über die hitzigen Berge schickt. Der Druck seines Daumens läßt einen dünnen Strahl entstehen, der ihm die knappe Frisur näßt. Erschrocken läßt er nun ab, vermerkt reichlich Milchfluß und eine kräftige Konstitution. Der Frau geht es gut. Den merkwürdigen Säuglingen ebenso. In deren Akten findet sich ein Geburtsgewicht von jeweils einem Pfund! Er mißt und wiegt nach, er kann es nicht fassen. Diese Kinder wiegen einen guten halben Tag später doppelt soviel! Selbst dieses Gewicht reicht nach den Regeln der Wissenschaft nicht fürs Leben, aber die Zwillinge haben Fingernägel an den winzigen, gut durchbluteten Händen, die Ohren zeigen niedliche Wülste an ihren Rändern, die Lungen haben sich offenbar problemlos entfaltet und keinerlei Lanugoflaum trübt den Eindruck der vollständigen Reife! Die Zweifel haben ihn wieder ganz, was wird hier gespielt? Er streicht sich verwirrt über den Kopf, wie er es immer tut, wenn er sich in Ratlosigkeit wiegt. Zu seinem Entsetzen fährt er durch volles, lockiges Haar, wo vordem nur ein grauweißer Ring die glanzvolle Glatze bekränzte. Er reißt an dem Wildwuchs, es schmerzt, das Gelock gehört damit wohl wirklich zu ihm! Er stürzt zum erblindenden Spiegel über dem Waschtisch. Was er noch erkennen kann, bringt ihn um Sinn und Verstand: Er trägt um sein Greisengesicht eine wallende Pracht kastanienbrauner Haare, ein jedes wohl an die fünfzig Zentimeter lang. Während er in beginnender Umnachtung zu Boden sinkt, erhebt sich Carola Hebenstreit geb. Wilczinski langsam von ihrem Bett, packt den Mann und legt ihn vorsichtig an ihrer Statt hin. Sie faltet die Decke, stopft das entstandene Paket, wie um sein Haar zu schonen, unter seinen Hals und beginnt, aus den Locken dünne Zöpfe zu flechten. Später steckt sie sie mit zwei ihrer Haarnadeln zu einem kunstvollen Knoten zusammen, läßt dabei am Haaransatz einen Ring feiner langer Zöpfe aus und betrachtet zufrieden ihr Werk. Unter ihrem seligen Blick erwacht der Nachtarzt, steht auf und beginnt, sich um seine Körperlängsachse zu drehen, wobei die offenen Zöpfe im Flug ein dichtes Rad bilden und wie Blütenblätter den Knoten umstehen. Das sieht auch Inklinatia, die Göttin der Gleichgewichtsstörung, auf ihrem Nachtflug durch die Krankenhäuser des Landes und kann sich nicht halten ob des Anblicks. Ihr lautes Lachen verletzt das Innenohr des seelisch Angeschlagenen und setzt dessen Gleichgewichtsorgan derart außer Gefecht, daß er nur noch in ständiger Drehung sich aufrecht halten kann. Im Wirbel läuft er auf den Flur, um Hilfe stammelnd und um Rettung vor den Armen der Hölle, die nach ihm zu greifen scheinen. Die Schwesternschülerin, mit dem Putzen der Nachtgläser beschäftigt, kann ihn nicht gleich erkennen und will nach der Oberin klingeln wegen des offenbar entgleisten Patienten, doch die kommt von selbst, durch den Krach aus dem Halbschlaf gerissen. Mit vereinten Kräften bringen die Frauen den Mann zu Fall und identifizieren ihn bestürzt als den, der er ist.

Madame Thérèse

_____ «Karacho!» sprach der Mann, ächzend, und er bearbeitete die Frau: «Karacho!»

«Du tust mir weh!» sagte die Frau, sich windend, sich wendend, sich krümmend, die Beine aufbiegend, dann, sie im Rücken des Mannes verklammernd, stützte sie sich mit den Ellbogen auf, um leise vorwärts zu robben, eine Drehung zu machen, rittlings zu kommen, ohne den Mann wegzulassen, der schon halb unter ihr den Halt verlor.

«Ah! Du willst das auf türkisch? Karacho! Da, ich bring es dir bei ... da, da und da! Konstantinopel!» – und mit unglaublicher Roheit warf sich der Mann herum, befreite sich mit einer Drehung der Hüften aus der Umklammerung der Frau, aber ohne sie loszulassen, und wild geworden, spießte er sie furchtbar auf, die Alte, die fassungslos, atemlos jetzt quer über dem Bett lag, den Kopf auf dem Fußboden wie der Strauß seinen Kopf im Sand, und gar nicht begriff, was der Mann ihr antat, was er vorhatte mit dem, das ihm von ihr auf dem Bett verblieb, und machte sich auf Gott weiß was noch gefaßt: Schläge, Liebkosungen, Bisse, Blut und Wasser ... Notzucht! Sie röchelte, wimmerte, schluchzte, bettelte, brachte Schimpfreden vor, Flüche, reizte noch die Lust ihres Partners, indem sie mitmachte, wenn auch sich wehrend, um sie für sich zu haben und nicht einen Tropfen davon zu verlieren, sie aufzusaugen in die geheimsten Tiefen ihres Seins, das den Schmelzpunkt erreichte ... Aber der Mann oben ließ nicht ab, ihr Schläge zu geben, sie hin und her zu biegen, zu durchbohren, sie um sich selbst zu drehen wie am Spieß, daß ihr schwindelig wurde und sie gar nicht mehr wußte, wo sie war, weil ihr Kopf wie ein Ball auf den Teppich sprang und die nackte Ferse des Mannes ihr einen Tritt vor das Maul gab, daß ihr das Gebiß herausfiel, ihr heftig ans Auge schlug, bevor es unter den Sessel rollte, und da sein Stachel sie traf, in unvorstellbarer Tiefe, sich durch alle Schichten brannte, sich einen verbotenen Weg suchte in ihren Bauch, daß ihr die Luft wegblieb – sie war ganz durchdrungen.

Sie war außer sich, ausgeliefert, sie mauzte und winselte wie eine Katze, wie eine gereizte Tigerin, und der Mann, der sich um ihre Grimassen nicht kümmerte, weichte sie unbarmherzig durch, klatschte ihr auf den Hintern und schrie:

«Karacho! Frau, die furzt, ist nicht tot!»

Sie lag da, das Gesicht auf dem Teppich, wartend auf was? Erlösung, Orgelmusik? Die Niagarafälle? Absturz?

Tod, alter Kapitän, laß uns die Anker lichten!
Dieses Land sind wir müde, Tod! Es ist Zeit!
Sollen Himmel und Meer so schwarz ...
      (so schwarz? ... so schwarz? ...)
Unser Herz (ta-ta-tam ...) ist von Strahlen weit!
Gib uns dein Gift, daß wir daran genesen!
Laß uns (ta-ta-tam ta-ta-tam ...) laß uns
Sinken tief in den Abgrund ...
      (sinken tief in den Abgrund? ...)
Tief in das Unbekannte und da ...

Sie lag da, grausam häßlich, naßgeschwitzt, die Lider halb geschlossen, das Haar an den Schläfen klebend, das Antlitz gefurcht, den Kopf sich kratzend, den Schopf sich lausend, wie ein Geier sich unter den Flügeln laust und den Schnabel knirschend bewegt wie eine Schermaschine – sein Blick aber ist unerträglich, wenn der Aasvogel dich ansieht aus gelben Augen, starr ... Zum erstenmal in ihrer Karriere hatte die Komödiantin eine Gedächtnislücke und fand nicht die Worte, die Verse ... Ein Loch ... sie war nur noch ein Loch ...

... und da ein Neues sehn!

Sie lag mit dem Kopf nach unten ...

Über den Steinfliesen der ‹Hallen› stieg der scharfe Geruch von Abfall, verfaulten Bananen und törichten Blüten auf, der Duft aus dem Rinnstein schlich in das verwahrloste Zimmer, der Dunst und der Lärm der Motoren, die aufbrummend die Fenster zittern ließen, Dreiachserlastwagen, die das Haus bis in die Fundamente erschütterten, Hupen, die himmelhoch sich auftürmten, sich überschlugen, die Rufe der Ladearbeiter, die schimpfend ihre Sackkarren schoben, dazu die wechselnden Schatten und Lichter an der Zimmerdecke.

Durch die Spalten der Fensterläden drang Morgengrauen, verfing sich in den Spinnweben und den schmutzigen Vorhängen des Zimmers. Die Tür zum Flur knarrte. Ein böser Luftzug blies die Asche aus dem Kamin. Das armselige Feuer war erloschen, das Eugène, der Hausdiener, bei ihrer Ankunft angezündet hatte, denn die Alte fror leicht, und Eugène kannte sie gut.

Es war kalt. Auf den Treppen des Stundenhotels lachende Stimmen, das Kommen und Gehen der Paare. Die Frau wartete ... horchte, klapperte vor Kälte. Die Auslösung fand nicht statt. Der Mann war zäh.

Was für ein Irrsinn! Das Entsetzen über ihre Situation ergriff sie, wie die Vorstellung der Gefahr, der sie ausgesetzt war, in ihrem Bewußtsein sich breitmachte und sie erstarren ließ. Aber sie hatte es ja gewollt. Das Risiko der Begegnung hatte sie aufgeregt ... Ein Legionär! Was für ein Glücksfall ... Großartig! Trotzdem fand die Erlösung nicht statt. Das war im übrigen nicht das erste Mal, daß die alte Wölfin im Umkreis der ‹Hallen› auf den Fang ging und sich ihren Kerl schnappte. Sie war besessen, sie hatte eine fixe Idee: sich verlieren. Sterben vor Aufregung, vor Angst ... Mehr erleben als die berechnete, lenkbare halbe Lust, daraus eine Frau wie sie, die alle Scham längst verloren hat, immer als Sieger hervorgeht. Erfahrungen, Abenteuer der schimpflichsten, unschicklichsten Sorte, wie man sie in den Gedichten der Inder nachlesen kann: sie hatte sie satt. Sie war genauso zäh und gefräßig wie der Typ, der ihr den Marsch blies heute nacht.

Nicht mehr siegen, aber fallen, sich fallen lassen, egal wohin, in ein Loch ... Ein Loch, sie war nur noch ein Loch, sie lag auf dem Boden, in ihrer eigenen Schlinge gefangen ... Ach! Sich wegwerfen ... sich verlieren ...

Sinken tief in den Abgrund ...
Tief in das Unbekannte und da ein Neues sehn ...

Sie war in der Klemme. Die Frau keuchte. Und auf einmal geriet sie in Aufruhr, überwältigt, im Innersten getroffen ... Das war nicht mehr auszuhalten ...

«Verlaß mich nicht ...!» schrie sie in ihrer Angst, und sie protestierte:

«Ah! Ah! Du tust mir weh, Mistkerl ... ah!»

Sie war eine Intellektuelle, die größte Schauspielerin von Paris.

Vor sechzig Jahren, in den Armen ihres ersten Liebhabers, hatte sie diesen Schrei, diesen Klageruf ausgestoßen. Maurice, um 1887 ein gefeierter Literat, ein Kaltwasserpoet und dekadenter Lustmolch – er hatte sie verdorben, aber wenn ihr nun der Klageruf wieder einfiel und der Schrei in dem Augenblick ihr entfuhr, so war sie diesmal nicht enttäuscht und kompromittiert wie einst, da sie als junges Mädchen das Konservatorium verließ und sich von dem zuständigen Würdenträger vergewaltigen ließ, um ins Théâtre-Français zu kommen. Diesmal war sie gefangen, festgenagelt, und in ihrem Delirium fragte sie sich, ob sie nun lieben würde, endlich lieben, und zum erstenmal ... so preisgegeben der Lust ihrer Sinne, die vibrierten unter der unermüdlichen Wühlarbeit des Unbekannten, dem sie ausgesetzt war, dem sie sich unterwarf, dem sie sich hingab, ihrer Begegnung sich darbietend mit Wonne, wenn auch mit zusammengepreßten Lippen, aber alle Schleusen waren geöffnet. Sie war nur noch Zärtlichkeit: «Ich liebe dich, Schätzchen, ich liebe dich ... komm ... komm ... ah!»

Der Orgasmus kam.

«Alte Sau!» knurrte der unbekannte Soldat, als die Raserei ihren Höhepunkt erreicht hatte. – «Aber damit du's weißt, alte Hure, und damit du's ein paarmal weißt: das gibt's bei mir nicht. Mir verpaßt man keine Manschetten! Ich hab was gegen Fesseln, und das laß ich mir nicht gefallen, einmal genügt! ... Ich habe den Fuß schon im Eisen gehabt, ich war zum Tode verurteilt – es lebe die Freiheit! Ich lasse mich nicht in die Zange nehmen ... da! Du sollst dafür eins vor die Kiemen haben, Karacho! Das hast du dir gemerkt, was? ... Vom Rhein bis zur Donau, als ich an der Front war, habe ich mit meinem Tank alle Bäckereien gerammt, alle Konditoreien, alle Kramläden und Delikatessengeschäfte, die ich unterwegs gefunden habe, und außerdem gab es noch genug Wirtschaften, tadellos eingerichtet, und genug gut getarnte Cafés, an jeder Straßenecke soviel du willst. Eine Schande! Ich rammte diese verfluchten Kästen, ich fuhr sie zusammen, ich drückte die Scheiben ein und die Auslagen, ich brach einfach ein, ich fuhr alles platt mit meinem 30-Tonner, die Kunden, die Teller mit Erdbeeren und Waldbeeren, die Bierfässer und Weinflaschen, die Wirtin, die keine Zeit hatte, sich hinter ihrer Theke zu verschanzen, die Verkäuferinnen in die Crèmetorten gequetscht oder in Wurstketten verwickelt, und die ich nicht hören konnte, wie sie vor Angst geschrien haben, wenn ich meine Kanone in den Backofen abfeuerte, aber ich sah durch den Sehschlitz, wie sie den Mund so weit aufrissen und die Augen, Karacho! Und wenn ich wieder abfuhr, drehte ich meine Maschine wie ein Verrückter in die Mehlsäcke, nach rechts und nach links, und feuerte jedesmal eine Ladung aus meinem Rohr ab, daß die Mauern einstürzten, und alles krachte über meinem Panzer zusammen, Karacho! Backsteine, Ziegel, Schiefer und Dachbalken, und ich fuhr auf die Hauptstraße zurück von dem kleinen Nest, die Panzerplatten mit Mehl weiß gepudert und ganz mit Blut beschmiert, und der Trümmerschutt klebte im Himbeersirup, und Rumkugeln, Sauerkraut, Torten, und meine Raupen voll Schlagsahne und mit Resten von Kopfhaut, Haaren, Haarknoten, Zöpfen und Hauben und Büstenhaltern und Röcken und Schürzen und Seidenstrümpfen und Schlüpfern, alles zerrissen und mit Maschinenöl rotverschmiert und manchmal mit so einem Band verknotet, mit einem Gummiband oder mit einer Seidenschleife, und die von Zeit zu Zeit als kleine Bündel zurückblieben wie überkrustete Pasteten mit dem Profil von meiner Spur, als wenn mein Tank solche Fladen gemacht hätte, und einmal traf ich meine Panzereinheit, die sich in einem Dorf auf dem Marktplatz gesammelt hatte, vor der Kirche, und ich, die Rollen von einer Registrierkasse um den Hals, ich sah aus, als käme ich aus einer Tanzbar vom Montmartre und hätte mir die Nacht um die Ohren geschlagen, das Gesicht voll von dem klebrigen Konfetti, den ganzen Wust von Papierschlangen um den Hals, es war zum Lachen. Die warteten nur auf mich, um mir das umzuhängen. Wenn du meinst, meine Kameraden haben sich über mich lustig gemacht, Karacho! als sie mich ankommen sahen ... Ich ... ich wollte ihnen sagen ... Aber warum überhaupt ... Das war der alberne Krieg, der immer weiterging. Nach fünf Jahren fing Deutschland wieder an, noch härter als vorher, als in Italien, als in Frankreich ... Man dachte gar nicht mehr darüber nach. Alles lief automatisch. Kino ... alles dreht sich ... im Kreis. Ich wollte ihnen sagen, sie sollten Schluß machen ... Ich ... ich wollte ihnen sagen, sie sollten ihren verdammten Laden zumachen, ich wollte sagen ... ich ... verdammt ...», stöhnte der Soldat, plötzlich sich aufbäumend, und statt seinen Samen zu lassen, kotzte er in den Schoß der Frau, die er wegdrückte und vollends aus dem Bett herausfallen ließ, den ganzen Fusel, den er seit acht Tagen Urlaub in Paris getrunken hatte.

«Liebling ...» flüsterte die alte Frau, nachdem sie sich aufgerappelt hatte, und sie kam ihm mit einem Handtuch zu Hilfe. Aber der Legionär hatte sich auf den Bauch gewälzt und lag hingelümmelt in seinem Dreck.

Nichts zu machen, er schlummerte fest, den Hintern gen Himmel und blau tätowiert. Die Frau wollte schon das Feld räumen, aber dann beugte sie sich über ihn, um die Sache genauer zu betrachten.

Ein schamlos fröhliches Gesicht grinste sie an, auf jeder Backe ein Auge, mit verschiedenen Tinten gefärbt, was den Augen eine seltsame Asymmetrie gab, dazu der Zinken vom Vater Ubu, eine rote Rose im Mund, das Ganze gleich einem Vollmond und mit einer doppelsinnigen Inschrift umgeben, als Widmung und Ejakulation.

Da sie sehr kurzsichtig war, holte die Frau ihr Lorgnon vom Kaminsims und zündete sich eine Zigarette an. Sie spannte vor Neugier. Sie machte Licht. Da entdeckte sie überrascht, daß der

ganze Rücken des Mannes mit aufregend phantasievollen Tätowierungen geschmückt war, die sie im Eifer der amourösen
Auseinandersetzung gar nicht bemerkt hatte, denn viel zu heftig und viel zu gewalttätig war man gleich zur Sache gekommen: da gab es Namen und Zunamen, nackte Frauen, Blumen,
einen Schmetterling, einen schwarzen Kater, die Zitadelle von
Algier, eine Erinnerung an Sidi-bel-Abbès, eine in sich verknotete Schlange mit zwei gekreuzten Dolchen, das Kriegsgericht,
die Signatur «dem Henker» im Nacken und zwischen den
Schulterblättern die Guillotine … Es war unbeschreiblich. Sie
konnte nicht mehr, sie machte sich naß vor Entzücken … Sie
brauchte den Finger, die Hand, sich zurückzuhalten.

Nach einigen Augenblicken sammelte die alte Frau ihre Kleider ein, ohne das Gebiß zu vergessen, das sie in ihre Handtasche stopfte. Sie zog sich an, sie machte sich flüchtig zurecht,
brachte mit einem Griff ihr Haar in Ordnung, drückte sich ihren großen Pelzhut auf den Kopf, schlug die Krempe tief über
die Augen, knüpfte den Schleier um, schlüpfte durch die nur
angelehnte Tür und stolperte die Treppe hinunter.

Die Schauspielerin weckte Eugène in seinem Verschlag.

«Eugène … Eugène!» rief sie ihn an und schüttelte ihn. «Eugène, hör zu, laß ihn schlafen … Sag ihm, er trifft mich heute
abend im ‹Père tranquille›, ich bin da, er soll kommen, Zwiebelsuppe essen … Heute nachmittag ist Probe, ich glaube nicht,
daß wir pünktlich Schluß machen, ruf mich an im Theater,
wenn es nicht klappt … Und hier, nimm das, gib ihm Geld,
wenn er dich danach fragt … Versorg ihn mir gut, versprich es
mir …»

«Madame Thérèse sind zufrieden? Ist alles gut verlaufen?
Wissen Sie, ich habe mir Sorgen gemacht, das kann ich wohl sagen. Ich habe hinter der Tür gestanden. Mit diesen Burschen
von der Fremdenlegion weiß man nie, woran man ist. Das

Heimweh oder ein Fieberanfall, oder sie schnappen über – und aus! Die bringen eine schöne Frau um die Ecke ...»

«Sei still, Eugène, er ist ein Engel ... Bis morgen!»

«Madame Thérèse wünschen vielleicht, daß ich Sie abbürste und Sie ein wenig in Ordnung bringe? Sehen Sie sich an: Ihre entzückenden Schuhchen sind ja ganz verdreckt ...»

«Geh weg, alter Schlingel, faß mich nicht an, du weißt genau, daß ich das nicht mag.»

«Ach, wenn Madame Thérèse nur wollte – ich bin so gut wie jeder andere ...»

Die Alte rettete sich auf die Straße.

Sie war kein schöner Anblick, mit ihrem Kleid, das sie hinten nicht zugeknöpft hatte, mit ihren heruntergerutschten Strümpfen, mit fliegenden Haarsträhnen und einem blaugeschlagenen Auge, das Gesicht übernächtig und ohne Gebiß mit eingefallenem Mund. Die Leute auf der Straße drehten sich nach ihr um. Aber dem alten Mädchen war das egal, sie stürzte sich in das Gewühl der ‹Hallen›, boxte sich zwischen den Hausfrauen durch.

«Was für ein Weib! Die hat sich aufgetankt ...» seufzte anerkennend Eugène.

Er folgte ihr mit den Augen, aufgepflanzt in der Haustür, unausgeschlafen, mit seinem gelblichen Teint, mit herunterbaumelnden Hosenträgern und offener Hose, seine schmutzigen Zehen sahen vorn durch die Löcher der ausgetretenen Schlappen. Dann steckte er sich den aufgeweichten Stummel an, den er stets hinterm Ohr trug:

«Sie ist aus einem anderen Jahrhundert», sprach er, «die Sorte gibt's heutzutage nicht mehr.»

Und nachdem er sie aus dem Blick verloren hatte, stieg er in den ersten Stock, um nachzusehen, wie es dem tapferen Frontkämpfer ging. Der rührte sich nicht.

«Beneidenswert», sagte Eugène, «da hat er sich mal gehörig entrümpelt ...»

Und als wäre es ein kostbares Schmuckstück, griff er nach dem Lorgnon, das Madame Thérèse auf dem Bett liegengelassen hatte.

«Donnerwetter, das sieht man nicht alle Tage!» rief er, und nun beugte sich auch Eugène über die Tätowierungen des Grenadiers:

«Kompliment, alter Freund, du machst nicht den Eindruck, als fühltest du dich nicht wohl in deiner Haut. Das ist ja toll, das ist zum Lachen, Teufel noch eins!»

Nachdem er die Rückseite besichtigt hatte, drehte er den Mann um, der sich nicht regte, und besah sich die Vorderseite. Auf dem Bauch stand in Großbuchstaben geschrieben: ICH BIN DAS SCHWEIN IM BETT, und ein Schwein war ungeschickt in sein Schamhaar gestichelt. Quer über die Brust waren die vier Spielkartenasse gezeichnet, grob koloriert und in folgender Anordnung: Pique, Cœur, Treff, Karo, das heißt: je le Pique au Cœur, je lui fauche son Trèfle et il tombe sur le Carreau, und das besagt: ich steche ihn ab, ich nehme sein Geld, und er bleibt auf der Strecke. Weiterhin fand sich ein Herz mit eingravierten Initialen, von einem Pfeil durchbohrt und blutige Tränen weinend.

«Du bist mir ein schönes Schwein, wahrhaftig!» schimpfte Eugène. Er verließ das Zimmer und drehte den Schlüssel um. «Und mit so was geht sie ins Bett!»

Er war eifersüchtig.

Er stieg die Treppe hinunter und sprach laut vor sich hin:

«Eine Schande ...»

Da er keine Lust mehr hatte zu arbeiten, ging er in die Kneipe gegenüber und genehmigte sich einen Schnaps, dann genehmigte er sich noch einen Schnaps und dann noch einen, ließ dabei den Hoteleingang nicht aus den Augen, denn es gab Gäste, die nahmen die Bettwäsche mit.

«Alter Narr», brummte er verbittert, «du hast keine Ahnung, du bist ja einfach eine Niete …»

Bis zu dem Tag hatte er sich für ziemlich abgebrüht gehalten.

Inzwischen trabte Madame Thérèse ihres Wegs. Sie hatte es nicht weit, nur ein paar Schritte zum ‹Hôtel Louvois›, da die Direktion des Théâtre de la Scala-Saint-Martin die Aufmerksamkeit bewies, mit Rücksicht auf ihr hohes Alter und die aufreibende Rolle ihr in der Nachbarschaft des Theaters ein Appartement zu mieten, damit die große Künstlerin nicht einen zu weiten Weg durch das verrufene Viertel hatte. Seit mehr als einem Monat gingen die Proben bis zwei, drei Uhr morgens, aber die bösen Begegnungen, denen die Alte sich des Nachts hingab, pulverten sie wieder auf, so erschöpft sie oft war und manchmal wirklich am Ende. Sie brauchte eine Stimulans, und sie war ganz verrückt danach, den nächstbesten Clochard einzuladen, mit ihr in einer der Winkelkneipen des Viertels die Zwiebelsuppe zu essen, oder mit irgendeinem Zuhälter auf einem Schwof die Walzer aus ihrer Jugend zu tanzen, im ‹Gravillons› oder ‹Belle de nuit›, im ‹Caveau› oder in ‹Les Miroirs›, Boulevard de Sébastopol, wo es einen fabelhaft reinrassigen Jazz gab und die Musiker, alles aus der US-Army desertierte Neger, immer auf dem Quivive, immer auf heißen Kohlen, sich ständig ablösten, von heute auf morgen sich aus dem Staub machten, wie die Wechselfälle ihres trostlosen Unterweltsabenteuers es wollten. Öfters hatte die Alte sich ihre Gigolos schon gekauft, Liebhaber, die sich aushalten ließen, Straßenlümmel. Und natürlich wußte alle Welt am Theater, daß Thérèse ihren reichlich zweifelhaften Umgang hatte; aber weit entfernt, sie deswegen zu tadeln oder sich darüber aufzuregen, bewunderte man ihre Vitalität, und wenn Greuelgeschichten über sie umliefen und wenn ihre eigenen Bemerkungen hinter den Kulissen ihren Ruf noch bestätigten, vertrauliche Eröffnungen, die sie einer Kollegin machte, ihr nicht gerade schamhaftes Gelächter, die Herausforderung, mit der sie jede Anspielung parierte, so glaubte man doch nur halb daran, hielt alles für Bluff, für pure Erfindung, für Klatsch, Aufschneiderei und Provokation, Sucht nach Skandal und Publicity, und zur Sensationslust gesellte sich so die Besessenheit, die seit je die Komödianten, die Vagabunden und fahrenden Sänger, den ganzen Clan der unbelehrbaren Nachtschwärmer zu den verrücktesten Streichen verführt, ihrer Umwelt sich aufzubrennen, sich einzumischen, zu intrigieren, wie es die Rolle verlangt, die man sich ganz zu eigen gemacht hat. Jeder Schauspieler von Genie lebt in der Welt seiner Rolle, führt eine Art Doppelleben, und nur in diesem gefährlichen Zustand der Spaltung kann er bestehen; das erklärt in den meisten Fällen die öffentlichen Skandale, die verdorbenen Sitten, Leidenschaften, für die der Theatermensch gar nicht zuständig ist, aber er stellt sie zur Schau, er markiert, denn ach! er hat's nicht im Blut, es ist alles bloß aufgesetzt – siehe die große Zahl der Schmieranten.

Es war acht Tage vor der Generalprobe, und am Schluß ihrer Karriere, mit neunundsiebzig, spielte Thérèse die Rolle ihres Lebens: den Vamp der Unterwelt, eine Räuberbraut und Königin der Gosse in Madame Kanaille, dem neuesten Stück des Benjamin unter den Modeautoren, Guy de Montauriol – die Königin der Gosse, eine Rolle von umwerfender Komik, von faszinierendem Schwung und von großer Unverschämtheit, voller Anmut, ungeniert fröhlicher Bosheit, Gaunerlist, beißendem Hohn und Pariser Schmelz, ein Fischweib und eine Schlampe mit viel Mutterwitz und mit einer großen Klappe, Madame Kanaille, eine verrückte Komödie ganz neuen Stils, die die Zeitungen schon jetzt groß herausstellten mit Sensationsberichten und mit frei erfundenen Details.

Sieben schlug es von Saint-Eustache, als die verluderte Komödiantin in die Rue du Jour einbog, wo die Kessel der Fleischereien dampfen und in den Auslagen aufgereihte Kalbsköpfe, ausgewaschen und nackt, mit ihrem entstellten Grinsen dich durch diese widerliche Gasse stolpern sehen.

Thérèse blieb vor einem Plakat stehen, das über Nacht angeklebt worden war, noch triefend von frischem Kleister, und das die Theateraufführung anzeigte mit ihrem Namen in Fettdruck:

THÉÂTRE de la SCALA-SAINT-MARTIN

THÉRÈSE ÉGLANTINE

in

MADAME KANAILLE

Meisterwerk des schwarzen Humors!

Neueste Komödie

von

GUY DE MONTAURIOL

Drei Akte irres Gelächter,

die zu denken geben …

«Sieh mal an, mein Legionär bringt mir Glück», sagte sich die verliebte Alte und küßte abergläubisch einen Uniformknopf, den sie von der Feldbluse des schlafenden Soldaten abgerissen hatte, bevor sie weglief – eine Granate mit sieben Flammen; sie verwahrte den Knopf in der hohlen Hand, und nachdem sie sich ausführlich im Schaufenster eines Ladens gespiegelt hatte, aus dem lauter Kalbsköpfe sie anglotzten, genauso grotesk und lächerlich wie die unanständigen Fratzen, denen sie gerade im Bett begegnet war, stellte sie fest:

«So bin ich richtig, ich bleibe in diesem Aufzug und schicke Schneider und Maskenbildner zum Teufel ... Genau dieser alte Fetzen, genau dieser Hut mit dem Schleier, ein blaues Auge und um den Hals den ganzen Schmuck von der Präsidentin ... die werden sich wundern ... Ach – jetzt hab ich mein Lorgnon liegenlassen ... Das wird eine tolle Sache, ja, aber heute nachmittag werde ich was zu kämpfen haben und muß mich wieder mal herumzanken mit Félix Juin und dem kleinen Guy, weil ihnen mein handfester Realismus nicht paßt, mit ihrem albernen, künstlichen, altbackenen Surrealismus. Die werden mir schließlich noch einreden, ich bin zu wahr und übertreibe. Aber ja, ich bin mehr als wahr, und warum nicht ... Und warum versuchen sie nicht, es genauso zu machen, die Waschlappen! Es gibt auch nichts Blöderes als diese avantgardistischen Autoren und Regisseure, die immer was Neues bringen wollen und immer was neues Neues, um jeden Preis und egal wie: das ist ihre Formel. Als ob nicht gerade die Avantgarde immer dieselben alten Kamellen gebracht hätte, seit Kunst für die Kunst ist, wie Maurice sagte, der mich gelehrt hat, Kunst mit großem K zu mißtrauen, denn er, er hatte Genie, Maurice, außer im Bett, da war er blaß wie der Mond, der Arme, er stellte sich Dinge vor, Dinge ... und konnte nicht aufhören, darüber zu reden, zu reden, zu reden ... aber unfähig, sie auszuprobieren ... Er hat mich ganz krank gemacht, Maurice, mein erster Geliebter ... Vor dem Spiegel in seiner Wohnung ließ er mich Stellungen üben, und ich, ich war einfach eine alberne Gans ... Immerhin, ohne Maurice wäre ich nichts ... Und jetzt werfen sie mir vor, ich sei egoistisch, undankbar, eitel, streberhaft, ich machte zuviel Wind auf der Bühne, ich spielte für die Leute, was die junge Generation nicht mehr kann, und spielte, wie es mir paßt, und alles drehte sich nur um mich, wo ich die Bombenrolle habe, wie sie sagen ... Aber ja, aber ja, man sagt das so, aber man muß sein Handwerk verstehen, darauf kommt es an, und sie sollen sich ruhig abstrampeln, die Jungen ... ach! es ist so schön, wenn man jung ist, aber das sagen die Jungen ... Und außerdem: wenn sie mir nicht verdammt noch mal nachgeben, spiele ich eben nicht, fertig!»

Und die Alte lachte laut, stolz, mit leuchtenden Augen.

Sie kramte eine Zigarette aus ihrer Handtasche.

Sie war satt und zufrieden, ihre Lenden reich bewirtet, das alte Wrack mehr Schlachtschiff als je und bereit, ihrem bösen Direktor die Stirn zu bieten, ihren verrückten jungen Autor aus dem Sattel zu heben, sich mit den Kollegen zu messen, das Publikum hochzunehmen, ganz Paris in Bewegung zu bringen, von ihren zahllosen Verehrern abgesehen, die ihr die Treue hielten durch mehr als ein halbes Jahrhundert, seit sie auf den Brettern stand und Triumphe feierte und sie alle zappeln ließ, alle die alten Herren, die so oft um ihre Hand gebettelt hatten und jeden Abend, wenn sie spielte, die vorderen Reihen füllten, dekorative Trottel und so blöd wie die geköpften Kalbsköpfe, aber ganz abgesehen erst von den Berufskritikern, dieser anderen Sorte von schlappschwänzigen Greisen, die alles wissen und alles kennen und alles gelesen haben, aber von dem, was vor ihrer Nase auf der Szene passiert, kein Wort verstehen und dann schnell, schnell nach Hause laufen, ihren Zettelkasten konsultieren, um sich eine Meinung zu bilden – bah! die alten Gauner. Auch gegen die Werke von Maurice Strauss hatten sie damals eine Front gebildet, gegen den überempfindlichen Dichter, der sich in Wissenschaftlichkeit fast verlor, aber er hatte den Shakespeareschen Nerv fürs Theater, für seine Möglichkeiten, seine Wirkung und seine Kunstgriffe, für die Beschwörung des Historischen, für Triumph und Apotheose und Prunk im Stile der Renaissance, ein Meister des schnellen, schlagfertigen Dialogs, wo Paraden und Ausfälle, geschliffene

Rede und Gegenrede sich kreuzen wie die Klingen im Duell auf Leben und Tod, bis der entscheidende Schlußsatz aufblitzt und dem Gegner den Todesstoß gibt, die erhabene Wahrheit, die wie ein Wimpel über den Antagonisten flattert, der Wahlspruch des Helden, die Ehre der Damen, denen nach altem Theaterbrauch der Beifall und die Bewunderung aller gehören … bah! die alten Gauner. Seit mehr als fünfzig Jahren, sei ihrem Debüt am Théâtre-Français, da sie vor allem die Darstellerin der Klassiker war, die Muse der reinen Diktion, eine Seele, ein Symbol, eine Lotosblume und eine Lilie von überirdischer Schönheit, das Lämmlein der neuen Dichterschule, die zu der Zeit gerade aufkam, eine präraffaelitische Jungfrau, und lange bevor sie mit der Direktion des ehrwürdigen Hauses endgültig brach, wo sie in der Rolle der Phädra aufs äußerste sich eingesetzt hatte, um alle Widerstände zu bezwingen, einer Phädra, die ganz modern war, geläutert in Schlaflosigkeit und fieberhaftem Verlangen, von hinreißender Sinnlichkeit und so musikalisch – sie sprach die Verse, wie sie niemand je sprechen wird, ihr Mund war die Laute des Orpheus! – Aber sie schien zu jung, und man fand sie zu mager, die alten Gauner hatten sich seinetwegen schon gegen sie verbündet, Maurices wegen, der in extremis sie schließlich geheiratet hatte, auf seinem Sterbebett … bah! die eifersüchtigen Gauner.

Was er so mancher anderen schon gesagt, schrieb Stéphane Mallarmé in seiner zierlichen Schrift über eins der berühmten ‹Éventails›, das er ihr widmete:

> Sie ist so allerliebst verdreht,
> Daß sie meine Verse ein wenig versteht.

So huldigt er dem Talent der Debütantin, ihrer Schönheit, aber auch ihrer strahlenden Jugend, und stellte sich kindisch in die

Reihen ihrer Anbeter, mischte sich ein, trotz seiner exklusiven Passion für Elisa Méry-Laurent, sein temperamentvolles Weibchen, rotblond, üppig, kokett, die erklärte Mätresse des reichen Evans, Zahnarzt der schönen Kaiserin Eugénie, und trotz der Eifersucht, mit der die Arbeit am ‹Faune› seinen Lebensabend erfüllt hat, quälte die andere den Dichter, die er als Mandoline, das heißt als Bidet in ‹Sainte› vieldeutig dargestellt, jenem späten Sonett, und die Georges Moore «die ganze Leier» nannte, denn sie war die gemeinsame Muse von Théodore de Banville, Françoise Coppée, Edouard Manet, Edgar Degas, Reynaldo Hahn – Eifersucht, Geißel des Mannes, der ihrem Dämon zum Opfer fällt, das Genie an der Leine gehalten wie das Schwein von der Hure auf jener erotischen Graphik von Félicien Rops.

«Du lieber Gott, was ein Theater! Und was für ein Aufwand! Tag für Tag fängt man alles von vorne an», sprach die alte, verwelkte Frau und gedachte des langen Wegs, den sie hinter sich hatte, und der Männer, die sie gekannt, «es hängt mir zum Hals raus.»

Sie betrachtete sich in der Spiegelung der zweiten Scheibe, wo sie als transparentes Doppelbild zwischen den Kalbsköpfen schwebte, und fragte sich.

«Bin ich besser mit oder ohne Gebiß? Ein Gesicht werde ich haben, ein Gesicht …! Diese Hängebacken, der fette Hals, mein Doppelkinn …! Fabelhaft! Ein Kuhgesicht will ich haben … Das wird ein Triumph … vielleicht der letzte, ich weiß, ich bin ziemlich fertig, aber jedenfalls ein Triumph, von dem man sprechen wird. Ich will das! Ich …»

Mit offenem Mund probierte sie das Gebiß, das sie aus ihrer Handtasche geholt hatte und das sie einsetzte, herausnahm, wieder einsetzte, festklemmte, wegnahm, sich spiegelnd, sich drehend, nach vorn sich beugend, zurücktretend einen Schritt, um den Effekt zu begutachten, und stampfte mit dem Fuß vor

Ungeduld, beide Füße im Rinnstein, der überquoll von Kohl-
strünken, von Tomaten, von alten Kartoffeln, von faulen Eiern
und anderem Abfall der ‹Hallen›.

«Dem-stärksten-Sturm-stolz-trotzend-strebt-sein-Stamm»,
deklamierte sie übungsweise, nahm das Gebiß heraus und
setzte es wieder ein.

«Ich will und gebiete …!» rief sie zwanzigmal hintereinan-
der mit großer Stimme, um ihr Timbre zu prüfen.

«He! Paß doch auf, altes Roß!» schrie ein Straßenfeger sie
an, der seinen Kehricht in einen Kanaldeckel schob. «Du hast
keine Augen im Kopf, was? Alte Dreckschwalbe, soll ich dich
mitnehmen? Da ist noch Platz auf dem Père-Lachaise …!»

«Gemacht!» antwortete die Komödiantin. «Komm in acht
Tagen wieder, ich lade dich ein, ich lade dich zu meiner Beerdi-
gung ein. Du kriegst sogar eine Freikarte!»

Und mit dem Daumen und einer Kopfbewegung zeigte sie
auf das Plakat in ihrem Rücken und rief lachend:

«Kapiert? Du brauchst an der ‹Scala› nur meinen Namen zu
nennen, dann lassen sie dich rein. Der Abend ist nicht so ganz
verloren, mein Lieber, du lachst dich kaputt! Blöder Heini, ich
sag’s dir! Ich heiße Thérèse! Thérèse Églantine, das bin ich …»

Deutsch von Jürgen Schroeder

Hähnchen-Lady

_____Später, als ich nicht einschlafen konnte, weil ich immer und immer wieder daran denken mußte, was auf der Straße passiert war, immer und immer wieder, auf diese durch die Zeit gedämpfte, verlangsamte und übertriebene Weise, sagte er: «Du brauchst keine Angst zu haben.»

«Ich hab mir Gedanken über dich gemacht», sagte ich.

«Laß es», sagte er.

«Bist du nicht neugierig?» fragte ich. «Willst du nicht wissen, was ich mich gefragt habe?»

Er seufzte so, wie Männer das tun, wenn sie schlafen möchten, nicht wütend, nur genervt, ergeben, sogar liebevoll. Als machte es ihm ein bißchen Freude, mit mir Nachsicht zu üben. «Also was?»

«Was du mit mir gemacht hast.»

«Was ich mit dir gemacht hab?»

«Ich will wissen, wie du es gemacht hast», sagte ich. «Nur für den Fall, daß ich dich nicht wiedersehe. Damit ich es mir dann selbst machen kann.»

«Du siehst mich schon wieder.»

«Jemand hat's dir beigebracht. Eine ältere Frau.»

«Leck mich am Arsch», sagte er lachend. Zum erstenmal klang er verlegen.

«Erzähl mir davon», sagte ich. «Dann höre ich wenigstens für eine Minute auf zu grübeln.»

Er schwieg. Ich wartete, fragte mich, ob er eingeschlafen war.

Männer haben die Gabe, selbst dann einzuschlafen, wenn sich das Gespräch um sie dreht. Und dann sagte er: «Das erste Mal, wo ich 'ne Braut geleckt habe, das war die Hähnchen-Lady.»

«Habe ich mir gedacht.»

«Leck mich am Arsch. Du kennst die Hähnchen-Lady?»

Ich lag vollkommen regungslos, die Arme am Körper ausgestreckt, aus Sorge, wenn ich mich rührte, würde er nicht mehr weiterreden.

«Ich war fünfzehn. Ich arbeitete für eine Metzgerei auf der St. Nicholas Avenue, Bill's Butcher Shop, lieferte Brathähnchen aus. Ihr Mann unterrichtete samstags nachmittags in der Hebräischschule. Es war Sommer. Sie ließ mich in die Wohnung. Sie gab mir ein Glas Wasser. Wir plauderten ein bißchen. Ich stand an der Spüle und trank das Wasser, und sie kam rüber, stellte sich vor mich hin und griff mir an den Schwanz. Ich stand einfach nur so da. Ich hatte Angst. War nervös. Sie sagte: Fühlt sich das gut an? Ohne die Hand von meinem Schwanz zu nehmen, fragte sie mich, ob ich schon mal mit einer Frau zusammengewesen wär. Sie nahm mich mit ins Schlafzimmer und fing an, mich auszuziehen und meine Brust zu küssen. Ich fragte die ganze Zeit, ob sie auch wirklich sicher wär, daß ihr Mann nicht gleich nach Haus kommen würde. Sie ging gleich runter und fing an, mir einen zu blasen. Dann stand sie wieder auf und zog sich aus, und ich fand, daß echt was an ihr dran war. Sie hatte einen Wahnsinnsarsch. Sie war fraulich.»

«Hat's dir gefallen?» fragte ich. Mir wurde bewußt, daß ich flüsterte.

«Gefallen?»

«Daß sie fraulich war.»

«Mit der Zeit hat's mir gefallen, aber anfangs nicht. Sie war eine Mutter. Ich meine, sie war wahrscheinlich erst sechsundzwanzig, siebenundzwanzig, aber ich hatte keinen blassen

Schimmer. Ich hab mich auf sie draufgelegt und sie gevögelt. Ich bin bestimmt schnell gekommen. Ich hab sie ordentlich durchgezogen, aber auch wenn sie nichts gesagt hat, wußte ich, daß es was anderes war, als ein Mädchen zu bumsen. Wenn man Mädchen bumst, sind sie auch nicht übermäßig erfahren, sie behalten ihre Sachen an, sie genieren sich. Aber bei ihr wußte ich, daß sie mehr wollte. Ich wußte, daß ich ein paar Dinge nicht richtig machte. Ein paar überhaupt nicht machte. Als es vorbei war, fühlte ich mich leer. Es war das erste Mal, wo's nicht um mich ging. Es war das erste Mal, wo mir klarwurde, daß es auch was Besseres geben konnte. Sie sagte gar nix. Sie stand nicht auf. Ich zog mich an, und sie lag splitternackt da. Sie wußte, daß sie einen schönen Körper hatte. Breite Hüften, hübsche kleine Brüste. Die standen ganz von selbst ab. Weiße weiche Haut. Sie war gut. Dunkle Haare, schwarze Haare. Dickes drahtiges Schamhaar, von Schenkel zu Schenkel. Ich hatte noch nie so viel Haar gesehen. Wie bei spanischen Mädchen, dicht und kräftig. Sie rief mich zu sich, und sie küßte mich. Sie sagte, soll ich dir zeigen, was Frauen mögen? Ich sagte ja. Es war schwer, die Hand in sie reinzubekommen. Sie hatte eine fleischige, dicke Möse. Man mußte bis ganz zum unteren Ende der Spalte, um einen Finger reinzukriegen. Wenn man den Finger erst mal drin hatte, war's ein ganz irres Gefühl, so, als steckte man einen Finger in den Ozean. Wenn sie auf mir draufsaß, dachte ich immer, sie pißt auf mich. Heiße Flüssigkeit auf meinen Eiern. Ich könnte schwören, daß sie auf mich gepißt hat. Sie sagte mir, daß man Frauen halten muß, wenn sie kommen, sie in den Armen halten muß. Sie brachte mir bei, wie man einen BH mit einer Hand aufkriegt. Sie meinte, das würde ich eines Tages bestimmt gut brauchen können. Sie fragte mich, ob ich schon mal eine Frau da unten geküßt hätte, und ich sagte nein. Vielleicht war das gelogen. Vielleicht hatte ich's Margaret White in Rockaway schon so besorgt. Ich weiß es nicht mehr. Ich fragte sie, ob Frauen das mögen, wenn man sie am Arsch leckt, und sie sagte ja. Sie fragte mich, ob Männer das mögen, wenn man sie am Arsch leckt, und ich sagte nein, und sie leckte mich, und ja, ich mochte es. Sie zog sich nicht wieder an. Das fand ich wahnsinnig cool. Sie zog sich einen Bademantel an, um mich zur Tür zu bringen, und sie gab mir zwei Dollar, was ich absolut unglaublich fand. Ein Sixpack kostete vielleicht knapp 'n Dollar, und sie sagte, du kannst dir ein paar Bier kaufen und einen Dollar für dich behalten. Beim zweitenmal sagte ich ihr, ich hätt die Hähnchen extra lang mit Saft bespritzt. Irgend so was Bescheuertes. Sie kriegte die besten Scheißhähnchen in ganz New York. Was war ich für 'n Blödmann. Ich heftete den Viechern die Fotze mit so kleinen Metallklammern zu und machte dann den ganzen Vormittag lang mit der Saftspritze rum. Das zweite Mal, wo ich sie sah, war ich nervöser. Ich hatte die ganze Woche an sie gedacht. War extra an ihrem Haus vorbeigelaufen. Hatte auf der Straße nach ihr Ausschau gehalten. Sie packte mich und küßte mich und sagte, ich hätte ihr gefehlt. Sie meinte, als Küsser wär ich 'ne Naturbegabung. Sie legte sich ohne was an aufs Bett, und wir küßten uns lange. Wir hatten nur eine dreiviertel Stunde Zeit. Sie lief ein bißchen rum, fragte mich, ob ich einen Sprudel wollte, stellte sich vor mich hin, die Hände in den Hüften. Ich hab sie nie unordentlich gesehen oder sauer. Das einzige, was sie mir nicht beigebracht hat, weil ich immer auf dem Sprung war, war, hinterher dazubleiben. Ich hab immer nur auf dem Sprung gevögelt. Auch später, als Bulle. Immer auf dem Scheißsprung. Ich hab meinem Freund Bozo von ihr erzählt, und er hat mir nicht geglaubt, also bin ich mit ihm zur Fort Washington Avenue, und wir haben drauf gewartet, daß sie rauskam, und sie kam mit einem Kinderwagen raus. O Gott. Sie sagte hallo zu mir, sehr freundlich, und ich stellte ihr Bozo vor. Er glaubte mir trotzdem nicht, daß ich sie fickte. Das ging anderthalb Jahre so, jeden Samstag. Jahre später, eigentlich erst vor ein paar Jahren, hab ich die anderen Jungs gefragt, die früher für Bills Laden ausgeliefert hatten – den Typ vor mir und den Typ, der nach mir kam –, ich hab sie beide gefragt, ob sie sich je an sie rangemacht hätte. Und sie sagten nein, und mit Trinkgeldern wär sie auch immer sehr zugeknöpft gewesen. Das ist mir runtergegangen wie Öl. An einem Samstag kam ich an, und sie sagte mir, daß sie wegzogen. Das ist ihr ziemlich nahegegangen, aber ich war damals zu blöd, um's zu merken. Sie hat mir dreißig Dollar gegeben und gesagt, aus mir würd ein guter Mann werden. Jetzt geh, hat sie dann gesagt. Das hat sie ständig gesagt, geh. Ich kam immer bis zum Flur, und dann rief sie mich zurück, sagte: Jimmy, Jimmy, komm zurück, und dann küßte sie mich. An dem Tag, wo ich sie zum letztenmal gesehen hab, hat sie mich nicht mehr zurückgerufen.»

Wir schwiegen beide nachdenklich.

«Weißt du, jetzt müßte sie sechzig sein. Jesus. Ich brech zusammen. Ihr Sohn ist jetzt zweiunddreißig Jahre alt. Ich brech zusammen. Wie cool das ist. Er ist zweiunddreißig.»

«Wie hieß sie?»

«Annette, glaub ich. Ich bin nicht sicher. Annette.»

«Ich steh in ihrer Schuld.»

Er lachte. «Ja. Na ja. Man wird sehen.»

Er setzte sich auf, und sein Bauch schlug genau da, wo er die Narbe hatte, eine Falte. «Sie erinnert mich ein bißchen an dich», sagte er. «Ich meine, du erinnerst mich an sie. Schmaler Rücken. Hübsche Hüften. Nur daß sie kleine Titten hatte. Sie hatte tolle Titten. Einmal, als sie schwanger war, hab ich sie von hinten gefickt, sie hockte auf allen vieren auf dem Bett, und ich hab das im Spiegel gesehen. Es war irre, der Bauch, der runterhing, die Titten, die runterhingen. Ich hab sie gefragt, ob ich sie geschwängert hätte, und sie hat bloß gelacht.»

«Es muß so gewesen sein, wie mit einer Göttin zu schlafen», sagte ich.

«Ja, Mann, sie war sagenhaft.»

«Ich meine das auch in einem anderen Sinn. In einem mythischen Sinn. In einem rituellen Sinn. Es muß dir ein Gefühl von Macht gegeben haben. Und von Ohnmacht.»

«Leck mich am Arsch», sagte er. «Ohnmacht?»

«Ja.»

«*Nein*. Warum sollte ich ein Gefühl von Ohnmacht haben? Was bringst du mich dazu, so'n Scheiß zu reden? Du machst dir zu viele Scheißgedanken. Das war ganz und gar kein Mythos.»

Ich griff über seine Hüfte und berührte die Narbe. Er rückte von mir ab, schob meine Hand weg. «Das mag ich nicht», sagte er. «Wenn du die anfaßt.»

«Tut mir leid», sagte ich.

«Du hast doch nichts getan», sagte er verwundert.

«Es kann mir doch leid tun, auch wenn's nicht meine Schuld ist.»

Er sah mich an, als wäre das für ihn ein vollkommen neuer Gedanke. Er rieb an einer roten Stelle, die er an der Kehle hatte. «Guck, was du getan hast», sagte er.

«Hab ich gar nicht», sagte ich verblüfft.

«Du weißt es nicht mehr? War's *so* gut?»

Ich hob die Hand und berührte den roten Kratzer, der ihm quer über die Kehle ging. Er drehte sich weg und schaltete das Licht ein, um auf seine Armbanduhr, eine goldene Rolex, zu sehen, schaltete es dann wieder aus. Es war drei.

«Ich muß weg», sagte er. «Um neun kommt Mr. Sweeney, der Klempner. Sie arbeitet. Ich muß dann aufsein.»

Er hatte es eilig zu gehen, hatte keine Lust zu gehen. War bereit zu gehen. «Von wem hast du dieses Ringelchen?» fragte ich.

Er sah es an. «Von meiner Frau», sagte er.

«Deiner Exfrau.»

«Ja, meiner Exfrau.»

«Ist es irgendwie wichtig?»

«Was?»

«Daß du um eine bestimmte Uhrzeit nach Haus kommst?»

Er zog die Uhr auf. «Für Mr. Sweeney wohl schon», sagte er. «Aber ihr ist das egal. Sie wird schlafen.»

«Gut», sagte ich.

Er sah mich an, plötzlich auf der Hut.

Ich legte meine Hand auf seinen Schoß und hob seinen Schwanz vom Oberschenkel auf.

Er nahm meine Hand weg, legte sie mir auf den Bauch und tätschelte sie. «Wenn du damit anfängst, komm ich hier nie weg», sagte er.

Es paßte mir nicht, daß er meine Hand getätschelt hatte. Ich richtete mich auf, kniete mich hin und setzte mich auf meine Fersen, eine Haltung, die mich an die Sammlung pornographischer Bilder erinnert, die ich einmal in der Bibliothek meines Vaters entdeckt habe, besonders an einen Druck, der eine Geisha zeigt, die sich die Ferse des nackten Fußes in die Vagina bohrt. Etwas, was ich nie hingekriegt habe. Etwas, was ich nie auch nur versucht habe hinzukriegen. Ich beugte mich vor und nahm ihn in den Mund.

Einen Augenblick sträubte er sich, lachte, stieß meinen Kopf mit seiner Hüfte zur Seite, dann lehnte er sich mit einem tiefen Seufzer, als führte ich ihn gerade zur Hinrichtung, aufs Bett zurück, stützte sich mit angewinkelten Armen ab und sah mir zu.

Er war weich und schmeckte nach Salz. Er wurde schnell hart, und mir fiel auf, daß ich den Kopf auf die gleiche langsame dippende Weise bewegte, wie es das rothaarige Mädchen gemacht hatte, und ich fragte mich, ob er es ihr beigebracht hatte, und wußte, daß er es auf eine ganz bestimmte Weise mögen würde, nur die Lippen, nicht zu fest, langsamer, einen Finger in seinem Hintern, keine Hände, keine Zeit, alle Zeit der Welt.

Er griff hinter sich und zog sich ein Kissen unter den Kopf. Machte es sich bequem. Er steckte eine Hand zwischen meine Knie, zwischen meine Beine, zwischen meine Knöchel und zog fest an mir, die Faust um meine geschwollenen, geweiteten, offenen Schamlippen geballt.

Er setzte sich auf und legte mir einen Arm um die Taille, drehte mich um und zog mich zu sich heran, so daß ich vor ihm kniete und ihm den Arsch entgegenreckte, drückte mir die Hand ins Kreuz, drückte mich herunter. Gesicht in die Matratze gepreßt. Arme über den Kopf ausgestreckt. Er zog meine Arme zu sich heran und packte meine Hände und legte sie mir auf den Hintern, und dann zog er mich, seine Hände auf meinen, auseinander, so daß ich mich ihm mit meinen eigenen Händen darbot, weit offen, durchgebogen, gespannt und leise stöhnend drang er mit solcher Leichtigkeit, solcher Selbstherrlichkeit in mich ein, daß ich in demselben Moment, in dem er in mir war, anfing zu kommen. Er sagte: «Gut so, gut so.» Er strich mir mit der Hand über den Rücken, griff unter mich, hob meine schwappenden Brüste an, fuhr mir mit dem Daumen zwischen die Gesäßbacken, verweilte einen Augenblick an meiner Öffnung, befeuchtete sie mit Flüssigkeit aus meiner Vagina, neckte, drohte. Dann ließ er sich aus mir herausgleiten, und ich ließ mich auf die Seite fallen, die Hände in einer jungmädchenhaften Verlängerung des Lustgefühls zwischen meinen Schenkeln, und dann drang er mir roh in den Mund, und ich vergaß das rothaarige Mädchen, das tote rote Mädchen.

Öffnete meinen Mund, seine Eier in der Hand, zog mit einem Finger den kannelierten Grat zwischen After und Penis nach, hin und zurück, befeuchtete ihn mit meiner Zunge, und dann legte er mir mit dieser Geste, die ich schon einmal an ihm beobachtet hatte, beide Hände auf den Kopf, bremste mich ein wenig, führte mich, ließ es mich wissen, und mit einem kleinen Schauder, einem zarten Durchdrücken des Kreuzes, kam er in meinem Mund.

Sein Orgasmus war kurz, durch eine rasche Zuckung verdoppelt und verdreifacht, so privat, so diszipliniert, daß er keinen Schrei ausstieß, kein Flüstern, keine Ermahnung. Für den Fall, daß der Mann der Hähnchen-Lady unerwartet hereinkam, die Jarmulke mit zwei schwarzen Haarnadeln am Hinterkopf festgesteckt.

Deutsch von Giovanni Bandini
und Ditte König

_____ «Du bist dir wohl zu schade, meine Möse zu essen?» schnaubt sie.

Das kann doch nicht wahr sein, denke ich.

Sonnenstrahlen drängen sich durch die dunklen purpurnen
Samtvorhänge, durchbrechen die vor dem Samt drapierte weiße
Spitze. Sie sitzt am Kopfende des großen gemütlichen Betts,
umgeben von ihrem verstaubten Putz. Ihr Körper wirkt wie
Alabasterstangen, locker in blauen Jeansstoff gewickelt.

«Hustensaft?» fragt sie.

Ich nicke.

«Er kommt aus China», erklärt sie. «Ist viel Opium drin.»

«Tatsächlich», murmele ich. «Ich dachte, die würden das
Zeug nicht mehr nehmen.»

«Er kommt nicht aus *dem* China», zischt sie.

«Oh, Verzeihung», sage ich entschuldigend.

Bob Dylan gießt den Blues, aquamarin- und indigoblau, aus
der Stereoanlage.

with your mercury mouth in the missionary times

«Hast du gehört, was ich gesagt hab?»

«Ja, China.»

«Nein», sagt sie mit Nachdruck, «daß du meine Möse essen
sollst.»

Wow, jetzt wird es ernst. Ich will den Hustensaft, aber ich bin
nicht bereit, dafür zu vögeln.

«Hier», sie gibt mir eine dunkle bernsteinfarbene Flasche in einer zerknüllten Papiertüte. Ich reiche ihr einen Zwanziger. Ich blicke auf das Einkaufsnetz zu meinen Füßen, gefüllt mit Brot, Käse und süßen, goldgefleckten grünen Trauben. Der Straßenlärm sickert durch das Fenster herein. Ich bin vor sechs Jahren weggegangen, Fontaine hatte ich völlig vergessen. Heute, eine Woche nach dem Begräbnis meiner Tante, bin ich durch die ganze Stadt spaziert. Meine Füße blieben vor dem alten Hotel stehen, sie erinnerten sich an das, was ich bereits vergessen hatte: die Musik, Jimi, Janis, Buddy Miles, Wasserpfeifen, Spritzen, Acid und Erdbeerduft und Fontaine. Ich konnte mir nicht vorstellen, daß sie immer noch hier lebte. Doch während meine Füße über den ausgeblichenen kastanienbraunen Teppich tappten, konnte ich sie mir genausowenig woanders vorstellen. Meine Nase sog den Geruch von altem Holz, Schweiß und Zigarettenrauch ein.

«Miss Fontaine, bitte, Zimmer 522», bat ich den blassen kleinen Mann an der Rezeption.

«Gehn Sie ruhig hoch», sagte er mit sanfter, schleppender Stimme.

Jetzt kam es mir vor, als wären Jahre vergangen, seit ich aus dem Aufzug getreten war. Fontaine, hager und ausgemergelt, starrt mich mit harten Augen an. Ich greife nach meiner Tasche.

«Du bist doch eben erst gekommen!» jammert sie.

Dylan singt leise:

with your sheets like metal and your belt like lace
and your deck of cards missing the jack and the ace

Sie liegt im Sterben, und ich werde abhauen, so schnell mich meine Füße hier heraustragen können. Aber ich gehe nicht. Ich bleibe sitzen und starre ihre Steppdecke an – astrologische Symbole auf viereckigen blauen Samtstückchen neben roten Rosen auf gelben Quadraten. Ich sehe ihre glänzenden schwarzen Lederreitstiefel an. Sie folgt meinem Blick.

«Funkelnagelneu», sie zuckt mit den Schultern und zeigt auf die Stiefel. «Hab sie noch nie angezogen.»

Meine Knie fühlen sich an, als wären sie eingerostet, aber es gelingt mir irgendwie aufzustehen. Ich entferne mich von den Vorhängen, kämpfe an gegen das Licht, bloß weg von den roten Rosen auf ihren gelben Quadraten. Es ist nicht weit bis zur Tür. Ich werde es schaffen.

Sad-eyed lady of the lowlands
where the sad-eyed prophet says that no man comes

Ich werfe einen Blick zurück, auf Neptun, auf blauem Samt gebettet, auf ihre langen weißen Arme, die aus ihrer Jeansjacke ragen.

Vor dem dunklen purpurnen Vorhang ist sie blasser als die weiße Spitze.

Oh sad-eyed lady, should I wait?

Knochen treten scharf hervor, als sie ihre Kleider abstreift. Ihr Körper ist eine spitz zulaufende Träne. Ich stehe. Meine Füße setzen sich in Bewegung, aber nicht in die Richtung, in die ich möchte. Jetzt knie ich vor ihr, helfe ihr, die harten Stiefel auszuziehen, erst einen, dann den anderen. Dann kommt die Jeans dran. Mir stockt der Atem, als die eingefallene Stelle zwischen ihren zwei blassen Schambeinen zum Vorschein kommt. Ich ziehe ihre Hose herunter und lasse sie neben das Bett fallen. Ihr Arm schlingt sich um meinen Hals wie ein Haken.

«Warte», bitte ich sie. Ihr Geruch ist herb – Angst, Nikotin, Parfüm. Sie ist nicht heiß, riecht nicht nach Sex.

Meine Brüste fallen aus meinem BH, warm wie mein ganzer Körper. Ich öffne den Reißverschluß meiner Jeans und lasse sie runtergleiten, spüre, wie rund mein brauner Bauch ist. Meine Jeans landet auf dem Boden neben ihrer, ich hebe die Steppdecke, ziehe das verknitterte Laken zurück und schlüpfe unter die Decke wie ein kleines Mädchen. Meine Hand auf ihrem Arm fordert sie auf, dasselbe zu tun. Ihre Augen sind stumme Bettler. Ich ziehe sie auf mich. Sie sickert in mich wie Sand. Meine Hände gleiten langsam über das psychische Schlachtfeld, das ihr Körper ist, über den Krieg, den sie verlieren wird. Ich bin erfüllt von Traurigkeit. Meine Hand umfaßt ihren Schenkel, ihren Hintern. Halt sie fest, halt sie fest, *halt sie fest*, schreit meine Seele. Und es ist so schön, jemanden festzuhalten, daß mein Entsetzen über ihre Verluste nachläßt, und ich staune, was ihr alles noch geblieben ist – das Leben, der Atem, ihre Beine zwischen meinen sich öffnenden Schenkeln.

«Dreh dich um», flüstere ich. Meine betenden Hände gleiten über ihren Körper wie der Wind, überallhin, entdecken Achselhöhle, Schulter, Hals, Lippen, Schenkel, Knie, Brüste, Bauch, Hintern, Augenbrauen, Haare. Ich halte eine Muschel an mein Ohr, versuche, dem Meer zu lauschen. Sie beginnt zu sprechen wie das Meer, flüstert, stöhnt, schäumt. Ich rutsche tiefer und ziehe ihre Vagina an meinen Mund. Meine Zunge sucht zwischen ihren Beinen nach Anzeichen von Leben. Eine Körperöffnung an die andere gepreßt, um zu saugen. Das erste, was wir nach unserer Geburt imstande sind zu tun, ist zu saugen – oder zu sterben. Meine Zunge peitscht ihre Klitoris, Glück strömt über mein Gesicht, und das Meer beginnt in meinem Mund zu fließen.

«Bitte», flüstert sie.

Ich mache weiter, mein Mund ist ein Krieger auf einem rosafarbenen Schlachtfeld, der den Tod zurückdrängt. Fühle, fühle, *fühle*, ich lege meine ganze Willenskraft in diesen Gedanken. Ihr Körper beginnt nach dem alten Rhythmus zu tanzen, und ich weiß, daß es nicht mehr lange dauern wird. Ich mache immer weiter, ihr Körper gehört mir, mein Körper gehört ihr. Noch bevor ich das sanfte Stöhnen höre, fühle ich es aus ihrer Kehle dringen. Meine Willenskraft verwandelt sich in Macht. Ich ziehe sie auf mich, und wir pressen unsere Körper aneinander, wir tanzen, wie Naomi und Ruth einst getanzt haben müssen. Sie schiebt meinen Kopf wieder zwischen ihre Beine, der Geschmack ist lebendig in meinem Mund. Sie kommt, wieder und immer wieder. Wir liegen lange eng umschlungen, ohne zu sprechen. Sie lacht wie ein warmer weicher Vogel in meinen Armen. Mein Gesicht streichelnd, flüstert sie: «Momi, was kann ich für dich tun?»

Ich zögere kurz, dann strecke ich die Hand nach dem Einkaufsnetz auf dem Boden aus, ziehe die süßen Trauben hervor. Ich halte sie vor ihren Mund und sage: «Iß.»

Deutsch von Sarah Schnier

LEANDER SCHOLZ
Mein Onkel

_____Mein Onkel hatte mich gesucht, so jemanden wie mich. Nun hat er mich gefunden. Wir sind auf dem Weg in eine Bar. Auf dem Bürgersteig kann ich mich noch nicht daran gewöhnen, meinen Begleiter Onkel zu nennen. Mein Onkel ist so groß wie ich, er hat ein Jackett an, darunter ein weißes T-Shirt, das Jackett ist blau, blaue Jeans, offene Schuhe. Er hat seine Frisur zügig nach hinten gelegt, damit ihm seine Haare nicht ins Gesicht fallen, wenn sein Neffe zu Besuch kommt. Er mustert seinen Neffen, nach all dieser Zeit hat er sich gut gemacht. Zum nächsten Besuch muß ich mir die Schuhe putzen. Mein Onkel zeigt mir die Stadt Köln. Mein Onkel erzählt seinem Neffen viel, der noch studiert, keine Zeit hat, die große Welt kennenzulernen. Zu jeder Kneipe, zu jeder Bar kann mein Onkel etwas sagen. Manchmal grüßt er einen Gast, weltmännisch, wie ein Kumpel, er kennt sich in allen Gesten. Schließlich müssen wir dringend etwas trinken. Mein Onkel weiß gar nicht viel über mich. Er will wissen, ob ich gerne Kölsch trinke, wieviel Gläser ich leeren kann. Er besteht darauf, daß ich mindestens so schnell nachspüle wie er. Auch wenn mein Glas noch halb gefüllt ist, läßt er stets zwei neue kommen. Natürlich stehen wir an der Theke, damit mein Onkel allen stolz seinen Neffen zeigen kann, ist er nicht süß, er sieht aus wie ein Student im schwarzen Jackett, weißes Hemd, und trägt er nicht eine belesene Brille. Mein Onkel versucht, seine lauten Worte an jemanden zu richten. Neben uns steht eine jüngere Frau, im Alter zwischen uns beiden. Mein Onkel stößt mich auf sie zu. Aber ich bin schon richtig betrunken. Außerdem hat sie einen Begleiter. Mein Onkel macht nur eine Handbewegung. Er spricht der Frau mitten ins Gespräch. Ich weiß nicht mehr, was er gesagt hat. Mein Onkel weiß viel zu erzählen, er ist schnell mit einem treffenden Witz. Der Begleiter versucht sich zu wehren, aber gegen meinen Onkel ist er machtlos. Und dann bringt er mich ins Spiel wie einen Trumpf. Er stellt mich neben die Frau. Ich glaube, er hat permanent für das schöne Paar zwei Bier bestellt. Der Begleiter will gehen, nicht ohne die Frau zu warnen. Ich höre, sie ist verheiratet. Aber das macht sie erst mutig, daß sie auf sich selber aufpassen kann. Sie schickt ihren Begleiter jetzt wirklich fort. Ich muß auf die Toilette. Alles geht sehr schnell. Als ich zurückkomme, hat mein Onkel schon die wichtigsten Sätze zu Ende gesprochen. Sie findet den Neffen des Onkels ebenso süß. Ich lege meine Hand um ihre Taille, greife zu, ohne auf irgendwelche Regeln zu achten. Ich küsse, ohne vorher ein Wort mit ihr gesprochen zu haben, nach dem Gesetz meines Onkels. Ich glaube, sie ist auch betrunken. Mein Onkel hat schon ein Taxi gerufen. Er bezahlt, packt uns beide am Nakken und führt uns durch die übrigen Gästehaufen hinaus. Ich wußte nicht mehr, wann mein Onkel Zauberer geworden ist.

In Dir den ganzen Tag nicht sprechen. Nichts dazu sagen, und doch geht alles seinen Gang. In Dir einen vielzähligen Körper haben. Es ist schwer, einen Muskel zu entspannen. Mal Stein sein, mal wütend vier Kiesel vorwärtstreiben, eine Leiche aufnehmen, sie untersucht und aufgeschwemmt jemandem in die Arme geben. Es ist schwer, etwas in seinen Körper eindringen zu lassen. Mal Stein sein, mal vier Kiesel an den Rand spülen, vom Land eine Leiche holen, sie weit verschicken. Den Badenden ganz nahe sein. Und das alles, weil ich nicht sprechen muß.

Im Taxi wußte sie nicht, ob sie meinem Onkel trauen sollte. Ich wußte nicht, was mein Onkel vorhatte. Wir saßen hinten, verkeilt, küßten und hielten uns. Er saß vorne, verriet uns den Weg Straße für Straße, die Räume seiner Wohnung, wie groß sein Bett war, daß wir Sekt trinken würden, daß er nichts von uns wollte. Wir kümmerten uns nicht um ihn. Sie hätte am liebsten das fahrende Auto verlassen, wäre zu ihrem Mann nach Hause gelaufen, hatte sie Kinder, hätte sich für die Nacht umgezogen, ihre schwarzkurzen, krausen Haare ausgebürstet, etwas Nachtcreme aufgetragen, um nicht über dreißig zu werden, hatte sie Kinder, ihr Körper war noch jung. Ich wäre ihr am liebsten hinterhergestürzt, ich kannte nicht ihren Namen, keine Kindheitsgeschichte, nicht, was sie am lieben langen Tag machte, am liebsten hätte ich ihr Zeit gegeben. Wir waren da, mein Onkel nahm jeden von uns an die Hand. Er hatte das Taxi bezahlt, hatte die Haustür aufgeschlossen, uns in den zweiten Stock geführt, die Wohnungstür geöffnet, uns ins Schlafzimmer gebracht, ich dachte, das muß er von seiner Mutter geerbt haben. Dann war er verschwunden.

Mein Körper ist riesengroß. Er hat fünfundzwanzig Farben, die ich nicht mehr unterscheiden kann. Seine Grenzen abzulaufen würde Jahre dauern. Ich habe noch nie danach gesucht. Seine Gestalten zu nennen würde mich unglücklich machen. Er hat viele Öffnungen, an denen ich als Kind gespielt habe. Mein Körper ist riesenschwer, so schwer, daß ich ihn nicht aus eigener Kraft hochheben kann. Wenn zwei Körper sich berühren, rühren sie an meinen, der ja so riesenhaft ist, daß ich selber nicht weiß, an welcher Körperstelle ich mich befinde. Du müßtest mich nur verschlucken. Wenn ich nicht bei Dir bin, bin ich allein.

Wir fallen ineinander, meine Brust an ihre Brüste gedrückt, Nase an Nase, wir fallen aufeinander, meine Gürtelschnalle kratzt an ihrer Hose, ihrem Hosenknopf, dem Reißverschluß, den ich zu öffnen versuche, wir sind ins Bett gefallen, an das Fußende hat sie ihre Jeans gestrampelt, zieht sie meine, die Pullover fortwerfen, wir sind gefallen in das Bett meines Onkels, in seine Wäsche, aufeinandergefallen, einmal ich oben, einmal sie, sie öffnet mein Hemd, fährt mit der Hand über meine Brust, kämmt mit den Fingern die einzelnen Haare, mit den Fingernägeln meine Brustwarzen, ich halte sie fest am Po mit meinen Händen auf mir, so daß sich ihr kleines Dreieck reiben kann an meinem Steifen, der sich aus dem Slip gegraben hat, der sich aufrichten möchte, eindringen, feucht einlegen in ihre nasse kleine Kammer. Wir sind nackt, frei ausgestreckt, im aufgewühlten Bett, neben unserer verstreuten Kleidung, ich sehe ihre Unterwäsche auf dem Boden hingeworfen. Wir schauen uns in die betrunkenen Augen. Wir wollen unsere Lust aneinander auslassen. Mein Onkel tritt in das Zimmer, er hält in seiner Hand zwei Gläser Sekt, schön, daß ihr euch schon ausgezogen habt. Wir müssen trinken, uns die Gläser wieder abnehmen lassen, dann löscht mein Onkel das Licht und versteckt sich im Zimmer. Wir halten uns nicht mehr auf, sie nimmt meinen aufgeregten Penis zwischen ihre warmen Schamlippen, in eine glückliche Umgebung, in der wir uns beide wälzen, und ich weiß nicht, wie oft wir ein und aus geschlüpft sind, unsere Ohren angefüllt vom Stöhnen, wie kräftig wir uns aneinander gestoßen haben, keine Zeit, eine Stellung einzunehmen, Halt zu suchen an dem schwitzenden Körper des anderen, nur noch eingetauchter Stamm und ein begieriges Maul, das frißt, mich frißt, daß wir immer wiederkehren. Im Augenwinkel erscheint manchmal ein Onkel ohne Hose, mit beiden Händen in seinen Unterleib verwühlt. Hier versuche ich meine Hand unter ihren Kopf zu legen, um Mund und Mund zu verschweißen, dort unter ihren Po, zwischen die weiche Teilung, um von allen Seiten dem Gezwitscher von Mäulchen und Zungenstab nachzuhelfen. Mein Onkel hat sich über uns gebeugt, er stemmt seine Hand auf meinen Hintern und erhöht kraftvoll unseren Rhythmus, so daß ich Angst habe, er müßte Angst haben, sein Bett erleide einen dauernden Schaden. Er spreizt meine Pobacken, küßt mein feuchtes Arschloch, läßt einen Finger daran spielen und sagt in unsere Tümmelei, er wisse, daß mir das gefällt. Er sei auch jung gewesen, hätte sich oft so gierig vermischt mit einer plötzlichen Frau und wäre gerne noch von hinten verwöhnt worden. Ich konnte nicht mehr. Meine Freundin schlich mir ins Ohr, mit ihrer Zunge und ein paar Tönen, einem Signal aus kurzen, heftigen Zeichen zum Überfall. Ich spritzte, ich küßte, ich spritzte, Liebe an ihren Lippen, ein Glück ist an meinen, ich laufe ihr nach, an ihren gespannten Kitzler, durch die aufgeregten Häute, tiefer in das zuckende Fleischwunder, das nicht aufhört, sich zu entspannen, zu entladen in kleinen Strömungen bis zum Po, wieder eingefangen vom kleinen braunen Loch, zurückgeworfen von meinem Finger in diesem Loch. Ich konnte nicht mehr. Als mein Onkel das hörte, bohrte er tiefer an mir wie ein zweiter Pfahl, daß ich nicht mehr weiß, ob ich auseinanderfalle, ineinander mit ihr in eine gemeinsame Wiederkehr, spät in das Innere unserer reich gewordenen Herzmuskel. Ich kam wieder. Mein Onkel legte uns auseinander, er machte Licht, wir waren betäubt, zwei zum Schein tote Kadaver, zwei Raubtiere, zur Operation vorbereitet, ohne Wehr schon alles gehabt. Mein Onkel riß die Frau auf, in ihre Kleider und wollte sie auf die Straße schicken. Er ließ ein Taxi kommen. Ich weiß noch, daß sie ihr Höschen nicht wiederfand, nicht wiederfinden sollte. Daß sie versuchte, mich zu küssen, ohne Wiedersehen, wir hat-

ten uns nichts aufgespart. Da schloß mein Onkel eilig, ein Tür-
steher, hinter ihr zu. Er hatte sie hinausgeworfen. Wir waren
allein.

Ich laufe Deine Ufer ab, aber es gibt keinen Eingang. Kein kleines Loch, in das ich schlüpfen könnte. Ich laufe an Dir, fließab,
fließauf, hin und her, aber nirgendwo hast Du auf mich gewartet. Strom und Musik fließen vorbei, wo soll ich hinein. Müde
liegengeblieben, hinausgeworfen auf den Kieselstrand, gerade
noch genügend Kraft, oder gar nicht erst hineingekommen,
nicht mehr genügend Kraft, noch einmal hineinzuspringen.

Ich war müde. Er war jetzt erst richtig heiß. Ich hatte mich zum
Schlafen zugedeckt. Er schlug die Decke auf. Ich war weich, regungslos, ein begehrter Körper. Er legte seine Hand um meine
Eier, schob meine Beine auseinander, er legte seinen Mund um
meinen warmen Schwanz. Mein Onkel hatte einen Pornofilm
eingelegt, damit ich wieder wach würde. Ich blieb eine heilige
Figur. Er mußte meinen Schwanz lange streicheln, er mußte
sich für jeden Tropfen bedanken, sich Mühe geben und mich
bedienen. Mich lecken, mich behutsam anfassen, mich auf-
merksam zwicken, bis mein Schwanz ihm wieder Spaß machen
konnte. Dann durfte er sich freuen, daß ich bei ihm war, daß
ich meinen schönen Steifen in seinen Mund steckte. War ich
gekommen, saugte er sorgfältig bis zum letzten Tropfen, bis die
Nerven sich nicht mehr spannten. Ich versank in einen Mär-
chenschlaf. Er wollte mich wachstreicheln, aber ich begann zu
träumen. In der Nacht schlug ich ein paarmal meine Augen auf.
Jedesmal entlockte er mir wieder meinen Samen. Er schämte
sich, bedankte sich, gab mir viele schmeichelnde Namen.
Sechsmal wußte ich nicht, ob ich noch träumte, im Halbschlaf,
wie er es diesmal geschafft hatte, mich zu erregen. Wir schliefen

nicht ruhig in dieser Nacht, aber ich schlief die ganze Zeit. Am frühen Morgen brachte er mir ein Frühstück ans Bett. Er machte mich zum einzigen, der soviel gegeben hatte. Ich duschte, er gab mir zwei Scheine und fuhr mich im Übermut nach Hause. Mein Neffe, komm wieder, sagte er ...

Wieder in Köln. Treffen mit meinem Onkel am Bahnhof. Er ist nicht da. Er hat mir ein Taxi geschickt, das mich zu ihm bringen soll. Wir werden uns streiten. Ich weiß nicht mehr, warum. Wir haben etwas getrunken, aber dem Onkel paßt der Neffe nicht, und dem Neffen war der Onkel zu aufdringlich. Es lief nicht, wie es einmal gelaufen war. Er redet, ohne daß ich ihm zuhöre. Ich schlage ihm vor, eine Hure zu besuchen, aber er mag keine Prostituierten. Ich sage ihm, er sei nicht mehr mein Onkel, ich müsse mich um mich selber kümmern. Den Neffen werfe ich ihm vor die Füße, er schreit irgend etwas, zieht einen Geldschein aus der Tasche, läßt ihn auf den Boden fallen, geht. Viel zu schnell für einen Verwandten. Ich habe ihn nicht mehr wiedergesehen. Mein Zug war schon längst weg ...

In Köln warst Du dabei. Als wir die Treppen hinauf, einstiegen in seine lieblose Wohnung. Wir saßen, auf einer Couch, gegenüber, unter Augen, mit Wasser und Orangensaft. Da öffnete er seinen Gürtel, schwarz um eine Cordhose gezogen, einen Lederriemen. Ich mußte ins Bad, blau und erleuchtet. Ich mußte mein Hemd ausziehen, meine Haare naß machen. Langsam, ich drückte die Türklinke hinunter, hinunter auf deine Knie mein Schrei, sein Gürtel in der Hand, in der pfeifenden Luft. Du zähltest die Schläge, die ich auf seinen Arsch fallen ließ. Für jeden Schlag, der saß, bekam ich zwei Mark. Er flehte, du bist so stark, mein Po brennt, darf ich dein Loch auslecken. Ich öffnete es ihm. Er leckte, ein Kind, sanft, und schmatzte. Seine warme

Zunge. Ich schlug weiter. Ich schlug zwei Stunden. Mein Schwanz, der aus der Hose schaute, den rieb ich. Nach zwei Stunden, die er jammerte, er bat, leckte, ich schrie, wichste, ein süßlicher Geruch war bei ihm, den ich verscheuchte, nach zwei Stunden hatte das Leder seine Haut ausgeschöpft. Er kam in einem tiefen, zerdrückten Atmen. Ich spritzte irgendwo auf den in Braun häßlichen Teppich. Vielleicht würden wir uns noch einmal begegnen. Meine Muskeln, er streichelte darüber, waren überanstrengt. Ich wusch, stumm, mir die Hände. Ein Taxi, ab. Ich erreichte, genau, meinen Zug. Hätte ich mich länger gewaschen.

ALBAN NIKOLAI HERBST
Probleme mit der Venuszahl

_____Derweil hatten Claudia und Deters ihre Venuszahlprobleme noch immer nicht auf die Reihe gekriegt. Allmacht, Allwissenheit, Allgegenwart gingen dem Lauscher, aber sonst nichts ab. Und Ewigkeit wie Einheit hatte er noch niemals verkörpert, und nur, weil er das wußte, leistete Claudia ihrem Exmann pikante Zuarbeit, denn der durfte dann ernten, am Abend. Sie ackerte zwar heldinnenhaft, schaffte den Husarenbürzel trotzdem nicht in die Exerzizie. Deters lag da wie ein seekranker Kadett, die Augen geschlossen, und ließ herummachen an sich. Wenn er nämlich aufsah, sah er Anna, und um sich nicht zu versprechen, hielt er sogar die Lippen geschlossen, knöterte bisweilen Oh und Ah durch die Nase. Währenddem fiel Sonnenlicht in hellen Streifen auf den graumelierten Teppichboden und Flokati in Lisa Wittingers Wohnzimmer. Es sah dieses viel zu sehr nach Ikea aus, als daß Hans Deters in erotische Affekte sich hätte einfinden können. Dabei war Claudia reizvoll gebaut: Die Brüste standen fest und mit vielleicht etwas zu großen, runden, geradezu fordernden Warzen vom Körper. Die Taille schnürte die Seiten eng, und die Bauchdecke rundete sanft gegens Schambein. Die rasierten Oberschenkelseiten begrenzten das spitze Dreieck, das Deters sollte zum Stern ergänzen, aber eben nicht tat. Claudia nahm sich zusammen, ihm nicht durch Präsentation ihrer Enttäuschung noch die letzte Mannbarkeitschance zu nehmen, und auch er schwieg, um von ihr nicht hören zu müssen, was er schon wußte. Ihre rechte

Hand spielte am Hodenansatz zwischen seinen Beinen, ihr Kopf lag auf seiner Brust; sie schaute gegen das leicht seitlich gerutschte, bogenförmige Glied, die rosa Eichel, die ein wenig Flüssigkeit verlor.

«Macht ja nix», sagte sie.

Er schwieg.

«Es macht mir wirklich nichts aus», sagte sie. «Ich kann das verstehn, du.»

Er schwieg.

«Da mußt du dir keine Vorwürfe machen. Sex is nicht alles.» Da er wieder nicht antwortete: «Du *sollst* dir keine Vorwürfe machen!»

«Scheiße», sagte Hans Deters.

«Macht mir wirklich nix aus. Besser, 'n Mann zeigt mal 'ne Schwäche, als daß er …» Sie seufzte. «Er hat das nie gekonnt, weißte? Deshalb ging's auch so schief.»

«Dein Mann?»

«Immer 'n großen Macker gespielt.» Sie erhob sich, strich sich flüchtig durch die schwellendheißen Schamlippen. Sie mochte es sich vor seinen Augen aber nicht tun. «Jetzt bist ja *du* da.»

Auch der Lauscher richtete sich auf, etwas lax, fuhr ihr mit dem gekrümmten rechten Zeigefinger den Wirbelgrat entlang, bis zum Ansatz der kräftigen, weiblichen Hinterbacken, in die Falte zwischen ihnen.

Sie streckte den Rücken, drückte den linken Arm nach hinten, umfaßte Deters' Hüfte, drückte zu, kniff hinein, warf sich herum, preßte ihre Lippen auf seine. «Komm jetzt», sagte sie. «Komm schon, mach zu, mach zu!» Ihre Hand umschloß so heftig und nachhaltig seinen Schwanz, pumpte gewissermaßen nach Blut, und ihre Zunge bohrte sich derart hart, wie schlürfend, zwischen seine Lippen, daß er Anna endlich vergaß. Als er

– nun indes aus Überraschung und Angst – geschlechtsschlapp blieb und die Beine ausstreckte noch, gab sie, tierhaft aufgespannt, ihm eine über den Unterkiefer krachende Maulschelle. Der Schall riß am Trommelfell, jagte spitz über Hammer und Amboß und ließ das Fenster bersten, durch das nun Flüssigkeit von der Schnecke ins Labyrinth spritzte. Schmerz und Hitze sprühten durch Nebenhöhlen und Wange. «Verdammt! Mach es mir! Jetzt, los!» Claudia beugte sich vor, ihre Zähne packten in seinen Halsansatz. Ihre Fingernägel krallten sich in seinen Rücken, rissen Striemen hinein. «Mach! Mach!» Er versuchte freizukommen, aber ihre Lippen, ihre Zähne, ihre Zunge waren überall, ihre Hände packten ihn, umklammerten ihn wie Eisenbänder. «Fick mich, verdammt! Was meinste, wozu ich dich hergeholt hab?! Zum Philosophieren?!» Um nicht zu heulen, schrie sie. «Hör endlich auf zu denken!» Ein weiteres Mal schlug sie ihn, und ein drittes, mitten ins Gesicht, verkrallte die Finger, holte weit mit den Armen aus und donnerte die Doppelfaust nieder, ihm auf den Brustknorpel. Ihm blieb die Luft weg. Er stöhnte, preßte. «Du sollst mich endlich ... endlich ...» – Hans Deters mußte reagieren. Er schnellte vor, ergriff ihre Hände, ihre Zunge tänzelte aus dem aufgerissenen Mund im brodelnden Atem. Sie versuchte, ihn mit den Augen aufzuspießen. Da warf er sie mit Kraft von sich, holte aus, schlug sie seinerseits. Sie war nicht für einen Moment erstaunt, sondern wehrte sich sofort. Er wollte aus dem Zimmer rennen, aber sie sprang ihm in die Fesseln, schlug ihre Zähne in seine Waden, riß ihn nieder, er wälzte sich herum, holte aus, Blut spritzte ihr in die Nase, aber sie lachte, lachte und erwiderte den Schlag. Er kam nicht von ihr weg, sie umschlang ihn, biß ihm in den Gliedschaft, seitlich, kniff seine Arschbacken, bohrte ihm einen Finger in den Anus, drückte einen Daumen in seine Augenhöhle, so daß er seinen Kopf weit zurückpressen und ihr seinen

Adamsapfel ausliefern mußte. Was sie nutzte. Beide brüllten so sehr, daß auf der Straße vor dem Haus Leute stehenblieben.

«Der bringt sie doch um!»

«Ach was, sie ihn!»

«So was am hellichten Tag!»

«Schaffen Sie die Kinder weg! Das müssen die doch nicht hören!»

«Unverschämtheit so was, nich mal die Fenster zugemacht ...!»

«Das hätt's früher nicht gegeben ... – Spießrutenlaufen hätt man die lassen.»

«Nackicht sind se ja wohl schon!» lachte einer.

«Scheißpack unmoralisches!»

«Ach komm' Se, is doch menschlich ...»

«Das?! Das soll menschlich sein?! – Schweinerei!»

«Jetz hat er se gekillt!»

Aber Hans Deters war nur in Claudia Deutsch hineingedrungen. Er hatte sie vor sich hingeschmissen und sich draufgeworfen. Indes er ihre Handwurzeln umklammerte und in den Teppichboden preßte, streckte er den Leib und grätschte die Beine. Sie strampelte, er holte aus mit der Rechten, schlug zu. Eine halbe Sekunde war sie besinnungslos. Das war der Moment, den er nutzte für den entscheidenden Stoß. Sie kreißte, als würde sie gebären, bäumte sich ihm zugleich entgegen wie fort in sich selbst, mit ausgestülpter Innenhaut, feucht und brennend und blutig. Noch einmal schrie sie, bis ihr die Kehle schmerzte, so weh tat es und war so voller Lust. Und auch Hans Deters brüllte, drückte seinen Mund auf ihren, schmeckte von ihren und seinen Tränen, ihrem und seinem Blut, von Schweiß, Salz, Haut, Haaren. Sein Unterleib beschlug ihren Venusberg, er durchstach, durchbohrte sie, riß die Schleimhäute auf, pochte, klopfte gegen die Klitoris, die schwoll, sich fast erschreckend dehnte, länglich, auberginen, ein gläserner, harter Amethyst. Als würde man aufgepustet wie ein Frosch. Claudia glaubte nicht, nein sie spürte, nein erfuhr, nein empfand, nein: tatsächlich platzte ihr Kitzler, verspritzte sich, detonierte. Krampfhaft kontraktierte die Ringmuskulatur. Auf der Stirn des Lauschers schwoll eine Ader. Er kniff die Augen zusammen, Funken, grün, rot. Leuchtendes Violett. Dann schoß er. Verschoß sich. Sperma blähte den Harngang, riß die Mündung auf. Quer durch den Ozean glühenden Gases bewegten sich Myriaden heller Blasen; sie glänzten in einem perligen Licht, das innerhalb weniger Sekunden aufleuchtete und wieder verblaßte. Sie alle wanderten in die gleiche Richtung – wie stromaufwärts schwimmende Lachse. Manchmal schlängelten sie sich hin und her, so daß ihre Bahnen verflochten; aber nie berührten sie einander.

Claudia Deutsch und Hans Deters lagen ineinander verschränkt und weinten. Allmählich brannte die verwundete Haut, es pulsten die kleinen Narben, und das Nasenblut schmeckte unangenehm süß auf den Lippen.

«Geh», sagte sie und drückte den Männerleib von sich. Er rollte völlig kraftlos zur Seite. «Geh und laß dich nie wieder sehen.»

Er wischte sich mit dem Handballen über die Augen, schluchzte.

«Mein Gott, tut das weh.» Sie richtete sich auf, erhob sich ganz, spürte jedes Knörpelchen schmerzen, schloß die Wohnzimmerfenster. Dann erst bemerkte sie die Blutflecken. «Um Gottes willen … wenn das Lisa sieht!»

«Wart, ich helf dir.»

«Nee danke, nee, wirklich … Hau ab, Mann! Hau ab. Ich kann dich nich mehr sehn!»

«Du brauchst ein Pflaster auf der Augenbraue …»

«Verpiß dich, Macho!»

Er ramschte seine Kleidung zusammen, schlüpfte in die Unterhose, das Hemd, die Jeans. Claudia lief derweil in die Küche, kam mit Wassereimerchen, Schwämmchen und einer Küchenpapierrolle zurück. Dann fing sie am Boden herumzureiben an. Das war deshalb so sinnlos, weil ihr das Blut in kleinen, doch zähen Tropfen neu und neu aus der aufgeschlagenen Brauenwulst tropfte.

«Mensch, du brauchst was auf'm Auge!»

«Zieh Leine, du Schwein! Laß mich endlich allein, du widerlicher Typ!» Samen trat ihr aus der Vulva.

Als die Tür zuschlug, blieb die junge Frau noch fünf Minuten gefaßt, dann ließ sie sich, so wie sie war, blutend, schwitzend, tropfend, auf Lisa Wittingers Teppichboden fallen, zog die Beine an, schluchzte und schlief vor Demütigung, Lust und Trauer gänzlich erfüllt im Sonnenlicht ein.

BOTHO STRAUSS
Die Frau meines Bruders

_____Als ich das abgelegene Haus, in dem die Frau meines Bruders mich erwartete, betreten hatte, blieb ich, jäh angekommen wie ein Verfolgter nach langer Flucht, mit dem Rükken gegen die Tür gepreßt, stehen und verriegelte, bevor ich einen Gedanken fassen konnte, hinter mir das Schloß. Vom ersten Augenblick an gab es zwischen diesem Wesen und mir kein Ausweichen mehr. Die Frau trug ein wadenlanges Kleid aus brauner Rohseide mit weißen Aufschlägen an den halben Ärmeln. Sie war nicht fremdländisch gekleidet. Doch ihre bronzefarbene Haut, ihr schmaler, scharfer Gesichtsschnitt ließen mich nicht an ihrer levantinischen Herkunft zweifeln. Ihre Augen, ein wenig auseinanderliegend, zu den Schläfen angezogen, hatten einen warmen, dunklen Glanz. «Was ich gesehen habe!» sagten diese Augen lange, und ich hätte gern in ihr Erschautes geblickt. Denn uns trennten die Sprachen. So standen wir auf engstem und ausweglosem Raum stumm voreinander. Wieviel Kraft, wieviel künstlichen Widerstand kostete es schon in den ersten Minuten, uns gegen den Sturm, der uns zusammentrieb, anzulehnen und zu sträuben, uns wie die Enden einer ausgespannten Schriftrolle auseinanderzuhalten! Der Sog hätte uns schnell überwältigt, wäre nicht im gleichen Maß auch die Ehrfurcht gewachsen, die uns vor einer schuldhaften Verfehlung bewahren sollte. Zwischen beiden Gewalten beinahe zerrieben, gerieten wir alsbald in eine tiefe, urtümliche Not, in der wir von jeder leichten, modernen Gesittung vollkommen abgeschnitten wurden. So brachen denn längst versiegte Quellen des Empfindens und Betragens in uns wieder auf, und ein milder Zustrom von geprägtem Gehabe, von frommen Formen rann durch unsere erschrockenen Glieder. Sie besänftigten fürs erste die Gewaltsamkeit, in der wir uns gegenüberstanden. Sie dämpften das unheimliche Grollen, das ängstliche Wimmern, welche die Entstehung der Welt in des anderen Angesicht begleitet hatte.

Stumm, streng und nicht abreißend erfolgten zwischen der fremden Verwandten und mir die Wendungen und Kehren der Ergebenheit. Zahllos waren die Neigungen des Grüßens, erleichternd das Knien Seite an Seite mit erhobener und gesenkter Stirn, mit zum Schutzflehen oder zur Abwehr ausgestreckten Armen; ballastabwerfend das immer wiederholte Küssen der Füße. Denn dies waren unsere einzigen Auswege aus dem engen, verschlossenen Ort, und wir beschritten sie rasch und sehr scheu. Ohne Aufenthalt eilten wir durch die fernen Handlungen wie durch endlose Flure, durch Zeit-Fluchten, die uns zu den entlegensten Bräuchen und Sitten führten, ja sogar noch weit hinter sie hinaus, bis zu den dumpfen Formeln eines vormenschlichen Wissens. Einmal von der Gebärde erhoben und von ihr durchdrungen, war uns in diesem beschränkten, einräumigen Haus (das daneben nur Küche und Bad umschloß) eine ungestalte Bewegung kaum mehr erträglich. Kein Schritt, keine Stellung ohne Maß und Vorbild, ohne das Zeichen eines übergeordneten Anstands. Daher kam es zwar zu gewissen Berührungen zwischen uns, doch niemals zu solchen, deren ritueller, ja *öffentlicher* Charakter sich nicht wie ein sicherer Isolationsschutz um unsere gespannte Haut gelegt hätte. So konnte ich wohl die Frau meines Bruders an der Hüfte oder am Hals fassen, sofern wir eine bemessene Figur des Danks oder der Erwartung vollführten; unmöglich war es hingegen, ihr im Vorübergehen bloß einmal die Wange zu streicheln. Das hätte uns auf der Stelle zueinander hingerafft. Auch unsere Nahrungsaufnahme wurde von wechselseitigem Dienst beschirmt und von Speise- und Trankopfern begleitet, die wir regelmäßig abhielten, um den erbitterten Dämon zu beschwichtigen, der uns nur mehr die Wahl zwischen Schandtat und Wahnsinn lassen wollte. Solange wir aber den Tag in gefestigtem Umgang verbrachten, konnte uns auch die Nacht, da wir auf dem gemeinsamen Lager ausruhten, nicht umstürzen. Es waren häufig modrig naßkalte Träume, die in eine Gruft hinunterführten, wo Aufbahrung und Leichenbegängnis die Szene beherrschten. Das Zimmer unserer Zucht verkehrte sich dann in einen blumenüberladenen Katafalk, die verschwenderische Keuschheit ging über in die stille Pracht der letzten Dinge.

Wir näherten uns indessen dem Zeitpunkt, da das vielfältige Gehabe, das bis dahin wie ein Prisma unsere Sinne gebrochen und abgelenkt hatte, nun deutlich in seiner Wirkung umschlug und unser Verlangen erst recht zum Äußersten trieb. Von Demut erfüllt, wahrhaftig bis an den Kragenrand, durch eine geradezu frenetische Achtung aneinandergekettet, waren wir eines Tages nicht mehr bereit oder gar imstande, zwischen unseren Körpern mehr als eine Handbreit Abstand zu dulden. Mit verdrehtem Blick, unter Schütteln und Beben, steigerten wir die Zeremonie, und ihre Rhythmen trugen uns über die Grenze der Art, verbanden uns mit anderen Lebewesen, und gerade so, als hätten wir den Erbteil der Bienen in uns aufgerührt, erzitterten wir in Wipptänzen und Vibrationen, mit denen sich diese im Fluge verständigten.

Jedoch: mehr war nicht zu ertragen; die Reise zu weit, die Spannung zu übermächtig, ich brach aus dem Reigen aus. Ohne Bewegung, formlos und nichts als da, so blieb ich vor ihr stehen. In der jähen Ruhe federte mich ein üppiger Blütenkelch ab, wie der Luftsack, der vor dem Aufprall aus dem Steuerrad springt, so wollte er mich vor der brutalen Vergegenwärtigung schützen, mit seinem Staub und Duft mich vorsichtig betäuben – doch da war es schon zu spät. Ich riß meine Kleidung auf und gab meine Haut frei. Die Frau kniete vor mir nieder und bedeckte meinen starren Vorsprung mit beiden Händen. Sie versah ihren Dienst mit einer ebenso gewandten und scheuen Hingabe, als wäre unser schönes Benehmen durch nichts beeinträchtigt. Für sie schien es im Gegenteil noch längst nicht unterbrochen. Jedoch erhob sie, während sie mich berührte, ihr stummes, regloses Gesicht und sah mir zu ihren Handlungen gerade ins Auge. Doch ich, in eine ungeahnte Höhe der Lust entschwindend, erkannte nicht mehr, wer mich dort unten anblickte und was er zu ergründen suchte.

Niemals verspürte ich eine gewaltigere Hervorschleuderung meiner Kraft als in jenem Augenblick, da die weißen Peitschenhiebe über ihr aufgerichtetes Gesicht schlugen, welches nicht einmal zuckte und vom gehorsamen Schauen nicht abließ.

Wenig später aber wußte ich vor Scham und Reue nicht, wie ich mich vor ihr verbergen sollte. Ich war mir gewiß, gegen das Gesetz, dessen Wurzeln ich in der tiefen Religiosität und Heimattreue dieser Frau vermutete und dessen Gewalt ich immerhin in der leidenschaftlichen Achtung verspüren konnte, die wir ihm beide lange Zeit gezollt hatten – ich war mir gewiß, gegen dieses fremde und abgründige Gesetz auf eine unversöhnliche Weise verstoßen zu haben. Jedoch die Liebreiche kam nun zu mir mit Schüssel und Tuch, sie wusch mich und schloß meine Kleidung mit geübter Sorgfalt. Kaum war aber dies geschehen, da setzte sich das Regelwerk unseres Gegenüber-Seins auch schon wieder in Bewegung. Der kostbare Umgang, das schöne Benehmen entfalteten sich aufs neue und prangten in ihrem Formenreichtum nicht anders als ein morgenfeuchter

Garten unter den ersten Sonnenstrahlen. Das Gesetz, das sanftmütige, war über dem Vergehen rasch zusammengewachsen, nahtlos und fein, wie frisches Zellgewebe über der Wunde. Das enge, entlegene Haus – auf welch geheimen Gründen und Quelladern mochte es wohl errichtet sein, daß hier soviel Nieempfundenes in einem Menschen emporstieg? –, es füllte sich wieder mit unseren bald geweihten, bald galanten Wendungen und kleinen Kulten, es entbarg wieder seinen schier unermeßlichen Zeit-Raum. So ging es eine gute Weile ohne neuerliche Anspannung, und das Spiel bewegte seine Figuren nun mit leichterer, zuweilen auch etwas fauler Hand.

Eines Morgens erwachte ich von einem Zug stechender, übler Luft. Als ich mich umblickte, befand sich die Frau meines Bruders nicht mehr neben mir und auch nicht in unserem einzigen Zimmer. Augenblicklich befiel mich ein starker Brechreiz, ich sprang vom Lager, um rechtzeitig das Bad zu erreichen. Als ich dort durch die schmale Tür stürzte, hielt mich ein gewaltiges Entsetzen an. Das Wesen, dem ich durch die beglückendsten Tänze verbunden war, empfing mich, auf das fürchterlichste verändert, in einem Zustand unvorstellbarer Besudelung und Erniedrigung. Es lag träg in der zur Hälfte mit Kot gefüllten Wanne und erbrach sich fortwährend über die eigene Brust. Es sah mich mit einer entseelten, scheinbar grienenden Fratze an, es lallte aus dunkel rinnendem Mund etwas, das ich nicht verstand – und dies waren überhaupt die ersten Laute, die ersten Worte, die ich von meiner Gespielin vernahm. Von grausigem Ekel ergriffen stürzte ich blindlings davon, rannte zur Haustür, nur fort aus diesem dreckigen Chalet, diesem mörderischen Gestank. Doch die Tür war seit meiner Ankunft versperrt, der Schlüssel achtlos verlegt. Ich lief zur Fensterfront, riß die Vorhänge zurück, doch anstelle einer Jalousie war dort eine dichte Stahlplatte heruntergelassen, die gegen Luft, Freiheit und Licht uns nun abriegelte, den kotigen Dämon und mich. Es schnürte mir die Kehle zu, ich glaubte, jeden Augenblick ersticken zu müssen in dieser ätzenden, verseuchten Gefangenschaft. Schon halb besinnungslos, taumelte ich zurück in den Baderaum, stolperte dort über leere Behälter, Chemiecontainer, in denen die Spiel-Brüchige offenbar während all der feierlichen Tage ihren Abfall gesammelt und unter Verschluß gebracht hatte. Ich fiel zu Boden, und als ich mich umdrehte, sah ich, wie hinter mir die Frau sich in der Wanne aufrichtete und mich mit schwerem, verdorbenen Blick zu sich rief. Nein! Nicht mehr dieses Ungeheuer sehen! Ich drückte das Gesicht fest gegen die Kacheln und versuchte reine Luft aus ihren Poren zu saugen. Wie lange ich, niedergedrückt von Abscheu und Furcht, dort reglos verharrte, weiß ich nicht; doch irgendwann erhob sich sachte das schaurigste Gefühl, und eine erste Welle des Erbarmens durchfloß mein Herz. Und das Mitleid schwoll an wie sonst nur der Zorn, es wurde immer stärker und steigerte sich zuletzt bis zur reinen Heilsidee, einem Erlösungseifer, einer kaum geringeren Besessenheit, als sie der Widernatürlichen selbst innewohnte. Denn rang dort nicht eine Edle mit einer höllischen Verdorbenheit? Und selbst wenn beide zusammen ihr wahres Wesen ausmachten, war es nicht an mir, ihrem besseren Teil zu Hilfe zu eilen und ihn zu befreien aus der Umklammerung des üblen? Waren ihre gurgelnden Laute, die ich nicht verstand und zuerst für ein Grunzen der häßlichsten, abartigsten Behaglichkeit hielt, nicht in Wahrheit qualvoll geknebelte Rufe um Gnade und Beistand? Ich stand also auf und trat wie ein christlicher Ritter an ihren Pfuhl. Ich muß zugeben, ich erblickte ein Geschöpf, das in unendlicher Entfernung von der Sphäre des Menschen niederkauerte, am Rand, nein schon inmitten der breiigen Zuflüsse der Verdammnis hing, das aber dennoch weit die Arme ausgebreitet hatte, um genommen und gerettet zu werden. Nur meinem hohen Bekenntnis war ich es schuldig, in diese flehend geöffneten Arme hinabzusteigen, um diesem Wesen die Freude zu bringen und es dem ewigen Umlauf des Unflats zu entreißen. Kaum hatte ich mich über die Entstellte gebeugt, da ergriff sie meinen Leib und umschlang ihn mit moorigen Gliedern. Die gewaltsame Jagd unserer Körper, die nun erfolgte und die einzig dazu diente, das Ungetüm ihrer Verdorbenheit zu erlegen, führte uns durch einen schauerlichen Rausch, zu einer blinden Raserei, wo Mord und Werden eins sind und Schreie Feuer spucken. Es geschah denn auch, daß ich im selben Augenblick, da ich die Bestie tödlich getroffen hatte, das Bewußtsein verlor und in eine dumpfe Ohnmacht sank.

Ich weiß nicht, wie viele Stunden ich ruhte. Als ich jedoch wieder zu mir kam, lag ich allein auf einem blütenweißen Betttuch und standen vor mir die Fenster des Chalets weit offen, ich blickte auf eine muntere, leicht ansteigende Wiese aus und in das wuchtige Haupt einer alten Eiche. In ihrem Schatten saß halb verborgen ein altes Weib auf einem Klappstuhl und blätterte in einer Zeitschrift.

Ich bemerkte auch, daß ich säuberlich angekleidet war und nicht die geringste Spur meiner im niedrigsten Schmutz vollzogenen Handlung an mir verblieben war. Es mochte wohl schon später Nachmittag sein; ein mildes Licht fiel über den wehenden, warmen Hügel. Mir war, als hätte sich diese kleine Landschaft eigens zu meiner Schonung und Genesung dort vor das Haus gelegt; ich schloß wieder die Augen, und meine erwachenden Lebensgeister zogen ins Freie, wanderten draußen wie in Blüten stöbernde Falter.

Wenig später aber griff ein leicht erzürnter Wind in die Eiche und schlich durch ihr dunkles Blättergewölbe. Es erhob sich ein tausendstimmiges Rascheln, doch kam es nicht von unruhigen Blättern. Endlose Schleifen tanzten im Baum, schmale Bänder von aufgelösten Kassetten und Spulen umwanden die Zweige. Das ganze Gedächtnis-Gekröse, die Luftschlangen des Wissens und Verwaltens verknäulten sich zu dicken, lockigen Haufen. Aufgelassen waren die Speicher der Töne und Daten, die ordentlichen Archive des Zeitvertreibs, unbrauchbar und gänzlich verheddert flatterte die große Sammlung im Wind. Aufgelassen aber auch der magische Bund der verkürzten Geschöpfe, Gesellschaft genannt, welcher seit langem unsere Eigenschaften schlicht hält. Die Worte, die Namen, die Kenntnisse, den Insassen entfielen sie nun wie Perlen von der zerrissenen Kette.

Da rollte der Donner ‹Vollkommener Verstand› im tiefen Baum, und kurz darauf kroch der Vogel Bren, der graue, erdunterschlüpfige Greif aus einem Spalt im Schaft hervor. Doch konnte er sich nicht erheben, denn seine riesigen schlammstarren Schwingen waren wie Schieferplatten so schwer. Unglücklich behindert, schlug er sie dröhnend zwischen den Ästen. Dem Greif stand aber eine spitze Lichthaube aus leichter, sonniger Flamme auf dem flachen Schädel. Jedoch schien sie ihn sehr zu bedrücken, denn er senkte den Kopf darunter und hielt den Nacken immer schief.

Wie denn? Belastet die Flamme die Kerze? Und das Licht unseren Kopf? So fragte ich, als ich den erhabenen und plumpen Erdgreif betrachtete, der eingeklemmt unter den Zweigen seine Kraft nicht entfalten konnte. Wieder spreizte er sich und schlug auf, als wollte er sogleich mit seiner schwarzen Schwere hervorbrechen aus dem dichten Blattwerk. Doch es gelang nicht. Als er aber am höchsten und bebendsten sich emporreckte, da befreite sich aus seinem dunklen Gefieder – gerade als habe das angstvolle Herz es ihm aus der Brust geklopft – ein leuchtender Strahlenring, ein schlingernder Schein, und er schwebte, sich mehr und mehr entfaltend, vom Baum davon, kam langsam niedersteigend zu meinem Lager herüber. Und dieses Gesicht, welches nun vor mir entstand, dies gewittrige Glück, dies menschliche Gesicht! Welch unbändige Freude ergriff mich: es kommen, es werden zu sehen! Mit Augen so groß und glänzend, daß vereinte Völker sich darin spiegelten, mit Lippen so beginnend geöffnet, daß alle Sphäre Ohr ward ... «Das Neue, das Neue!» stammelte ich und wollte mich aufrichten, «das uns alle überflügelnde Neue ...» In diesem Augenblick waren mir die Umrisse einer wohlbekannten Gestalt ganz nah, und ich wurde sanft auf mein Lager zurückgebeugt. Ines, meine schöne Gefährtin, lehnte über mir und beruhigte mich. «Du mein Freund», sagte sie mit einer milden, endgültigen Ankunft. «Du mein Freund.» Ich lag aber, ein winselndes Häufchen Unverstand, weit, weit unter ihr im Geröll und hörte ihre warme Stimme noch immer in den Lüften. «Das Neue, das Neue!» stammelte ich abermals und wies ängstlich nach draußen, wo indessen jegliche Erscheinung aus dem Baum gewichen war.

«Nein», erwiderte Ines, «nicht das Neue. Hier gibt es eigentlich gar nichts, was diesen Namen verdiente. Sieh dich nur um. Du wirst rasch bemerken, wie unnütz ein solches Wort für uns geworden ist.» Ich verstand nicht, was sie meinte. Sie hieß mich aufstehen, sie nahm mich bei der Hand und zog mich langsam heraus. Wir verließen also das Haus, diese schreckliche Druckkammer der Lüste, in der ich unter hohen Belastungen geprüft worden war. Vor seinen Eingang hintretend, war mir, als zöge die schöne Gefährtin erst jetzt die schlaffen, ergrauten Vorhänge beiseite, die ich so lange angestarrt hatte, während ich mit der fremden Verwandten durch Höhen und Tiefen, durch Kreise und Fluchten, durch die weite Ideen-Welt der Liebe gewirbelt war. «Sieh nur», rief Ines, «hier hast du die ganze bekannte Rosensippschaft. Und dort stehen die Fresien und Fuchsien, die Hyazinthen und die Gladiolen. Und alles, was zu deiner Ermutigung angetan ist, trägt doch einen sicheren, altgedienten Namen.» Tatsächlich zog sich gleich unter dem Fenster des Chalets ein schmaler Rosenhag hin, in dem die vielfältigen Hybriden wie zu einem großen Familientag versammelt waren. Manch andere Blumenbeete schlossen sich an, die ich, vom Bett nur nach der sagenhaften Eiche ausschauend, alle nicht bemerkt hatte. Und Clematis, unzählige Blüten, hingen über der Hauswand und bedeckten sie mit tiefem Himmelsblau. Nach und nach erkannte ich die begrenzten Abteilungen, buchstabierte die reichlichen Arten dieses Gartens, den die Syks hier oben angelegt hatten und der wohl auch zum freundlichen Übergang in die alte Ordnung dienen mochte, wenn jemand die Siedlung verlassen wollte oder mußte. Von jedem Gewächs vertrieb ich nun seinen wunderlichen Fabelstaub und stellte an ihm seinen zugehörigen Namen fest. Und in jeder Benennung empfing ich einen zarten Anklang von aller Materie, ein winziges Signal aus der unermeßlichen, rasenden Räumlichkeit, die durch dichte, lückenlose Verkettung von Schicht zu Schicht vom Größten und Fernsten bis hinunter zum Nächsten scheinbar langsamer wird und doch in Wahrheit auch im stillstehenden, innerlich aber bebenden Aufbau der Pflanze und des Minerals niemals zur Ruhe kommt, die nie und nirgends Einhalt findet, so wie sie auch nach unserem, dem Menschenverstand, ewig noch andere hervorbringen wird. Doch wieviel Ordnung begreift nicht schon, wenn er sich ganz selbst überlassen ist, der augenblickliche Geist! Nur die teilnahmslos Beschäftigten, die Männlichen gleich welchen Geschlechts, die immer glauben, ihr Dasein allein der Gesellschaft abringen zu können, die berührt es noch nicht ...

Für einen Moment wurde ich stutzig, nämlich als mich Ines fragte, ob ich bereit sei, mit ihr zur Kommission nach Frankfurt zu reisen, da man von dort dringend ‹ihren Bericht› angefordert habe. *Ihren* Bericht? Hm. Ich zuckte nur die Achseln und sagte nichts. Mochte sie mich mitnehmen und fahren, wohin sie wollte. Mir war es vollkommen gleichgültig. Zu den Syks durfte ich nicht mehr zurück. Da war mir Ines' Nähe entschieden das Zweitliebste.

Auf unserem Weg hatten wir uns bald der alten Frau genähert, die immer noch unter der Eiche in ihrer Illustrierten las. Nun blickte sie auf und nickte uns freundlich herbei. Aus ihrer Schürze zog sie einen Zettel hervor und streckte ihn mir entgegen. Meine Verwunderung war nicht gering, als ich ihn besah und eine säuberlich ausgeführte Rechnung über meinen Aufenthalt im Chalet in Händen hielt. Sie belief sich im übrigen auf eine nicht gerade zimperliche Summe. Ein beigeheftetes Blatt wies unter dem Aufdruck ‹Kur und Verpflegung› im einzelnen aus, was mir zugute gekommen war. Jeder Dienst und jede Prozedur, mit denen die ‹Frau meines Bruders› mir aufgewartet hatte, waren hier in geläufigen Kürzeln verzeichnet und nebenstehend berechnet. Nicht anders, als hätte ich ein Luxussanatorium in Anspruch genommen. Gewiß hätte ich diese Forderungen sogleich als unbillig zurückweisen können, denn schließlich war ich nicht auf eigenen Wunsch zum Chalet und zu der zweifelhaften Verwandten gekommen. Und woher hätte ich wissen sollen, daß es unumgänglich war, das Reich der Synkreas durch diese hygienische Schleuse, diese kostspielige Seelenwaschanlage zu verlassen? Natürlich verzichtete ich darauf, irgendwelchen Einspruch zu erheben, und beglich umstandslos die Rechnung. Eine solch kitzlige Geldangelegenheit hätte mich allzu leicht in Empörung versetzen können; Spott und gemischte Gefühle hätten sich in mir geregt, und damit wollte ich mir keinesfalls den Abschied von den Syks verderben. Spott und gemischte Gefühle sind die heimtückischen Agenten der linken Hemisphäre.

Auch als ich nun in einigem Abstand hinter der deutschen Eiche ein weiteres, gleichförmiges Chalet entdeckte, und dann im ferneren Umkreis auch noch einige andere, und also vermuten durfte, daß die Syks für ihre Kult-Kuren bereits ein ganzes Feriendorf eingerichtet hatten, ließ ich mich nicht umstimmen, sondern nahm es mit Ruhe und Wohlwollen hin. Ich lehnte mich bei meiner schönen Gefährtin an, mit der ich mich noch immer im besten Geist der Siedlung vereint wußte.

Auf dem Weg zu Ines' reisefertig geparktem Wagen kamen wir an einem Sportplatz vorbei, der mit einem hohen Maschendraht umzäunt war. Dort hatte sich eine Schar junger Männer und Frauen in ein Ballspiel geteilt, und sie waren mit solch anmutigem Eifer bei der Sache, daß ich einen Augenblick als Zuschauer verweilen wollte. Ich trat näher an das Gitter und erfreute mich an den schnellen Abwürfen und der kämpferischen Eile der weißgekleideten Spielerinnen. Plötzlich aber erkannte ich unter ihnen meine stille, unheimliche Hosteß. Die Frau meines Bruders spielte hier ausgelassen, anfeuernde Rufe verteilend, mit ihresgleichen Völkerball. Kaum hatte sie auch mich erblickt, da winkte sie freudig herüber und kam in ihrem kurzen Faltenrock, der ihre langen dunklen Beine freigab, an den Zaun gesprungen. Sie drückte ihr schönes, morgenländisches Gesicht gegen den Draht. Sie lächelte fragend, ein wenig verlegen sogar; unsicher, wie ich denn alles hingenommen und für mich verwunden hätte. Ich trat aber geradewegs auf sie zu und küßte ihre in die Maschen greifenden Fingerspitzen.

Sie, die mich auf schwindelerregendem Paß bis weit über die Schaudergrenze der Lust hinausgeführt hatte, verdiente sie nicht jetzt erst recht meine ungeschmälerte Bewunderung, zumal ich nun wußte, daß *sie* mit subtiler Gewohnheit gehandelt hatte, wo *ich* ganz dem Einzigartigen und Niedagewesenen hingegeben war? Und wo ich in die einsamste, gottverlassene Paarung einwilligte, da hatte sie nur eines ihrer kundigen Spiele vollendet. Wie sollte ich nun nicht ihre hohe sinnliche Überlegenheit und Meisterschaft anerkennen? Als Frau meines Bruders nächtlich und begehrenswert, erschien sie mir nun, als Künstlerin entlarvt, hell und verehrenswürdig. Fast wäre ich also, wie im ersten Ansturm unserer Begegnung, erneut vor ihr niedergekniet, doch da trat Ines zwischen uns und zog mich lästig beiseite. Sie drängte zur Abfahrt. Ein letztes Mal grüßte ich die vollkommene Fremde und nahm Abschied auch von dieser äußeren, schon leicht entglittenen Wirkstätte der Syks.

NICHOLSON BAKER
Nachbarin

_____Mitte September ließ Karyns sexuelles Interesse unerklärlicherweise nach. Sie legte alle ihre Dildi und Vorrichtungen in die Schublade, in der David einst seine Pullover aufbewahrt hatte. Die letzten beiden Spielzeuge, die sie bestellt hatte – ein winziger Vibro mit aufreizend eckzahnigem Aussehen, jedoch einer makellos *comme il faut* geformten eingelegten Okraschote nachgebildet, und ein riesiges Armande-Klockhammer-Autogramm-Modell – probierte sie nicht einmal mehr aus, bevor sie sie weglegte. Sie empfand eine milde snobistische Verachtung gegenüber Leuten, die so viel von ihrer Freizeit auf Solo-Sexspiele verwandten. Ihr ganzjähriger Garten beispielsweise war viel befriedigender als ein Haufen vergangenheitsloser, zukunftsloser Orgasmen. Begeistert las sie Blumenkataloge. Nach eingehender Auswahl bestellte sie bei Mack's mehrere hundert Tulpenzwiebeln. Als sie mit UPS kamen, wich sie sanft vor dem gierigen skrotalen Geifern ihres Freundes John in dem braunen Laster zurück. Es war erregend und seltsam, mehr als ein sexuelles Wesen zu sein, Interessen zu haben. Als sie sich die Zwiebelkartons ansah, wurde ihr jedoch klar, daß sie beim Beetejäten und Einpflanzen Hilfe brauchen würde, und so holte sie sich Kevin, den Nachbarsjungen.

Seit sie ihren Rasen selber mähte, hatte sie den Kontakt zu dem jungen Kevin verloren. Er schien fünf Zentimeter gewachsen zu sein. Er machte neuerdings Hochspringen, und er hatte sich eine Freundin namens Sylvie zugelegt, die, wie er sagte, «echt jemand Besonderes» war. Ein ganzes Wochenende und drei kühle Nachmittage hindurch präparierten er und Karyn gemeinsam den Boden der Beete mit säckeweise Torf und setzten dann die Zwiebeln ein. Die Erde fühlte sich kühl an durch Karyns Handschuhe. Nach der schüchternen Frage, ob es denn recht sei, brachte Kevin sein Radio mit. Anfangs irritierte sie die Musik ein wenig; sie störte ihren bukolischen Alpha-Zustand – aber im Lauf der Zeit lösten sich einige der Songs aus der Masse der anderen heraus. In einem sang eine Frau etwas über die Einsamkeit, die in der Tür stand. Sie sang: «Her palm is split with a flower with a flame.» Karyn wippte im Rhythmus des Lieds mit, erst mit ihrer Kelle, dann mit dem Kinn. Als sie es zum zweitenmal hörte, fragte sie Kevin (und war dabei schüchtern): «Von wem ist das Lied?»

Kevin schaute auf. «Suzanne Vega.»

«Ah», sagte Karyn. «Das gefällt mir.»

«Ja, ist ziemlich gut», sagte Kevin. Man konnte unmöglich erkennen, was er dachte. Er ließ wieder eine dunkle Zwiebel in ein Loch fallen und häufelte vorsichtig Erde darauf. Karyn blickte immer wieder zu ihm hin. Über einem grauen Sweatshirt trug er ein graues Leichtathletik-T-Shirt. Wenn er die Erde über einer ihrer Zwiebeln festdrückte, stellte sie sich den Muskel an der Seite seines Arms vor, wie sie ihn gesehen hatte, als er das Hemd ausgezogen hatte, damals, vor langer Zeit, zu Beginn des Sommers, bevor sie mähen gelernt hatte. Und später, als das Lied noch einmal kam, schaute er zu ihr hoch, lächelte und pflanzte dann weiter – und Karyn bemerkte, daß er ganz rote Ohren bekommen hatte.

Sie goß die Zwiebeln und vergaß sie dann. Der Boden wirkte zunehmend kälter – drei lange Beete mit sehr kalten Zwiebeln. Als der Winter kam, beteiligte sich Karyn an der Auseinandersetzung mit einem Bauträger, der ein weiteres Einkaufszentrum vor der Stadt errichten wollte. Es sollte riesig werden und auf seine Weise ganz wunderbar – aber es gab schon ein Einkaufszentrum mit einer Discountkette darin, bei der ein Konkursverfahren lief, und dann würde die Innenstadt darunter leiden, wie es immer der Fall war. Ein paarmal ging sie abends mit einem Mann aus, den sie bei den Versammlungen wegen des Einkaufszentrums kennengelernt hatte und mit dem sie sich gern unterhielt (er war einer jener Männer, die ein leidenschaftliches Interesse an einem bestimmten Autor haben, das anfangs ehrlich wirkt, am Ende aber nahezu willkürlich erscheint – in seinem Fall war es Rilke: Rilke schien ihm Dinge zu geben, die ihm auch jeder x-beliebige andere Dichter gegeben hätte, wobei er gerade das Einzigartige an Rilke übersah), mit dem sie aber dennoch nicht mehr anfangen wollte, als ihn in ihrer Einfahrt freundschaftlich zu küssen.

Als es dann endlich Frühling wurde, ging sie täglich zu ihren Tulpenbeeten, um zu sehen, ob sich schon etwas tat. Es war ein ungewöhnlich trockener, warmer Frühling, und sie meinte, sie müsse gießen, um ihren Beeten gute Startbedingungen zu geben, aber ihr Schlauch trieb sie zur Verzweiflung. Dummerweise tropfte der Hahn noch immer. Die Spritze war angerostet. Was die Zwiebeln richtig glücklich machen würde, fiel ihr plötzlich ein, wäre ein eigener Pollenex-Duschkopf. Sie würde den Klempner kommen lassen, und der würde ihren Pollenex entsprechend anpassen, damit sie ihn auf den Schlauch stecken könnte. Ihre Tulpen mußten sehr fein, sehr zart, aber regelmäßig besprüht werden – eine Gartenspritze konnte das nicht leisten. Auch fand sie das Schlauchwasser viel zu kalt – sie meinte, wärmeres Wasser wäre besser für die Zwiebeln. Ihr war klar, daß ihre Gedanken nicht besonders rational waren, aber dennoch stellte sie es sich so vor: Der Gartenschlauch kam an die Duschleitung im Bad, von da aus lief er zum Fenster hinaus, und am anderen Ende saß dann der Pollenex-Duschkopf. Diesem interessanten Einfall folgten weitere; sie bestellte den Klempner.

Der Klempner war ein dünner, spöttischer Mann mit dem üblichen Klempnerkörpergeruch, der, als er ihren Plan hörte, die Augen verdrehte und meinte, das hätte sie auch allein machen können, aber einwilligte, wo er nun schon mal da sei, es für sie zu machen. Er rüstete die Schlauchenden und den Pollenex mit einem Schnellschlauchstück von Gardena aus, damit sie rasch für innere Dusch- und äußere Gartenanwendungen umgesteckt werden konnten. Als er fertig war, sah das Duschrohr mit den knubbeligen Sechskantmuttern und Anschlußstücken komisch aus, doch beim Testlauf funktionierte das System recht gut. Und der Klempner war, als er saubermachte, bester Dinge und freute sich inzwischen, daß er etwas gebaut hatte, was er noch nie zuvor gebaut hatte, und daß er seinem Kompagnon von dem verrückten Job erzählen konnte, den diese Frau ihn hatte machen lassen. Er zeigte ihr sogar, wie man das Teflonband benutzen mußte, und ließ sich breit über dessen Vorteile älteren Dichtmitteln gegenüber aus. Dann trug er seinen schweren roten Werkzeugkasten zu seinem Lieferwagen hinaus und fuhr davon.

Während der nächsten Tage öffnete Karyn nach ihrer morgendlichen Dusche das Fenster, steckte die Dusch-Schlauch-Verbindung zusammen und drehte die Hähne auf, um ihre Tulpen zu wässern. Sie benutzte nur die Soft-Massage-Einstellungen; sie behandelte ihre Pflanzen, wie sie gern selbst behandelt wurde. Die Tulpen reagierten mit Begeisterung – nach einer Woche explodierten die Farben auf ihren Beeten. *Die* kannten den Unterschied zwischen Wasser aus der Dusche, für den menschlichen Gebrauch bestimmt, und Wasser aus einem kruden, leckenden Außenhahn. Sie saß auf einem Alustuhl, die

Beine in der Sonne, und las *Die Maschine im Garten.* Immer wieder blickte sie zu ihren Tulpen hinüber. Sie war glücklich. So hatte sie es geplant, und so war es auch gekommen: Sie hatte sublimiert, und nun erntete sie den Lohn. Der junge Kevin sollte sehen, was sie gemeinsam geschaffen hatten, dachte sie, doch als sie bei ihm anrief, sagte seine griesgrämige Mutter, er sei beim Training. Bitte sehr, dachte sie, bitte sehr. Nach und nach lenkte sie ihre Gedanken wieder auf die Schublade voller Dildi. Aber so etwas brauchte sie jetzt nicht; nein, darüber war sie hinaus.

Gerade da tauchte Kevins kleine graue Katze mit den weißen Pfoten auf ihrem Rasen auf, machte ungehörige Geräusche und benahm sich sonderbar. Noch vor kurzem war es – sie – ein Kätzchen gewesen. Nun war sie unmißverständlich läufig, wahrscheinlich zum erstenmal – und es war sehr verantwortungslos von Kevin oder Kevins Mutter, sie nicht sterilisiert zu haben! Sie kroch dahin, die Vorderpfoten ganz tief auf dem Boden, und machte leise, verzweifelte Mezzomaunzer, der Schwanz schnellte zurück, und ihre kleinen schmalen Katzenhüften rollten und zuckten in der Luft, während die Hinterpfoten schnelle Trippelschritte machten. Karyn konnte ihre grau umfellte Öffnung sehen; drinnen schimmerte es feucht. Sie ging hin und drückte mit dem Finger leicht auf die winzige Ritze des Tiers; grazil erwiderte die Katze den Druck und trippelte leidenschaftlich dagegen an. Diese Katze war von einer neuen Erfahrung gefesselt. Karyn wischte den Finger im Gras ab und stellte fest, daß sie der Anblick des wedelnden Hinterteils der Kreatur scharfgemacht hatte. In dem schlichten Wunsch der Katze, auf der Stelle gefickt zu werden, lag eine Reinheit und Ernsthaftigkeit, die Karyn erfrischend fand. Die Katze wollte keine Liebe – sie wollte einen Katerschwanz.

Karyn war jedoch nicht wirklich zoophil – zumindest

glaubte sie das nicht. Gut, sie und ihre beste Freundin aus der Sechsten hatten einmal den schwarzen Labrador ihrer Freundin dazu gebracht, zwei schnelle klare Samenspritzer abzuschießen, indem sie seine dichte, tiefsitzende Knolle sanft drückten, während er mit geöffneten Beinen und halb geschlossenen Augen auf dem Rücken lag, doch eine Schwalbe machte noch keinen Sommer. Karyn war auf Wohl und Wehe ein Fan des menschlichen Schwanzes. (Dennoch hatte der Hundehammer für sie einen gewissen Reiz, zum Teil deshalb, weil er, wenn er herauskam, etwas Klitorales, fast Hermaphroditisches hatte: Sein Anblick löste etwas Bisexuelles in ihr aus.) Erneut ging sie im Geiste ihre Dildos durch – wie hatte sie sie (mit Ausnahme einer oder zweier Nächte) nur den ganzen Winter hindurch verschmähen können? Die Vorstellung, sich ein Bad einzulassen und sich dann rittlings auf den kalten Wannenrand zu setzen, so daß sie mit ihrem ganzen Gewicht auf der weichen Stelle zwischen ihrer Vaga und ihrem Arsch saß, wurde immer reizvoller. Sie konnte einen der mittelgroßen Dildi nehmen, ihn im Badewasser herumschwenken und abschütteln, so daß er obszön wackelte, und ihn dann auf den Wannenrand heften und ganz mit Astroglide einschmieren. Sie konnte sich darüberstellen, sich mit den Händen auf dem Wannenrand abstützen und an ihren hängenden Brüsten vorbei auf den glitschigen Dildo hinabblicken, wie er langsam in ihren Sexhaaren verschwand und sich dick in sie hineinbohrte. Sie ging ins Haus, um genau das zu tun, doch als sie dann das Bad eingelassen und hineingestiegen war, war sie viel zu erregt, um zahme Sachen im Bad zu treiben. Sie stieg heraus, trocknete sich ab und zog sich ein Kleid über. Sie hatte einen neuen Plan. Sie wollte einen ausgewachsenen Betty-Dodson-PC-Muskel-Klasmus im Freien, zu Ehren ihres Tulpengartens.

Sie ging barfuß hinaus und suchte nach einem geeigneten

Ort. Kevins Katze war verschwunden. Nach einigem Herumlaufen und -schauen wählte sie eine Stelle zwischen zwei Tulpenbeeten, in deren Nähe sie Kevin rote Ohren hatte bekommen sehen, als sie über das Lied mit der Einsamkeit, die in der Tür steht, geredet hatten. Das Problem war nur – was konnte sie als stabile Unterlage nehmen, um ihre Dildos daraufzustellen? Die Grashalme wären ein kitzliges Ärgernis. Sie ging wieder hinein und probierte in der Küche ein rechteckiges schwarzes Lacktablett aus, doch das hatte eine erhabene Kante, von der ihr, als sie es auf einen Stuhl legte und sich versuchsweise daraufsetzte, der Po weh tat. Sie zog eine Thanksgiving-Servierplatte in Betracht, hatte aber Angst, sie könnte zerbrechen; sie grübelte über eine kleine Plastikplatte nach, die von einem erstklassigen Tiefkühlgericht übriggeblieben war, aber die war nicht schwer genug. Schließlich ging sie ins Eßzimmer und räumte das Teeservice von dem Messingtablett ihrer Großmutter. Das Teeservice war an sich nichts Besonderes, das Tablett aber war eine schöne Wiener Arbeit, mit einem Hochrelief von Bukettringen und dickschuppigen Fischen, Tannenzapfen und mythischen Pantherwesen ziseliert. In der Mitte war eine sehr stilisierte Sonne – sie sah aus wie ein Spiegelei –, und diese erwies sich als die ideale Fläche, um den Saugnapf eines Dildos darauf zu befestigen.

Der berühmte Tänzer in der Golden Banana, Armande Klockhammer Jr., hatte ein einziges Mal in seiner fulminanten Karriere eingewilligt, einen Abdruck seiner Fleischestrilogie, die ihm so viele Türen geöffnet hatte, im Wachsausschmelzverfahren anfertigen zu lassen. Über die Unterseite des leicht aufwärts geschwungenen und bestürzend lebensechten, hochwertigen Silikonschwanzstiels verlief Armandes direkt vom Lizenzvertrag übernommene Unterschrift, und zwar so, daß die beiden Basrelief-*m* seines Nachnamens genau da standen, wo, wäre dies sein echter Schwanz gewesen, die empfindlichste Stelle gewesen wäre. Karyn drapierte ihr jungfräuliches Armande-Klockhammer-Autogramm-Modell zusammen mit vielen seiner altgedienten Kollegen auf ein Leinendeckchen, das sie auf ihrem Messingtablett auseinandergefaltet hatte, und trug sie in den Garten. Sie stellte das Tablett an der auserwählten Stelle im dichten Gras ab, wobei sie zu beiden Seiten Platz für ihre Füße ließ. Am Himmel hing ein leichter Dunst, so daß es sonnig, aber nicht zu sonnig war. Als sie das Deckchen zur Seite zog, schimmerte das Licht auf dem alten Muster des Tabletts und, nachdem sie ihm die Spitze mit reichlich Astroglide beschmiert hatte, auch auf der Oberfläche ihres erwählten Dildos – der prachtvoll unzüchtig aussah, wie er da von dem Erbstück aufragte.

Dann, als sie wußte, daß sie Armande hatte, wo sie ihn wollte, spielte sie die Unnahbare und machte sich auf einen heiteren kleinen Spaziergang. Sie trug einen mit großen, diffusen Blumen bedruckten Hänger und nichts darunter. Sie ging zum Briefkasten, überzeugte sich, daß die Post schon da war, ließ sie aber darin liegen. Sie nickte einem vorbeifahrenden Radler zu – er trug hautenge Radlerhosen, die sie eigentlich nicht mochte; nun jedoch störte es sie nicht, seine sich abzeichnenden Schenkel zu sehen. Mehrere Minuten lang stand sie mit verschränkten Armen am Ende der Einfahrt, sog in vollen Zügen die Frühlingsluft ein und fühlte sich friedvoll und zufrieden, das heißt, vielmehr spielte sie eine Frau, die im Garten stand, tief die Luft einsog und zufrieden war, während ein Teil von ihr eher daran dachte, was für dildische Ungezogenheiten ihrer hinten im Garten harrten. Auf dem Rückweg bückte sie sich und befühlte ganz beiläufig ein Blatt an einer ihrer Pfingstrosen im Traktorreifen vorn im Garten, womit sie der Straße Gelegenheit gab, ihre Formen unter dem Kleid zu würdigen, und murmelte: «Hm, ich glaube, die könnten auch mal wieder etwas Wasser vertragen.» Sie ging ins Haus und stellte die Wassertemperatur in der Dusche gerade richtig ein, dann zog sie den Schlauch ins Badezimmerfenster und schloß ihn am Duschhahn an. Draußen drehte sie den Wasserstopp auf (der Klempner hatte ihn da angebracht, damit sie das Wasser auch am Schlauchende an- und ausstellen konnte), ging damit durch den seitlichen Gartenstreifen und sandte einen ausgelassenen Sprühnebel aus ihrer mobilen Wasserquelle über den Rasen und die Pfeifenstrauchblätter. Sie summte «Private Dancer». Sie hörte einen Laster auf der Straße vorbeifahren.

Als sie hinten um die Hausecke bog, überraschte sie ein Reh, das vorbeigestakst war, angezogen von den leckeren Tulpenblüten. Es schien mit seiner rosa Zunge an der ebenfalls rosa Spitze des Armande Klockhammer zu lecken. «Also, das geht aber zu weit!» rief Karyn, und das Reh hetzte davon. Sie blickte sich um, um sicherzugehen, daß sie auch wirklich allein war, stellte den Fuß auf ihren Liegestuhl, raffte ihren Hänger hoch, hielt ihn in einem einhändigen Knäuel unmittelbar oberhalb ihrer Brüste und richtete die Krone der Wasserdüsen auf ihre Klit-Statt. Das Wasser war genau richtig. «Ah, schön», sagte sie und sah zu, wie der Guß im Gras verschwand. Die Vorstellung, daß sie ihre tägliche Dusche mit sich herumtragen konnte, im Freien, bereitete ihr große Freude. Sie ließ ihr Kleid fallen und goß weiter, besprengte der Reihe nach die Tulpenbeete. Ihre Maraschino kribbelte. Sie tat, als bemerkte sie zum erstenmal, daß da etwas Fremdes und Fleischiges aufragte, das mit seinem Rosa im allgemeinen Grün jenseits des ihr nächsten Tulpenbeets gänzlich fehl am Platz war. «Was ist denn das?» Sie richtete das Duschwasser darauf (womit sie auch eventuellen Rehspeichel abspülte). «Was steht denn dieses Geschlechtsorgan da so aufgerichtet in meinem Garten? Ob es wohl was zum Ficken braucht?» Sie zog ihr Kleid hoch. «Will Armande etwa das?» Wieder richtete sie den Duschkopf zwischen ihre Beine, drehte ihn nun aber auf MASSAGE. Große pimmelförmige Wasserge- schosse wummerten gegen die Haut um ihre Klitperle, gegen ihre Vaga und stachelten, wenn sie die Hüften wiegte, die Arme-Verwandten-Empfindlichkeit ihres Arschlochs an. «O Mann», sagte sie genießerisch. «Hör mal, wenn dir die Bambi- zunge da gefallen hat, dann erst recht meine heiße kleine Punze.» Der Dildo reagierte nicht. Sie trat näher und sprach ihn direkt an. «Ach! Du weißt nicht so recht? Du weißt nicht mal so recht, ob du in meinem heißen kleinen *Arsch* sein willst? Schüchtern bist du? Tja, das tut mir aber leid, denn dir bleibt keine Wahl – du mußt mich jetzt in den Arsch ficken.» Sie holte die Tube Astroglide aus der Tasche ihres Kleides, schob sie sich zwischen die Backen und spritzte sich damit voll, bis es ihr die Beine hinablief. Dann stellte sie die Füße auf beide Seiten des Messingtabletts und hockte sich langsam hin, bis sie spürte, wie der Klockhammer über ihren Pomuskel strich. Den Duschkopf richtete sie wieder auf ihre Klit. Es war ihr egal, ob ihr Kleid da- bei naß wurde. Ihre Schenkel bebten schon unter der Anstren- gung, sich über dem dildismischen Druck zu halten, ohne an Armande hinabzugleiten. Schließlich konnte sie nicht mehr; sie öffnete ihr Arschloch seiner großen Spitze und setzte sich voll darauf, bis ihre Backen das kalte verzierte Metall des Ta- bletts berührten. Sie schaukelte auf dem Gefühl einer stram- men Schwanzvoll Lust in ihrem Arsch und richtete sich darin ein. Das klatschnasse Kleid hing ihr über die Schenkel. Sie fickte Armande Klockhammers Autogramm! Gott, war das gut.

«Hallo?» erscholl eine Stimme. Karyn blickte auf und sah den jungen Kevin mit einem Mädchen Hand in Hand etwas weiter weg stehen. Sie vermutete, daß das Mädchen Sylvie war,

Kevins neue Freundin. Kevin sah frisch geduscht, herausgeputzt und stolz auf sich aus, wenngleich auch im augenblick etwas verwirrt. Karyn bemerkte, wie sein Blick über ihre entblößten, nassen Beine glitt. Beide trugen sie rot-weiß gestreifte Polohemden im Partnerlook. Karyn unternahm einen hastigen Versuch, ihr Kleid über sich und einige der Sexspielzeuge neben ihr zu ziehen. Sie begann die Tulpen in kleinen Schwenks mit dem Duschkopf zu gießen, als dirigierte sie einen Sousa-Marsch.

«Hi!» sagte sie. «Entschuldigt, ich hab grade ein bißchen gegossen. Kommt doch her. Ich stell's gleich ab. Der Klempner war da und hat mir das so gebaut. Bist du Sylvie?»

«Ja, hi», sagte Sylvie. Sie beugte sich vor und gab Karyn die Hand. Sie war ein zierliches, munteres Mädchen mit kleinen Brüsten, langen braunen Haaren und einem angenehm pfiffigen, scharfnasigen Gesicht. Karyn fand sie sogleich sympathisch.

Kevin sagte: «Meine Mom hat mir gesagt, daß Sie angerufen haben, und da dachten wir, wir schauen mal vorbei und sagen guten Tag.»

«Ich wollte dir bloß diese ganzen Tulpen zeigen», sagte Karyn. «Ich glaube, sie sind ganz gut geworden. Danke, daß du mir dabei geholfen hast.»

Kevin nickte. «Die krausen gefallen mir besonders gut.» Er wandte sich an Sylvie. «Letzten Herbst habe ich ihr geholfen, das alles einzupflanzen.»

«Die sind wirklich richtig schön», stimmte Sylvie zu. Ein betretenes Schweigen trat ein. Aus einem entfernteren Teil des Gartens drang ein seltsam zischendes Geräusch. Kevins graue Katze erschien hinter einem der Pfeifensträucher. Ein riesiger goldener Straßenkater mit abgekauten Ohren hatte sie gepackt. Kevins Katze kroch ein paar Zentimeter vorwärts und blieb dann liegen, während der goldene Kater sie niederhielt, sie ziemlich fest ins Genick biß und dabei kleine Stöße mit dem Hinterteil vollführte, wobei sein gesträubter Schwanz tief über dem Boden lag. Die beiden Tiere, die einander nicht besonders zu mögen schienen, starrten ins Leere, während sie fickten.

«Junge, Junge», sagte Kevin.

«Du hättest wirklich mit ihr zum Tierarzt gehen sollen, Kevin», sagte Karyn; allerdings sagte sie es sanft.

«Das hatte ich ja auch vor.»

«Ich kann ein Kätzchen übernehmen, falls es welche gibt», sagte Sylvie munter und vorausschauend. «Vielleicht sogar zwei.»

Karyn lächelte ihr zu. «Das wäre ja dann gelöst. Tja!» Es wurde Zeit, daß sie wieder gingen. «Ich hab mich wirklich gefreut, daß ihr vorbeigeschaut habt. Es war sehr nett, dich kennenzulernen, Sylvie.»

«Fand ich auch. Aber darf ich Sie was fragen?» sagte Sylvie. «Was ist das da?» Sie zeigte auf die Sexspielzeuge, die auf dem weißen Leinendeckchen ausgebreitet waren. Karyns Kleid hatte sie doch nicht richtig verborgen.

«Ich weiß nicht, ob wir das weiter erörtern sollten», sagte Karyn.

«Oh, ja, natürlich», sagte Sylvie. «Ich weiß ja eigentlich auch, was das ist – das sieht man ihnen ja an, aber ich wollte bloß wissen, was Sie hier draußen damit machen. Wollen Sie sie vergraben oder einpflanzen oder so was?»

Kevins Ohren wechselten die Farbe. Er korrigierte sein Bild von seiner Arbeitgeberin. Sylvie machte einfach ein freundliches, pfiffiges und neugieriges Gesicht.

Karyn sagte: «Nein, ich vergrabe sie nicht. Ich habe nur gedacht, es wäre toll, ein paar im Freien auszuprobieren, und ich wußte nicht recht, welche ich wollte. Ich fand, es paßte alles so

hübsch zusammen, mein Garten und dazu die neuen Papagei-
entulpen.»

«Darf ich einen ansehen?» fragte Sylvie.

Karyn reichte ihr den schicklichsten Dildo – eine mittel-
große durchsichtige, dickadrige Akrylfigurine, die im Katalog
Eisprinzessin hieß. Sylvie behandelte sie vorsichtig, faßte sie
mit den Fingerspitzen an, nicht, wie es schien, aus Abscheu,
sondern aus Höflichkeit den Schätzen eines anderen gegenüber.

«Sylvie», sagte Kevin mit gedämpfter Stimme. «Ich glaube,
sie möchte, daß wir gehen.»

«Sie darf sich gern ansehen, was sie möchte», sagte Karyn
beiläufig. Der Klockhammer in ihrem Anus machte wieder
seine Ansprüche geltend; er brachte jedwede Einwände, die sie
sonst gehabt hätte, zwei Teenagern mit gestreiften Hemden im
Partnerlook ihre fickbaren Spielzeuge zu zeigen, zum Schweigen.

«Darf ich mir mal den ganz langen da mit den zwei Enden
ansehen?» fragte Sylvie.

«Mm, ja – das ist mein Royal Welsh Fusilier. Bitte.»

«Echt!» Sylvie hielt die beiden Schwanzenden zusammen,
ruckelte an ihnen, so daß sich die beweglichen Vorhäute im
Tandem runzelten und spannten. Sie hielt ein Ende Kevin hin,
der nicht anders konnte, als es fasziniert zu betrachten.

«Ich verstehe nicht recht, wozu Sie so einen langen mit zwei
Enden brauchen», sagte er.

Karyn zögerte. «Da gibt's viele Gründe.»

«Von denen einer ist», sagte Sylvie zu Kevin, «wenn du dich
noch einmal irgendwie mit Marian danebenbenimmst, stecke
ich dir das eine Ende in den Po, dann springst du beim nächsten Sportfest mit dem hinten drin.»

«Das mit Marian ist vorbei», sagte Kevin. Achtungsvoll

dankte er Karyn und gab ihr sein Ende zurück. «Wo haben Sie denn bloß diese ganzen Sachen gekauft?» fragte er mit großer Ernsthaftigkeit.

«Ach, bei einer Firma in San Francisco», sagte Karyn. Sie bot die ganze ihr zur Verfügung stehende Willenskraft auf, um den beiden nicht mitzuteilen, daß sie einen massiven Dildungsroman in ihren Arsch eingeführt hatte.

«Sie könnten uns ja irgendwann mal die Adresse geben», sagte Kevin, noch immer sehr ernst, sehr erwachsen. «Vielleicht bestellen wir uns da ja auch mal was. Ja, Syl?»

«Man kann nie wissen», sagte Sylvie.

Karyn betrachtete die beiden und lachte glücklich. «Gott, ist junge Liebe nicht schön», sagte sie. «Dann schlaft ihr also schon miteinander?»

Beide nickten. «Wir haben uns in zwei Monaten zweiunddreißigmal geliebt», sagte Sylvie stolz. «Gerade jetzt», fuhr sie fort, wobei sie Kevin den Arm um die Taille legte, «wollten wir eine kleine ‹Ausfahrt› machen, weil Kevins Mutter nicht mehr möchte, daß wir in sein Zimmer gehen – was ich verstehen kann.»

«Aha, eine kleine ‹Ausfahrt›», sagte Karyn. Sie sah Kevin voller amüsierter Überraschung an – die Arbeitgeberin, überrascht von der Frühreife ihres Angestellten.

«Ja», pflichtete Kevin bei und zeigte vage zur Straße hin. «Vielleicht gehen wir rüber zur Fischzuchtanlage.»

«Ja, toll», sagte Karyn. «Dann laßt es euch ganz phantastisch gutgehen. Ich wünschte, ich könnte ... ich meine, ich wünsche euch alles Gute.» Sie ruckte ein wenig auf dem Messingtablett hin und her und spürte, wie der dicke, standhafte Dilderstatesman ihr offizielle Lustanweisungen die Beine hinab und hoch zu den warmen, unvergessenen Fidschiinseln ihrer Brustwarzen sandte. Es war so verflucht *hart* – so hart, sich zu verkneifen, das zu sagen, was sie, ihn tief in sich drin, sagen wollte: Sie wollte ihr nasses Kleid vor ihnen hochreißen und sagen: «Geht hin und fickt euch windelweich! Seht ihn euch gut an, diesen Monsterschwanz, der da in meinem Po steckt! Kommt, seht her, wie mein Arschloch mit diesem dicken fetten *Pimmel* vollgestopft ist, und dann geht hin und fickt und leckt euch und rammt eure Leiber gegeneinander!» Ihre Haut kribbelte von dem nahezu unwiderstehlichen Verlangen, obszön zu sein. Aber dann sagte sie nur: «Ich muß schon sagen, ich beneide euch beide ein bißchen. Tut mir leid, daß ich nicht aufstehen und euch verabschieden kann ...»

Sylvie war sogleich voller Besorgnis. Sie faßte Karyn leicht am Arm. «Ist alles in Ordnung? Können wir Ihnen helfen? Ihr Kleid ist ja ein bißchen naß geworden.»

«Ich weiß, ich weiß», sagte Karyn. «Ich habe überall gegossen.»

«Überall?» sagte Sylvie. «Ist das nicht ein bißchen kalt?»

«Das Wasser ist warm. Es kommt aus meiner Dusche. Fühl mal.» Karyn drehte den Wasserstopp auf und lenkte den Duschstrahl kurz über Sylvies ausgestreckte Hand.

«Fühlt sich echt gut an», sagte Sylvie nachdenklich.

«Für die Tulpen ist es wunderbar», sagte Karyn. «Aber sagt, wollt ihr beiden mir nicht den Gefallen tun und euch ein paar pflücken, bevor ihr geht? Als Geschenk von mir? Pflückt die, die euch am besten gefallen. Die Etruskische Pflaume ist gerade meine Lieblingssorte, aber nehmt euch, welche ihr wollt.»

Sylvie und Kevin fanden das prima und machten sich daran, einander einen Strauß zusammenzustellen. Da sie nun nicht mehr Karyn ansahen, konnte die sich wieder frei auf dem Tablett bewegen und gedämpfte Lustgeräusche machen. Sie sah ihnen zu, wie sie um ihre Beete herumgingen. Sie stellte sie sich ganz außer Atem und liebevoll und mit großen Augen an einem schattigen Plätzchen bei den Fischzuchtteichen vor. Sie waren schön – fit, gesund, unglaublich jung –, aber so unerfahren, daß sie glaubten, ihre zweistelligen Gunstbeweise oder Brunstbeweise machten sie zu erprobten Fickern. Sie wußte so viel mehr als sie. Sie hob den triefenden Saum ihres Kleids ein wenig an, richtete den Duschkopf zwischen ihre Beine und wässerte ihre Pflaumenritze. «Das reicht aber noch lange nicht, Kevin – pflück noch mehr!» rief sie fröhlich. Sie ließ es darauf ankommen, daß er das unbezähmbare vulvale Wallen und Stocken in ihrer Stimme hörte.

Als sie wieder vor ihr standen und ihr ihre Tulpensträuße hinhielten, damit sie sie bewundern konnte, erklärte sie beide Gebinde für gleich schön und sagte, sie sollten sie einander schenken. Das taten sie auch mit großer Feierlichkeit.

«Danke!» sagte Kevin zu Sylvie.

«Danke!» sagte Sylvie zu Kevin.

Sie küßten sich. Es sah aus, als paßten ihre Münder gut zusammen. Karyn, die es sonst schauderte und abstieß, wenn sie Zeuge von heftigem Paarbandeln in der Öffentlichkeit wurde, beobachtete diesen Kuß jetzt mit reinen, guten Gefühlen. Schließlich war *sie* ja die Öffentlichkeit. Es gab einige Züngeleien, doch das hatte etwas von der Zügellosigkeit der Jugend und machte den Eindruck, als wäre es schöner, als es aussah. Sie umklammerten einander fest; Sylvie setzte eine Ferse hinter die Kevins und preßte mittels dieser Hebelkraft ihren bejeanten Hügel gegen ihn.

Als sie voneinander abließen, sagte Karyn: «War das ein toller Kuß! Ihr beiden seid ja richtig *tolle* Küsser. Es muß so schön sein, wenn ihr ... euch liebt. Eure Körper passen so gut zusammen. Ich wünschte, ich könnte –» Wehmütig schüttelte sie den Kopf, die Hand auf dem Herzen, und ließ sie ruhig über die Unmöglichkeit dessen lachen, was sie sich vorstellte, damit sie sich schon mal an den Gedanken gewöhnen konnten. Dann schlug sie sich mit der Hand auf die Beine und sagte: «Ich sag euch was. Wenn ihr was von dem Spielzeug da ausleihen wollt, bitte, bedient euch. Wirklich. Die sind mir nicht so besonders wichtig – sicher könnt ihr auch ohne, aber wer weiß, bloß so zum Spaß ...»

Sie sahen unentschlossen drein.

Karyn erhöhte den Druck noch ein ganz klein wenig. «Sucht euch einen aus – oder auch ein paar.» Sie spürte, wie ihr der Schweiß den Rücken hinabrann.

«Was meinst du, Kevin?» fragte Sylvie.

Kevin zuckte die Schultern. «Tja, hm, warum nicht.»

Sie knieten nieder, wobei es sie offenbar nicht störte, daß sie sofort mit den Knien ins nasse Gras einsanken. Sylvies Gesicht war, wenngleich abgewandt, ganz dicht an Karyns dran. «Welchen würden Sie denn empfehlen?» fragte das Mädchen schließlich, nachdem sie alle vorsichtig berührt hatte.

«Mmmm, also –» Das war nun einfach zuviel für Karyn. Sie merkte, daß ihr Widerstand zusammenbrach. «Im Augenblick mag ich einen am liebsten, den ich gerade neu habe», sagte sie. «Er heißt Armande Klockhammer. Wie ihr vielleicht wißt, ist oder war Armande Klockhammer Jr. ein Stripper in der Golden Banana. Er ist ziemlich groß. Fast zu groß, je nachdem, wo er rein soll.»

«Welcher ist das?» fragte Sylvie.

Karyn räusperte sich. «Leider kann ich ihn euch gerade nicht zeigen.»

«Warum nicht?» Sylvie blickte sie neugierig an.

«Es geht eben nicht.»

«Aber warum denn?» drängte Sylvie. «Wo ist er?»

«Er ist in Gebrauch», sagte Karyn. Sie blickte ihre zwei jungen Freunde an und dann hinab auf ihr nasses Kleid.

Kevin schaute verblüfft drein. Endlich hatte es bei ihm geklingelt. «Sie meinen, die ganze Zeit, die wir jetzt hier sind, ist er ...»

Karyn holte tief Luft. «Ja, in meinem Arsch.»

«In Ihrem ... Er ist also nicht in Ihrer ... er ist in Ihrem ...?» Sylvie zeigte auf die entsprechenden eigenen Körperteile, um ihren Ausruf zu verdeutlichen, und schien ernstlich überrascht.

«Es ist ein super Gefühl, das muß ich euch sagen», sagte Karyn. «Aber das ist nicht das eigentlich Irre. Das eigentlich Irre ist, wie dringend ich ihn euch zeigen möchte. Während er drin ist, meine ich. Ich wehre mich mit allen Kräften dagegen, mein Kleid hochzuheben, mich zurückzulehnen und euch zu zeigen, wie schön er sich da in meinem engen Po anfühlt. O Mann! Wenn ich nur daran denke, komme ich in Fahrt. Findet ihr das abstoßend?»

Sie schienen noch immer etwas überrascht, aber nicht abgestoßen.

Karyn fuhr fort. «Leider habt ihr mich in einem besonderen Moment erwischt. Kevin, du kannst bezeugen, daß ich normalerweise nicht so rede.»

«O ja, das stimmt», sagte Kevin.

«Offen gesagt, das ist Dildosprache», fuhr Karyn fort. «So rede ich, wenn ich auf einem großen, dicken künstlichen Schwanz sitze. Was soll ich sagen? Mein Po ist im Augenblick so verdammt straff gespannt – ich wünschte, ihr könntet es sehen, wirklich. Ich wünschte, ich könnte ihn euch zeigen, und ich wünschte, wenn ihr ihn in meinem Arsch sehen würdet, daß ihr euch dann auszieht und euch hier vor mir liebt. Ist das so undenkbar? Ich finde nicht. Kevin, letzten Sommer war ich so brav. Ist dir das überhaupt klar? Ich habe ziemlich oft an deinen Schwanz gedacht, daran, ihn zu lecken, bis er losspritzt – ich habe mir sogar überlegt, ob ich einen Petersilienzweig in dein kleines Schwanzloch stecken soll, aber nicht *ein einziges Mal* habe ich etwas unternommen! Und jetzt hast du Sylvie gefunden, dieses wunderbare, freundliche, offene Mädchen, das dir wahrscheinlich wunderschön den Schwanz lutscht, und ich finde es herrlich, daß du sie gefunden hast – so herrlich, daß ich am liebsten sehen würde, *wie* sie dir den Schwanz lutscht. Gott, ich wünsche mir so, ich könnte euch zeigen, was ich da gerade im Arsch habe. Es ist so verflucht scharf.» Sie hielt inne. «Seht ihr, das ist ein Beispiel für Dildosprache.»

Sylvie meldete sich als erste. «Sie können ihn uns ruhig zeigen», sagte sie. «Es macht uns nichts aus.»

«Wirklich?» sagte Karyn. «Also, dann zieht euch jetzt mal ganz aus, ihr beiden. Ich zeige euch erst was, wenn ihr völlig ausgezogen seid. Los, ausziehen.»

Gehorsam schlüpften Sylvie und Kevin aus Hose und Unterhose und zogen sich ihre gestreiften Partnerlook-Hemden aus. Als das Schlackern, Zerren und Hüpfen zu Ende war und sie nackt vor ihr standen, konnte Karyn einen erstaunten Pfiff nicht unterdrücken. Ihre Körper waren so schlicht und vollkommen. Sylvies eher flache, schräge Brüste mit ihren scharfen, selbstbewußten kleinen Saugspitzen taten der Seele besonders wohl. Kevins gerader weißer Penis baumelte untätig vor seinen festen braunen Eiern; um die Brustwarzen hatte er einen Anflug von Dennis-der-Lausbub-Behaarung. Karyn mußte den Pollenex anstellen und ihn unter ihr Kleid richten, um die Konzentration ihres Verführers wieder auf sich zu lenken.

«Jetzt zeigen Sie's uns», sagte Sylvie herausfordernd. Sie wußte, daß ihre enthüllte Schönheit ihr Macht verlieh. Sie strich sich mit den Fingern über ihren Bauch und fuhr mit der Handkante beiläufig über Kevins Schwanz. «Zeigen Sie uns, was Sie da im ...»

«Ah, ihr seid so ein schönes Paar», sagte Karyn. «Ihr seid dazu geboren, euch zu ficken. Ich zeig's euch, wenn es soweit ist. Jetzt aber müßt ihr mir erst was zeigen. Zeig mir, wie gern du seinen Schwanz lutschst, Sylvie, Süße. Ich will deine hübschen Lippen auf dem heißen Schwanzfleisch da sehen. Küß es für mich.»

Von Karyns nachdrücklichem Ton bezwungen, kniete Sylvie nieder und küßte sich Kevins Schwanz hoch, bis sie an der Spitze anlangte, dann öffnete sie die Lippen und ließ ihn ihren Mund ausfüllen. Kevins Mund war ein Spiegelbild des ihren, während er ihr stöhnend zusah. Er stand mit hinter dem Rükken leicht an den Gelenken gekreuzten Händen und vorgereckten Hüften da und sah zu seiner Freundin hinab. Je steifer er wurde, desto weiter wurde Sylvies Kiefer aufgedrückt und ihre Zunge nach hinten gestoßen, und Karyn sah mit Freude, daß sich bei ihr ein temporäres Schwanzlutscherinnendoppelkinn bildete, was, da das Mädchen in Wirklichkeit nichts auch nur entfernt Doppelkinnähnliches hatte, ihr Gesicht nur noch jünger und noch bezaubernder unschuldig machte.

«Das ist ja so nett, so schön, wie du ihn lutschst», sagte sie und überließ dann dem Duschkopf das Reden. Die Grasflächen um ihre Beine herum bekamen einen marschigen Schimmer.

Sylvie wandte sich um und sah zu ihr hin. Ihr Blick war ganz träumerisch vor Verwirrung und Erregung. «Bitte zeigen Sie mir und Kev jetzt, was Sie in Ihrem Po haben», sagte sie wieder. Sie verlieh ihrer Aufforderung rhetorisches Gewicht, indem sie dreimal an Kevins Schwanz zog.

Karyn schob ihr Kleid hoch, so daß es weit oben an ihren Schenkeln saß, aber doch nicht so weit, daß etwas entblößt wurde. Sie verlagerte das Gewicht kurz auf die Hände und drehte dann die Hüften. «Es ist alles mit Gleitcreme eingeschmiert. Er steckt so schnucklig da drin. Ich will ihn immerzu drin haben. Ich will ihn euch gern zeigen, wie er mich in den Arsch fickt, aber dazu brauche ich noch etwas Anregung. Zuerst möchte ich dein niedliches kleines Arschloch sehen, Sylvie. Das ist nur gerecht. Hock dich hier über meine Füße – ich will deinen schönen Rücken, deinen offenen Arsch und dein heißes kleines Arschloch sehen, während du deinem Freund den Schwanz lutschst.»

«Aber –» sagte Sylvie.

«Du weißt doch, daß du mir alles an deinem Körper zeigen willst. Du schämst dich doch nicht wegen irgendwas, oder? Du bist doch stolz auf deinen Körper. Du willst doch, daß ich dir auf deinen Arsch sehe, während du seinen leckeren Schwanz lutschst, oder?»

«Ja», sagte Sylvie. «Ich will, daß Sie mir zusehen, wie ich Kevin lecke.» Sie plazierte ihre Füße zu beiden Seiten von Karyns Knöcheln und hockte sich nieder, den Rücken der älteren Frau zugewandt. Karyn drehte den Duschkopf auf MASSAGE und richtete den Strahl kreisend auf Sylvies Arschkugeln.

«Zieh deine Backen auseinander – ich kann dich nicht recht sehen, und ich muß dich sehen», sagte Karyn. Sylvie nahm zwei Handvoll ihres Arsches und zog, und Karyn sah den dunklen kleinen Punkt dort, wo sie sich trafen und verbanden. Genau darauf richtete sie den Wasserstrom. Sylvie krümmte den Rücken, damit er voller auftraf; ihr Atem ging nun stoßweise und unregelmäßiger durch die Nase. Ihre Haare wippten in dem Rhythmus, in dem ihr Mund sich mit Schwanzfleisch füllte und leerte.

«Ja, *das* will ich sehen», sagte Karyn. «Kevin, wenn du nur sehen könntest, wie schön Sylvie ist, wenn sie deinen Schwanz lutscht und ihr geiler Arsch dabei ganz offen und sauber ist.» Kevin sah zu ihr hin, als sie das sagte, und Karyn gab ihm, während sie weiter Aufmunterndes murmelte, eine kurze Privatvorstellung: Sie sah ihn unverwandt an, wackelte mit ihren Titten unter dem Kleid und kniff sich durch den Stoff in die Brustwarzen. Da ihre Finger naß waren, hinterließen sie dunkle Flecken an den entsprechenden Stellen. Als sie dann wußte, daß sie ihn für sich gewonnen hatte, sagte sie: «Kevin, macht es dir etwas aus, wenn ich Sylvies süßen Arsch mit den Blumen kitzle, die sie dir geschenkt hat? Du möchtest doch, daß sie sich wohl fühlt, während sie deinen dicken Schwanz lutscht, oder?»

«Ja, machen Sie schon», sagte Kevin mit belegter Stimme.

Karyn beugte sich vor und strich Sylvie mit den Tulpenblüten über die Schultern und den Rücken hinab. Sie schlug leicht damit auf die Innenseiten der Schenkel des Mädchens und dann wieder oben auf ihre vorgewölbte Klit. «Ooh, das gefällt ihr», sagte sie. Dann drehte sie die Tulpen über Sylvies Arschloch im Kreis. «Gefällt es dir, wie meine Blumen deinen hübschen Arsch kitzeln? Bestimmt gefällt dir das.»

Sylvie sagte irgend etwas Bejahendes und lutschte weiter. Dann hörte sie auf. Ohne von Kevins schimmerndem Schwanz abzulassen, sagte sie: «Kann ich schnell mal bei Ihnen auf die Toilette? Ich platze gleich.»

«Aber gern», sagte Karyn. «Du mußt aber nicht. Warum Zeit verlieren? Laß es einfach laufen. Ich spüle es schon weg. Piß mir doch einfach über die Füße.»

«Ihnen auf die Füße pinkeln?» rief Sylvie aus. «Aber das geht doch nicht! Das kann ich nicht.»

«Natürlich kannst du das», sagte Karyn. «Was soll daran schlimm sein? Lutsch einfach weiter an dem leckeren Schwanz und entspann dich. Wenn ich einen dicken Gummipimmel im Arsch habe, will ich alles sehen. Ich *will* es sehen. Ich will spüren, wie es mir über die Füße spritzt – wärm mir meine einsamen kleinen Zehen.» Hartnäckig spielte sie mit dem Duschkopfstrahl auf Sylvies Muschelfalten. «Lutsch und drück, Süße», drängte sie. «Es fühlt sich gut an, glaub mir. Streck den Rücken durch, damit ich es sehen kann.»

Sylvie leckte Kevins Schwanz weiter.

«Drück für mich», sagte Karyn. «Drück die Pisse raus.» Aber es kam nichts.

«Tut mir wirklich leid – ich kann nicht», sagte Sylvie. «Ich geniere mich ein bißchen vor Kevin.»

«Aha. Kevin? Dir macht das doch nichts aus, oder? Natürlich nicht. Und weißt du was? Ich würde auch richtig gern sehen, wie ein bißchen Pisse aus deinem netten dicken Schwanz kommt. Dann könnte Sylvie sich bestimmt viel besser entspannen.» Karyn schob einen ihrer Füße nach außen, damit Kevin ihn sehen konnte. «Jetzt laß sie deinen Schwanz halten und ein bißchen dran reiben und ihn direkt auf meinen Fuß richten, und dann drückst du und läßt es laufen. Das kannst du bestimmt.»

«Wirklich?» sagte Kevin. Er hielt Sylvie seinen Schwanz hin, damit sie zielen konnte.

«Klar!» sagte Karyn.

«Na gut», sagte er. Sylvie packte den Schwanz an der Wurzel, Kevins Bauchmuskeln spannten sich an, er preßte die Lippen zusammen und drückte eine Kurve heißer Pisse heraus, die kurz Karyns Fuß erreichte.

«Genau so!» sagte Karyn. «Wie war's?»

«Gut», sagte Kevin. «Bißchen pricklig.» Er wischte sich die Schwanzspitze mit der Hand ab.

«Wußt ich doch», sagte Karyn. «Also, Sylvie. Du weißt, wie dringend du mußt. Du weißt, was ich im Arsch habe. Wie kannst du da nur so schüchtern sein?» Erneut tippte sie mit den Blumen an Sylvies Fotze. «Drück und piß es für mich raus.»

Sylvie versuchte es ein zweites Mal. Nach kurzer Zeit öffnete sich ihre winzige Harnröhre, und ein klarer Strahl drang heraus. Doch der Strom versiegte fast sofort wieder.

«Gut!» sagte Karyn. «Mehr!»

«Aber», wandte Sylvie ein, «ich drücke so fest, daß ich Angst habe, es könnte auch noch was anderes passieren.» Sie stand auf. «Ich muß *wirklich* auf die Toilette – das ist jetzt kein Witz.»

«Oh, aber das will ich doch auch sehen», sagte Karyn. «Ich will alles sehen, was du kannst.»

«Igitt, auf keinen Fall!» sagte Sylvie.

Kevin fand es an der Zeit einzuschreiten. «Ich glaube wirklich nicht, daß sie das kann», sagte er. «Mir würde es ja nichts ausmachen, aber …»

Mit einer schnellen Bewegung zog Karyn sich das Kleid aus. «Seht euch den Pimmel in meinem Arsch an.» Sie stützte sich nach hinten auf die Hände und hob die Knie zu sich hin an. «Seht ihr mein Poloch? Seht ihr, wie hübsch stramm es ist? Seht euch die gespannte Haut an, ihr könnt so lange hinsehen, wie ihr wollt. Seht her, wie ich darauf wippe. Seht ihr, wie er raus und rein geht? Uuuh, ist das gut! Es ist schön, wenn ihr da hinguckt.» Sie sah sie beide an und wackelte für sie mit den Titten. «Also, Sylvie, jetzt bist du dran. Ich hab's dir gezeigt, und jetzt zeigst du's mir. Zeig mir noch mal deinen knackigen kleinen Po. Ach, ich hatte ja keine Ahnung, daß er genauso voll ist wie meiner. Ich will jetzt deinen Arsch aufgehen sehen, bis er so weit ist wie meiner. Lutsch seinen Schwanz und drück es für mich raus. Dann kannst du alles andere machen, was gut ist, was immer du willst, dann kommst du extra stark, und genau das will ich – ich will, daß du extra stark kommst, weil ich das todsicher auch tun werde.»

«Ich muß jetzt wirklich», sagte Sylvie. «Ehrlich.»

«Ich weiß doch! Hock dich hin, wie du warst, und lutsch seinen Schwanz. Keine Sorge, ich sprüh dich sauber. Zieh deine

Backen auseinander, damit ich es sehen kann. Drück und laß es raus.»

Sylvie ging wieder in die Schwanzlutschhocke. Sie lutschte weiter an Kevins Schwanz, aber jetzt schneller. Sie zog eine ihrer Backen zur Seite. Ihr Arschloch sah unverändert aus – winzig, sexy. Und plötzlich strömte ihre Pisse in alle Richtungen.

«Ah, ja!» sagte Karyn und rieb ihre Klit. «Zeig mir, wie du alles rausläßt. Laß es kommen. Ja, genau. Laß alles kommen. Du entspannst dich.»

Sie zog das Leinendeckchen unter ihren Spielsachen hervor und hielt es bereit. «Und jetzt mach deinen süßen Po ganz weit für mich.»

Sylvie stöhnte warnend los. Ihr Arschloch wölbte sich zu einer Donut-Form und öffnete sich langsam.

«Gut!» sagte Karyn. «Und jetzt halt! Preß es wieder zu.»

Sylvie machte ein angestrengtes Geräusch. Ihre Hüften wogten, und ihr Arschloch schloß sich langsam wieder.

Karyn rieb schneller. Sie ließ den Strahl in Sylvies Arsch fahren. «Ja, genau so», spornte sie sie an. «Und schön weiterlutschen. Ich weiß, du mußt es rauslassen. Jetzt drück!»

«Diesmal kommt's aber wirklich», sagte Sylvie ein wenig außer sich. «Ich kann es nicht mehr aufhalten.»

«Ich weiß, daß du es nicht mehr aufhalten kannst. Ich will nur noch mal deinen Arsch aufgehen sehen. Das ist ja so *sexy*. Laß es kommen. Drück jetzt. Zeig's uns. Los, drück.»

Sylvie stöhnte wieder auf. Ihr Arschloch wölbte sich und weitete sich, und dann begann eine dicke dunkle harte Schwanzform sich herauszuschieben. Karyn hielt das Deckchen darunter. «Ja, ja. Weiterdrücken, Baby. Drück alles raus.» Sie spürte, wie das Gewicht auf ihre Hand fiel, faltete sogleich das Deckchen darum und sprühte Sylvie sauber. «*Jetzt* sind wir bereit!» sagte sie. «Wir sind fickbereit, Kinder. Komm, Sylvie, stell dich auf Händen und Knien über mich. Mach deine Fotze auf für Kevins Schwanz. Ich will Kevins harten Schwanz in deiner Fotze sehen, während ich dir die Warzen kneife. Los. Ich will jetzt einen guten harten Fick sehen!»

Doch Sylvie gehorchte nicht gleich. Sie hatte jetzt auch ihre Rechte. Sie konnte jetzt machen, was sie wollte. Kühn hob sie eine von Karyns Tütentitten und beugte sich herab, um die Zunge darum herumschnalzen zu lassen. Dann ging sie mit ihrer blonden Fotze nah heran und strich Karyns Warzenspitze über ihre vernachlässigte Klit. «Halten Sie mal Ihre Titten und richten Sie sie auf meine Möse», bat sie mit dem Eifer der Konvertitin. «Ich glaube, ich hab noch ein bißchen Pisse für sie übrig.» Sylvie drückte und ließ einen kurzen Strahl über Karyns leicht überraschte Brüste sprühen. «Ich spritze es gleich weg», sagte sie, nahm Karyn den Duschkopf aus der Hand und sprühte ihre Mentorin ab.

«Siehst du?» sagte Karyn, die sich rasch erholt hatte. «Jetzt kannst du alles machen.»

«Ja, und *jetzt* bin ich bereit für einen Schwanz. Ich will anständig gefickt werden, Kev. Besorg's mir richtig.»

Sie kauerte sich auf Ellbogen und Knien über Karyns Beine. Karyn packte das Mädchen an den Arschbacken und zog sie auseinander. Kevin stellte sich hinter Sylvie; er starrte auf die ungezogene Pflaume seiner Freundin, als hätte er sie noch nie gesehen, und rieb seinen Schwanz mit schnellen Faustbewegungen. Es war fraglos ein schöner Schwanz; als sie ihn so betrachtete, fand Karyn, daß auch sie diesen purpurnen Pfahl wenigstens einmal in der Hand haben müsse. «Sylvie?» fragte sie. «Es macht dir doch nichts aus, wenn ich nachsehe, ob dein Lover auch richtig steif für dich ist, oder?»

«Nein, aber machen Sie schnell und stecken Sie ihn mir rein!» sagte Sylvie und küßte ihren eigenen Bizeps. «Entweder das, oder schieben Sie mir einen von diesen Dildodödeln in die Fotze und wichsen ihn auf mein Arschloch ab. Wie Sie wollen. Bloß stecken Sie mir jetzt was in die Fotze!»

«Ich mach ihn dir schön dick für deine Fotze», sagte Karyn. Sie umfaßte Kevins Schwanz mit der rechten Hand und registrierte seine Wärme und die lebhaft widerstrebende Steifheit. Sie ertappte sich bei der Feststellung, daß er sich extrem realistisch anfühlte. Sie führte die Spitze an die Öffnung von Sylvies rosa Schlitz und zerrte ein paarmal ziemlich fest an der Wurzel. «Spürst du seinen großen Kopf?» fragte sie. «Wackel ein bißchen für ihn. Gleich ist er soweit.» Sie sah hoch zu Kevin und machte einen Leckmund, um ihm zu zeigen, wie sie seinen Schwanz lutschen würde, hätte sie nur die Gelegenheit dazu. Er war erregt und machte Schlitzaugen und schaute, wie sie bemerkte, starr auf ihre Brüste.

«Können Sie ihn jetzt bitte reinstecken?» drängte Sylvie.

«Gleich stößt er zu», sagte Karyn und rieb seinen Schwanz noch ein paarmal. «Jetzt steck den Schwanz rein, Baby.» Sie hielt seinen Schaft, solange sie konnte, bis er in Sylvies Fotze verschwand; Sylvie war sehr eng, aber ebenso naß, und der Schwanz glitt in seiner ganzen Länge hinein, ohne sich zu biegen.

«Ah, Scheiße, ist das gut», sagte Sylvie und seufzte erleichtert auf. Sogleich fingen ihre Körper an, schnell gegeneinanderzuklatschen.

«Ja! Ist das toll, wie der Schwanz da reinstößt!» sagte Karyn und richtete den Duschkopf auf ihre Klit. «Ich spüre ihn allein schon vom Hinsehen in meiner Fotze! Ja! Meine Fotze ist so leer und deine so voll mit diesem süßen heißen Schwanzfleisch!»

Während sie so fickten, richtete sich Sylvies Augenmerk auf die Dildos, die durcheinandergeworfen im Gras lagen. Das

Mädchen drehte sich so, daß ihr Gesicht nahe an Karyns war. Ihre Haare hingen Karyn in die Augen. In einem zittrigen Flüsterton sagte sie: «Ich brauch einen von denen. Nehmen Sie einen und stecken Sie ihn mir in den Arsch, ja? Bitte!»

Karyn strich mit den Tulpen Sylvies Rücken hinunter und klopfte damit gegen ihr Arschloch. Dann legte sie anstelle der Blumen ihren Mittelfinger darauf und ließ ihn leicht auf der Öffnung ruhen. «Da willst du was reinhaben? Da?»

«Ooh», ächzte Sylvie. «Ich will so was, was Sie im Arsch haben.»

«Süße, da hab ich was viel Besseres für dich», sagte Karyn. «Kevin, sieh mal, wo mein Finger ist. Ist das nicht ein niedliches kleines Arschloch? War dein Schwanz schon mal da drin?»

Kevin schüttelte den Kopf. Er hatte die Hände auf Sylvies Hüften und stieß mit kreisenden Bewegungen zu, wobei er rauhe Grunzlaute ausstieß.

«Ich will deinen Schwanz in dem herrlichen kleinen Arsch da sehen. Ist dir das recht, Sylvie? Willst du den dicken glühenden Schwanz deines Süßen im Arsch haben? Glaub mir, das ist toll. Du willst ihn doch, oder?»

«Ja, ich will ihn, ich will ihn», sagte Sylvie.

«Du willst ihn doch im Arsch haben, ja?» wiederholte Karyn.

«Ich *brauche* ihn in meinem Arsch», flehte Sylvie. «Kev, ich brauch ihn in meinem Arsch!»

Karyn packte den einen Meter langen Welsh Fusilier und stellte ihn an. Sie flüsterte Sylvie zu: «Schieb ihn mir in die Fotze.» Sylvie tat fummelnd, wie ihr geheißen. «Das ist gut. Ich will, daß unsere Luderfotzen miteinander verbunden sind, wenn du zum erstenmal in den Arsch gefickt wirst», sagte Karyn. Sie reichte Kevin das andere Ende. «Geh raus aus ihr, Baby.

Steck das dafür rein.» Kevins langer schimmernder Schwanz tauchte hinter dem Horizont von Sylvies Arschkurve auf, und mit offensichtlichem Widerstreben führte er das Ende des Doppelvibros da ein, wo er gerade noch gewesen war. Sylvie schrie überrascht auf, krümmte den Rücken und fing an, auf ihn einzuficken.

Kaum hatte Karyn Kevins Schwanz wieder gesehen, wußte sie, daß sie ihn lecken mußte. Das war ihre Chance. «O Gott, ist das ein schöner Schwanz», sagte sie. «Ich brauch mal kurz einen echten Schwanz im Mund, bloß *ganz* kurz. Komm mal eben hier rüber, Baby. Sylvie, für dein enges kleines Arschloch muß er superhart sein. Es macht dir doch nichts aus, wenn ich seinen Schwanz mit der Zunge richtig steif mache, oder? Entschuldige, aber ich muß diesen Schwanz jetzt einfach lecken.»

«Lecken Sie ihn!» sagte Sylvie. «O Gott, lecken Sie ihn für mich steif. Aber beeilen Sie sich, damit ich gleich was Dickes im Arsch habe. Der brennt nämlich darauf.» Sie umkreiste Karyns Klit mit ihrem Ende des Fusiliers und starrte dabei auf den Sokkel des Klockhammers, der im Arsch der älteren Frau steckte. Karyn, den Mund voll mit purpurnem Schwanzfleisch, stöhnte und spreizte die Beine vor Lust. Doch als Sylvie spürte, wie Kevin den anderen Welsh-Kopf zwischen ihren zitternden Fotzenlippen rein und raus stieß, langte sie nach hinten, zog ihre Arschbacken auseinander und sagte: «Das reicht jetzt. Hören Sie auf, meinem Freund den Schwanz zu lecken, und stecken Sie ihn mir in den Arsch!»

Karyn nahm den Mund von Kevins Pimmel. «Gut, Süße, er ist für dich bereit.» Sie drückte Gleitcreme auf Sylvies Arschloch. Die Tube machte dabei unanständige Geräusche, aber das war ihnen egal. Sie zog Kevin am Schwanz in Stellung, stupste die Spitze seines Pimmels auf Sylvies nun glitschige Arschspalte und umkreiste damit die Öffnung. Dann richtete sie ihn darauf und hielt ihn fest. «Also gut, Kevin, langsam drücken. Sylvie, öffne dich für ihn. Er geht rein.»

«Stoß ihn rein! Fick mich in den Arsch!» rief Sylvie.

Karyn hielt Kevins Schwanzschaft und preßte ihn langsam hinein. Er bog sich ein wenig durch, als Kevin mit seinem Körpergewicht nachschob; dann, als Sylvie sich entspannte, wurde er wieder gerade und füllte sie langsam aus.

«Da geht er rein», sagte Karyn.

«Fick mich mit deinem Schwanz, ooooooh!» sagte Sylvie. Kevin begann ganz langsam zuzustoßen.

«Ja, gut Kevin, fick sie in ihren wunderbaren Arsch – so ist's recht.» Karyn packte das Ende des Vibrators in ihrer Fotze und fing an, es im Rhythmus von Kevins regelmäßigen Schwanzstößen raus und rein zu schieben. Seine Stange bog sich hoch und verschwand in Sylvies Muschel. Sie küßte Sylvie auf die Schulter. «Gott, ist das schön, mit deiner geilen Möse verbunden zu sein, Süße!» sagte sie. Sylvie starrte geradeaus und atmete flach, während sie sich auf Kevins Dickmann zurückstieß. «Das gefällt dir, daß er in deinem Arsch ist, ja?» fragte Karyn sie.

«Ich will, daß er mich feste fickt!» sagte Sylvie. «Fick mich in meinen heißen Arsch. Kev. Gleich mach ich mein Smiley-Gesicht!» Sie schaute Karyn an. «Das sagen wir immer, wenn es uns bald kommt», erklärte sie atemlos.

Karyn wurde aktiv. «Halt – eins noch.» Sie nahm den kleinen okragroßen Dildo, stülpte ihn sich auf den Mittelfinger und drückte etwas Astroglide darauf. «Kann ich Kevin das in den Arsch schieben?» flüsterte sie. «Ich will spüren, wie er dich fickt, wenn es dir kommt. Darf ich?»

Sylvie blies sich den Pony aus dem Gesicht und nickte. «Aber schnell.»

Karyn ließ den Okraschwanz über Sylvies Brustwarzen huschen, fuhr dann damit über Kevins Rippen und unten um ihn herum und packte seine ihr nähere Arschbacke, so daß vier ihrer Finger nahe an seinem Arschloch lagen.

«Was machen Sie da?» fragte Kevin und erstarrte plötzlich.

«Ich steck dir eine Okra in den Arsch, damit du dir nicht ausgeschlossen vorkommst», sagte Karyn. «Ich will dir helfen, Sylvie zu ficken. Ich will spüren, wie du sie in den Arsch fickst, und ich will, daß dein Arschloch spürt, wie du *ihr* Arschloch fickst. Denk nicht dran – laß ihn einfach rein und fick weiter.»

«Laß sie, Kev!» rief Sylvie ernst.

Kevin überwand seine Unsicherheit und nahm seinen langsamen, bedächtigen Arschfick wieder auf. Doch jedesmal, wenn er sich nun vor dem nächsten Stoß zurückzog, steckte ihm Karyn den Okraschwanz ein Stückchen tiefer in sein widerstrebendes Mannloch. Nach einer Weile schien es ihm besser zu gefallen, und als er dann selber seinen Po in Bewegung setzte, begann Karyn ihn zu drängen und zu dirigieren, ließ ihn ein wenig schneller werden und seine Stöße schräg ansetzen, so wie sie wußte, daß Sylvie es wollte. Bei jedem seiner Stöße ballten sich seine Hochspringer-Arschmuskeln beachtlich unter Karyns Hand. «Siehst du, daß sie es schnell mag?» sagte Karyn. «Fick sie genau so.» Sie kontrollierte seinen stoßenden Unterleib mit dem Okrastöpsel wie eine Puppenspielerin, und er sagte: «Boah! Und rein damit!»

«Kneifen Sie ganz fest meine Brustwarzen!» wisperte Sylvie Karyn in eindringlichem Befehlston zu. «Gleich mach ich das Smiley-Gesicht», sagte sie zu Kevin.

«Kommen wir gemeinsam», sagte Karyn und kniff zu, wie ihr aufgetragen war. «Los und los und los. Fick sie, Kevin! Schieß deine Soße in sie ab. Sieh dir den Schwanz in meinem Arsch an, Sylvie. Komm über mir. Oh! Oh fuck!» Sie ließ von Sylvies Brustwarzen ab und drückte sich den Welsh-Kopf fest an ihre Liebesbohne, während ihr Orgasmus die notwendigen

Unterschriften sammelte. Der signierte Armande war jetzt schon so lange in ihrem Arsch, daß sie den größten Orgasmus ihres Lebens kommen spürte. Aber noch war sie nicht soweit. Sie reckte ihre Brüste vor und sagte: «Leck mal kurz meine Tittenbeutel, Sylvie. Leck sie fest, beiß rein, beiß rein. O Scheiße! Und jetzt komm. Komm um das heiße Schwanzfleisch rum!»

«O Gott!» sagte Sylvie. Sie versuchte, Karyns Brustwarzen zu erreichen, konnte sich aber nicht darauf konzentrieren und bog den Hals vor, starrte einfach auf die unsichtbare Lust in ihrem Kopf.

«Schon gut – komm für mich, Baby. Gleich kommt sie, Kevin! Schieß ihr den heißen Saft in den Arsch! Füll ihr den Arsch mit der brennenden Soße!» Immer schneller fickte Karyn Kevins Loch mit dem Okrapint, und er beugte sich vor, um ihn aufzunehmen, richtete sich dann auf, hob Sylvie an den Hüften vom Boden und zog sie zurück auf seinen Schwanz. «Jetzt, Sylvie?» fragte er.

«Oh, fick mich richtig, Kev! Füll meinen Fickpo!» schrie Sylvie, blickte Karyn in die Augen und dann hinab auf ihre mit Spielzeug angefüllten Ficklöcher. «Fester! O jaa! Fick mich durch, Schatz! SCHIESS DEN HEISSEN SCHWANZ IN MEINEM POLOCH AB! OH! OH!»

Mit einem verblüfften Gesichtsausdruck vollführte Kevin einen letzten langen, taumelnden, bebenden Stoß und begann zu kommen.

«OH, JAA!» sagte Sylvie, als sie spürte wie Kevins Schwanz ihr Schwall um Schwall kochende Kreischcreme in den Arsch pumpte. «AH! ICH KOMM-MEEEEEE!!!!!» Und während heidnische Lüste ihren Körper durchzuckten, zog sie tatsächlich eine ungeheure Smiley-Grimasse.

Jetzt war Karyn an der Reihe. Sie ließ die Vorstellung von Kevins spritzendem Schwanz in Sylvies Arsch mit dem Gefühl von Armande Klockhammer Jr. in dem ihren verschmelzen. Sie beschwor den Anblick der Dollarscheine herauf, die ihm beim Tanzen mit dem Rücken zum Publikum in die Arschspalte gesteckt wurden. Sie dachte an die kreischenden Frauen, die stampfende Musik, den Anblick, wie er sich auf der Bühne umdrehte und sein schweres lebendiges Fleisch in dem schwarzen Seidenbeutel herumschleuderte und dabei auf die ganzen Frauen hinabsah. All diese Erinnerungen steckten *in ihrem Arsch*. Sie schlug die Augen auf und sagte ruhig: «Bitte, ihr beiden, seht mir jetzt zu, wie ich komme. Seht zu, wie mein Arschloch und meine Fotze um diese zwei riesigen geilen Schwänze herum kommen!» Dann warf sie sich aufs nasse Gras zurück, hob die Beine und legte die Füße auf Sylvies Rücken; sie ließ sie hinsehen, wo sie wollten, während der viehische, pralle Orgasmus ihren Körper adelte. «Ah, schön … so schön … so schön …» seufzte sie, als das Klitkribbeln verebbte.

Als sich die drei ein wenig erholt hatten, duschte Karyn Kevins weich werdenden Schwanz ab, erhob sich von dem Klockhammer und spülte ihn sauber.

«Dürfen wir mal wieder Tulpen bei Ihnen pflücken kommen?» sagte Sylvie zärtlich, bevor sie und Kevin, wieder in ihrem Partner-Outfit, zu den Fischteichen gingen.

«Jederzeit», sagte Karyn. «Ich liebe junge Liebe.» Nackt und befriedigt legte sie ihre Spielsachen und ihr unbeachtet gebliebenes Buch auf das Tablett und ging hinein. Das ganze Jahr hindurch halfen Kevin und Sylvie ihr an den Wochenenden beim Jäten, Einpflanzen und Mähen, und bald beneidete die ganze Nachbarschaft sie um ihren Garten.

Deutsch von Eike Schönfeld

Autoren- und Stellenhinweise

SOPHIE ANDRESKY, geb. 1973. *Das Lächeln der Pauline. Erotische Geschichten*, 1997, und *In der Höhle der Löwin. Erotische Geschichten*, München 1998. Im Wunderlich Taschenbuch Verlag wird im September 2000 *Feucht – Erotische Verführungen* erscheinen. *Held im Tulpenbeet* ist eine Erstveröffentlichung.

NICHOLSON BAKER, geb. 1957 in Rochester, New York. Er studierte Musik und lebt heute mit Frau und Kindern in Berkeley, Kalifornien. Seine zahlreichen Romane und Erzählungen, u. a. *Vox*, erschienen in deutscher Übersetzung im Rowohlt Verlag. Zuletzt 1998 *U & I – Wie groß sind die Gedanken?* und 2000 *Norys Storys*. *Nachbarin*** ist das 14. Kapitel aus *Die Fermate*, © 1994 Rowohlt Verlag.

JÖRG BERGER, geb. 1952, lebt als Bildhauer in Wetter. Er schreibt Lyrik, Prosa, Liedtexte und ist Sänger im Quartett Venus & Co. Sein Text *Unter Wasser* erschien in *Heiß und innig – Ein erotisches Lesebuch*, Hg. Bettina Hesse, Rowohlt 1999. *Die Knieende* ist eine Erstveröffentlichung.

BLAISE CENDRARS, geb. 1887 in La-Chaux-de-Fonds / Schweiz, führte lange Jahre ein Nomadenleben in vielen Ländern der Welt. Cendrars schrieb über 40 Bücher sowie Kritiken, Reportagen und Filme. 1961 wurde er mit dem großen Literaturpreis der Stadt Paris ausgezeichnet. Kurz darauf starb er dort. *Madame Thérèse* ist der Textanfang des Romans *Madame Thérèse*, © 1962 Karl Rauch Verlag.

NELE GRÜN, geb. 1961, schreibt erotische Texte. Jeweils zwei Geschichten sind in den Zeitschriften *Das Magazin* und der *Kulturzeitschrift quadratur*, Themenheft *Eros und Sinnlichkeit*, erschienen. Im September 2000 erscheint *Feuer und Flamme – Ein erotisches Lesebuch*, Hg. Bettina Hesse, bei Rowohlt, mit der Geschichte *C'est la vie*. *Jengs Schwanz* ist eine Erstveröffentlichung.

CARSTEN S. HENN, geb. 1973 in Köln, lebt in Hürth. Lyrik und Erzählungen in Zeitschriften und Anthologien. C. S. Henn machte sich vor allem durch seine szenischen Lesungen mit Wort und Musik einen Namen. 1998 gewann er den Jack-Gonski-Preis für Slam Poetry. Im Juni 2000 erscheint sein Debüt *Julia, angeklickt – Ein erotischer Internet-Roman* im Wunderlich Taschenbuch Verlag. *Die Frau am Fenster*** stammt aus dem unveröffentlichten Roman *Cut*.

ALBAN NIKOLAI HERBST, geb. 1955 in Refrath, lebt in Berlin. Für seinen Roman *Wolpertinger oder Das Blau* wurde er 1995 mit dem Grimmelshausen-Preis ausgezeichnet. *Probleme mit der Venuszahl*** © 1993 Verlag axel dielmann. Zuletzt erschien der phantastische Roman *Thetis. Anderswelt* 1998 im Rowohlt Verlag.

BETTINA HESSE, geb. 1952 in Düsseldorf, nach dem Studium verbrachte sie elf Jahre in Italien und lebt heute mit ihren beiden Söhnen in Köln. Als Autorin,

Herausgeberin und Lektorin ist ihr Thema die Erotik. Sie hat Werkausgaben von de Sade, Sacher-Masoch und Goethe betreut. Zuletzt erschienen im Rowohlt Verlag: *Heiß und innig, Feuer und Flamme, Geliebte Lust, Von Sinnen.*

ROLAND KOCH, geb. 1959, lebt als freier Schriftsteller in Köln. Zuletzt erschienen *Helle Nächte*, Erzählungen, Köln 1995, und der Roman *Das braune Mädchen*, Köln 1997. *Drei Mädchen** ist ein Ausschnitt aus *Die tägliche Eroberung*, © 1991 Kiepenheuer und Witsch.

SUSANNA MOORE, geb. 1946, wuchs in Hawaii auf, arbeitete als Schauspielerin, Model und Scriptreader für Warren Beatty und Jack Nicholson. In Deutschland erschienen bisher *Aufschneider*, 1997, *Die unzuverlässigste Sache der Welt*, 1998, und *Abschied vom Haifischgott*, 1999, alle im Rowohlt Verlag. *Hähnchen-Lady** aus *Aufschneider*, © 1997 Rowohlt Verlag.

GEORG REIF, geb. 1961, Tätigkeit als Arzt im Fachbereich Nervenheilkunde, derzeit Redakteur bei einer medizinischen Fachzeitung. Lebt in Mainz und Köln, ist verheiratet und hat drei Kinder. Veröffentlichungen von Satiren und Kurzprosa, zuletzt erschien 1999 sein Roman *Venus in Weiß* im Rowohlt Verlag. *Die Puppe* ist eine Erstveröffentlichung.

ALINA REYES, geb. 1957, wurde über Nacht berühmt mit ihrem Debüt-Roman *Der Schlachter*, der in Frankreich für den Prix Concourt vorgeschlagen wurde und in Deutsch 1989 unter dem Titel *Verführt* im Rowohlt Verlag erschien. 1996 erschien *Labyrinth des Eros*, das man als Frau von der einen und als Mann von der anderen Seite betreten kann. *Der Schlachter** aus *Verführt*, © 1989 Rowohlt Verlag.

MORITZ RHEINLÄNDER, geb. 1960 in Sao Paulo, lebt in Köln. Neben der Arbeit als Texter und Sänger verschiedener Bands veröffentlicht er wissenschaftliche Texte zu kulturhistorischen Themen. *Anna schaut zu* ist ein Ausschnitt aus dem unveröffentlichen Roman *Anna*.

SAPPHIRE, geb. 1950 in Fort Ord, Kalifornien. Sie studierte Modern Dance und unterrichtete lernbehinderte Kinder in den Slums von Harlem und der Bronx. Sapphire hat sich als Lyrikerin, Performance-Künstlerin bei Poetry Slams und als Bürgerrechtsaktivistin einen Namen gemacht. 1998 erschien im Rowohlt Verlag ihr Debüt-Roman *Push*. Der Text *Iß* stammt aus *Ein letztes Mal, Marie*, Short Stories, © 1995 Orlanda Frauenverlag.

KATHRIN SCHMIDT, geb. 1958 in Gotha, lebt in Berlin. Als Lyrikerin veröffentlichte sie zuletzt *Flußbild mit Engel* und erhielt zahlreiche Preise, u. a. 1993 den Leonce-und-Lena-Preis. *Als ihrem urplötzlich sich auftuenden Schoß ein untergewichtiges Zwillingspaar entfuhr** ist aus ihrem Debüt-Roman *Die Gunnar-Lennefsen Expedition* entnommen, © 1998 Kiepenheuer und Witsch.

LEANDER SCHOLZ, geb. 1969 in Aachen, lebt in Bonn. Sein erster Roman *Jungfernpergament* erschien 1995 im Verlag Ricco Bilger. 1998 erhielt er das

Brinkmann-Stipendium. Zuletzt erschien 1998 *Zwei gegen einen* im Tropen Verlag, Köln. Sein Roman *Rosenfest* erscheint 2001 im Carl Hanser Verlag. *Mein Onkel** ist entnommen aus *Jungfernpergament,* © 1995 Verlag Ricco Bilger.

BOTHO STRAUSS, geb. 1944 in Naumburg / Saale. Berühmt durch seine Theaterstücke, ebenso als Erzähler, Dichter und Essayist. 1989 hat er den Georg-Büchner-Preis erhalten. Sein letzter Roman *Die Fehler des Kopisten* erschien 1997. Der Text *Die Frau meines Bruders* ist dem Band *Der junge Mann* entnommen, © 1984 Carl Hanser Verlag.

JOHN UPDIKE, geb. 1932 in Shillington, Pennsylvania. Drei Jahre lang war er Redaktionsmitglied des «New Yorker». Er veröffentlichte Romane, Erzählungen, Essays und Gedichte und wurde u. a. mit dem National Book Award und dem Pulitzerpreis ausgezeichnet. Seine Texte erscheinen in deutscher Übersetzung im Rowohlt Verlag, zuletzt 1998 *Gott und die Wilmots. São Paulo* ist ein Ausschnitt aus dem Roman *Brasilien,* © 1996 Rowohlt Verlag.

ZOÉ VALDÉS, geb. 1959 auf Kuba, lebt in Paris. Sie ist Sprach- und Literaturwissenschaftlerin und hat mehrere Jahre in Paris als Angehörige der kubanischen UNESCO-Delegation gearbeitet. Wieder in Havanna war sie als Schriftstellerin und Szenaristin tätig. 1994 erschien ihr erster Roman in Kuba und Frankreich, *Sangre azul. Die Nächte des Nihilisten* sind dem Roman *Das tägliche Nichts* entnommen, © 1996 Amman Verlag.

* Titel von der Herausgeberin